岩 波 文 庫

38-111-3

定　本

育 児 の 百 科

(下)

——1歳6ヵ月から——

松 田 道 雄 著

岩 波 書 店

もくじ

かわったこと

集団保育

2歳から3歳まで

この年の子ども

そだてかた

環　境

かわったこと

集団保育

3歳から4歳まで

この年の子ども

そだてかた

環境

かわったこと

集団保育

4歳から5歳まで

この年の子ども

そだてかた

環境

集団保育

5歳から6歳まで

この年の子ども

そだてかた

集団保育

学校へいく子ども

上巻もくじ

誕生まで

赤ちゃんの用意

誕生から1週まで

半月から1カ月まで

中巻もくじ

7カ月から8カ月まで

8カ月から9カ月まで

1歳6カ月から2歳まで

この年の子ども

360　1歳6ヵ月から2歳まで

2歳になった子どもは、赤ちゃんということばでよぶのにふさわしくなくなる。子どもがそれだけ独立した人格に近づいたのである。

何でもまねをしたがる。創造のテクニックをおぼえているのだ。立って歩く足もしっかりしてくる。片足で1～2秒立っていられる。あとずさりもできる。よくころびはするが、走れるようになる。階段をあがったり、おりたりもする。お膳の上にあがって畳にとんだりもする。ボールもだんだん投げられるようになる。けることもできる。積木をわたせば5つも6つも積みあげられる。指先も器用になって本のページもめくれる。水道をひねってもらえば、その下で手をこちょこちょ洗える。

1歳6ヵ月では、まだ10ぐらいしか、ことばのいえなかった子どもが、2歳になるととにかく、おとなと会話ができる。お隣のケイ子ちゃんが泣いているのを耳にして、

「ケエちゃん、アーン、いってる」などという話ができるようになる。

はめ絵をさせれば、○、△、□などを、もとのくぼみに入れることができる。テレビをみていて、コマーシャル・ソングの簡単なのは、まねをしてうたえる。

だが、いったんごきげんを損じると、あばれ方もはげしい。畳の上にあおむけになって手足をバタバタやっておこる子もある。ものを投げつけることもおぼえる。おなじくらいの年ごろの子どもが近づくとよろこび、すこし大きい子が街路であそんでいたりすると、あきずにみている。けれども、いざ同年齢の子といっしょにしてみると、あそぶことはできない。自分のものという意識がつよいので、オモチャに相手の子がさわると、おこって自分でかかえこんではなさない。

おとなが体罰をくわえたり、病院で無理におさえつけて点滴をしたりすると、他人をたたいたり、ひっかいたりするようになる。

運動の能力や知恵がすすんで、一人前の人間に近づいたのは事実であるが、母親にすがりついていたいという気持も、まだまだつよい。満1歳あたりで、うまく母乳をはなせなかった子どもでは、この時期になると、昼間でも母親の胸に乳房を求めてくることがおおい。早くから、就寝のときに添い寝をしない習慣にしていても、子どもは母親にすがってねたがる。拒否すると代償に、毛布を抱いたり、タオルをしゃぶったり、自分の親指を吸ったりしてねつく。

子どもが自立と依存とのあいだをふらふらしているのが、1歳6カ月から2歳までの特徴である。それだから、この時期の親の義務は、気持を落ちつかせるだけの依存をゆるしながら、子どもをはげまして自立のほうにすすませることである。

あるところ母親にたよりながら、自分のことを自分でする習慣をつけるというのが、この時期のしつけの目標である。

自分でかんがえて、自分でやったことが、うまくいったときのよろこびを、子どもに何度も経験させねばならない。そのためには、事故がおこらないように予防した上で、子どもに力だめし(冒険)をする機会を準備してやらねばならない。

残念ながらいまの大部分の家庭では、子どもに冒険をさせるだけの舞台がない。せまい部屋と車の往来のはげしい道路しかないところでは、しじゅう「あぶない」「いけません」をくりかえして、子どもの力だめしを「妨害」していなければならない。わずかに、子どもが走っていてころんだとき、おこしてやらないということで自立性を尊重しているくらいである。

生活の合理化の好きな母親は、子どもが自分ですることを待ちきれない。待つのは時間の浪費だと思ってしまうのである。早くしないと、みたいテレビ番組がはじまってしまうというので、子どもが自分でパンツをぬぐのを待たずに、ぬがせて便所につれていく。

食事のときも、子どもがスプーンをつかって食べるのを待っていられないで、母親が手ばやく食べさせてしまう。子どもにコップをもたせると、こぼされる。それがいやで、母親がコップをもってのませる。はじめ自分でしようと思っていた子どもも、母親が何でもしてくれるとなると、そのほうが楽だと思ってしまって、万事自分でしなくなってしまう。こういうのは、子どもを自立から遠ざけて、依存のほうに、みちびいている。

母親は育児に時間をおしんではならない。子どもが自分でしようとしていることは、そばでみていて、はげまし、成功したらほめてやることだ。スプーンですくおうとしたら、こぼしても、よごしてもかまわない。口までもっていけたら、よろこんでやらなければならない。いちどコップで上手にのめた子どもには、「さあ、コップでのみましょう」といってはげましてやることだ。入浴のとき、子どもが自分で衣服をぬごうとしたら、いそいでいても、手伝ってやらないで、「さあ、うまくぬげるかな」「もうすこし、もうすこし」とはげましてやる。

2歳ちかくなって、チャーチャンとブーブーしかいえない子がふえた。友だちがなくテレビばかりみている子におおい。生まれつきことばのおそい子もある。だが意味のあることばをひとことでもいえるなら、かならず話せるようになる。

子どもの自立をはげますだけではなく、自立できる実力をきたえねばならない。からだを動かす能力をきたえるためには、なるべくひろいところで、子どもの体力にあった遊具をつかって鍛練をする必要がある。これも家庭では容易でない。

体力とならんで、知恵のほうの訓練も必要だ。1歳6ヵ月をすぎた子どもは、「これなに？」といってさかんに質問をする。このことばをいうと、母親は自分に何かを熱心に話してくれることを知っていて、子どもは「これなに？」をくりかえすのだから、母親は、質問にこたえてやらなければならない。いそがしいからといって「あとでね」をくりかえすと、子どもは親に話しかける気をなくするだけでなく、親が話しかけても「あとでね」といってにげる。

母親は百科事典のようにこたえるのではなく、詩人のようにこたえねばならぬ。その状況で、子どものいってほしがっていることを、簡潔に、正確に、いいあてることだ（〈426「なぜなの」「どうしてなの」〉）。

人間の個性のさまざまは、すでにこの時期からはっきりしている。音楽の好きな子は、ラジオやテレビから音楽がきこえてくると、きき耳をたてる。調子をあわせて、からだを動かすこともある。絵をかくことの好きな子は、クレヨンやマジックと紙を与えておくと、ひとりで何かかいている。本の好きな子は、くいいるように絵本をみている。運動の好きな子は、外へでて走ったりとんだりする。道具をいじることの好きな子は、電気器具をオモチャにしたり、椅子のネジをまわしてとってしまう。

好きなことをするのは、楽しいのだから、親はそれをたすけてやるべきである。音楽の好きな子にはいっしょに歌をうたってやろう。絵の好きな子にはなるべく大きい紙を与えよう。本の好きな子には本屋へつれていって絵本をえらばせよう。運動の好きな子には三輪車をかってやろう。道具の好きな子には工作のできるオモチャを与えよう。

夜の睡眠の時間は、子どもが活動家であるかどうかでちがってくる。活動的な子は、夜もおそくまで起きてあそぶし、朝もゆっくりねていない。夜9時すぎにやっとねむって、朝は7時には起きてしまうといった調子だ。ゆったりした子だと、夜7時にねて、朝7時までねている。ひるねも、あそぶのにいそがしい子は、午前か午後に1時間もねれば、それで元気回復というのがおおい。しかし、よくねる子は2時間以上もねる（〈362夜のねかしつけ〉）。

夜、就寝の前には、なるべく自分で衣服を脱ぐようにもっていく。ボタンだけ親がはずして、子どもに脱衣させ、パジャマも自分でそでをとおすようにさせる。もっとも冬季で、部屋があまり寒いと脱ぐのをいやがるから、部屋に暖房をいれる。

歯は、このころ乳中切歯・乳側切歯(前歯)4枚ずつのほかに、犬歯(糸切り歯)、臼歯《きゅうし》(おく歯)左右上下1枚ずつはえて、全部で16枚になる。それをねる前にみがかせることは、まだ無理である。親がみがいてやるとすれば食後だ。あおむけにさせて、頭を親のひざではさむと、みがきいい。

食事は、なるべく家族そろって食べる。子どもの好ききらいをみられるだけでなく、家庭の団欒《だんらん》の雰囲気を子どもにおしえるためである。この年齢では、3食とおやつ2度、牛乳400～600ミリリットルというのがおおい。もっとも、朝の食事はあまり食べたがらないので、パン少々か、ビスケット、あるいはゆで卵、牛乳200ミリリットルという程度の子がたくさんいる。

ごはんも、この時期の子は、そんなにたくさん食べない。1回に子ども茶わんに1ぱい食べる子よりも、食べない子のほうがはるかにおおい。1日合計して、ごはんは、子ども茶わんにやっと1ぱいという子も少なくない。それでも、卵や魚や肉を副食として食べていればよい。ごはんも副食もあまり食べないが、牛乳は1000ミリリットルのんでいるという型の子もいる。それでも、1歳半から2歳という人生を生きるのには、十分であり、将来にわざわいを残すことはない。

子どもの食べられる副食の範囲がひろがるにつれて、どの子にもある好ききらいは、「偏食」という形をとってくる。

偏食は、子どもの味覚に個性があるというだけのことだ。偏食がただちに有害とはいえない。母親のいう偏食は、母親のつくった料理をまんべんなく食べてくれない、ということにすぎない。

小食もおそれるにたりない。それよりも、この時期では、ひとりで食事ができるようにしつけることが大切だ。スプーンですくって食べられるように、子どもをはげます。コップも、ひとりでもってのめるようにする。小食や偏食をおそれる母親は、はじめから自分でスプーンや箸《はし》で子どもの口につめこむのがおおい。ごはんを半ばい多く食べることより、ひとりでスプーンをもって食事ができるという自立心のほうが、子どもの人生には大事である。野菜を食べない子がおおいが、果物さえ食べていれば、栄養にさしつかえない。

ヨーグルトは、便のかたい子には、たすけになる。また、ごはんもよく食べ、牛乳も1000ミリリットル《ミリリットル》のむという大食の子には、「美容食」の目的で牛乳にかえてヨーグルトを与える。

排泄のしつけは、寒くない季節であれば、はじめてよい。ちょうど寒い季節に向かうというのなら、半年のばしていい（〈363排泄のしつけ〉）。

排泄のしつけは、しつけ方の上手下手よりも、子どもの排泄の型と、子どもの性格とによることがおおい。どんな子でもかならず排泄はおしえるようになり、やがてひとりで始末できる時がくるのだから、あせってはいけない。排泄は子どもが自分でやることなのだから、子どもに自立心ができることが肝心だ。母親があまり熱心に便器にかけてばかりいると、子どもは、排泄を母親におまかせするか、または自立心を抵抗一本にかけてくる。

この年齢では、たとえ昼間はおしっこをおしえても、夜におしえる子は例外である。夜だけおむつをしているというのが、ふつうである。

子どもが、外へでてほかの子どもとあそんだり、大きい子が家にあそびにきてくれるようになると、子どもの伝染病にかかる機会がおおくなる。はしか、風疹《ふうしん》、水痘《すいとう》、おたふくかぜなどについて、あらましのはじめの症状を知っているほうがいい。

だが、頻度からいっていちばんおおい病気は、ウイルスでおこるかぜである。自家中毒も、1歳半をすぎると、ぼつぼつでてくる(〈369自家中毒症という病気〉)。

子どもがひとりで戸外にでてしまうことがあるから、事故も家庭外の大事故がありうる。よほど注意してほしい(〈366事故をふせごう〉)。

赤ちゃんのとき、三種混合ワクチンのやってある子は、ちょうど1年半たったころで、追加免疫をしてもらっておくほうがいい。以前に3回連続して注射してあるはずである。今度は1度だけ注射してもらえばよい(〈430三種混合の追加免疫〉)。

そだてかた

361　子どもの食事

子どもがごはんを食べるようになると、季節によって、よく食べる時とそうでない時とがある。小食の子は、夏にむかって、ごはんを食べる量がへってしまう。夏やせで体重のへる子もめずらしくない。

季節に無関係によく食べる子もあるが、そういう子は、食べすぎてふとらないようにしたほうがいい。この年齢で13キログラム以上ある子は、節食の意味で、果実をたくさん与える。牛乳のかわりにヨーグルトにする。

大食でも小食でもない子の1日の食べ方は、つぎのような例に近いだろう。

8時半　(食卓椅子で)　ヨーグルト　ふりかけとごはん1/3ぱい、または食パン
1きれ

10時　牛乳200ミリリットル　果実

1時半　(食卓椅子で)　ごはん$\frac{1}{2}$ぱい(ごはんが、うどんか、スパゲッティになってもいい)　魚(おとなと同じ)または卵1個　野菜
3時　牛乳150《ミリリットル》　ビスケット
6時半　(お膳をかこんで)　ごはん$\frac{1}{3}$ぱい　魚(ほとんどおとなと同じ)または肉(おとなの$\frac{1}{3}$)　野菜
入浴後　牛乳200《ミリリットル》

この子は、スプーンをどうにかつかえる。はじめ4〜5分は、自分でごはんをすくっているが、それ以上は食べない。母親がスプーンをもって残りを食べさせるが、せいぜい、子ども茶わんに半分ぐらいしか食べない。食べさせないと子どもが途中でやめてしまうとき、この年齢では、やはり追加して母親が食べさせたい。どんなに時間がかかってもひとりで、子ども茶わん1ぱい食べるまで母親がついていて、はげますというのは賢明ではない。食事が1時間ぐらいかかる。せいぜい30分以内で食事をすませないと、鍛練の時間がとれない。そのためには、食卓椅子に子どもをいれて、母親が残りを食べさせる。

子どもによっては、ごはんやパンをほとんど食べない。副食をたくさんとり、牛乳500《ミリリットル》前後とっていればそれでいい。牛乳は母親のついていられるときだけコップでや

る。ミルクでそだった子は、まだミルクびんを卒業できないのがおおい。

「偏食」をなおそうとして、きらいなものを無理に食べさせていると、子どもは食卓椅子にすわらされるのをきらって、逃げだす。

両親がなんでもおいしそうに食べるのが、子どもを食わずぎらいにするのをふせぐ。

毎食ごはん1ぱいをどうにか食べる子だと、牛乳は1日400《ミリリットル》にしてもいい。しかし、牛乳を全然やらないで、ごはんをもっと食べさせようというのは、感心しない。おやつとごはんの割合については、〈325子どものおやつ〉をよんでほしい。夜間おむつがぬれておきる子は、その度にミルクをやってかまわない。

食事は楽しく食べるということが、いちばん大事だ。早くスプーンを上手にしようと思って、手をそえて食べさすのは、子どもをいやがらせる。

器用な子は1歳半をすぎると箸《はし》をもてるが、もてなくても、いっこうさしつかえない。左ききの子に右手でもたせようとして、しじゅう矯正すると、全然ひとりで食べなくなってしまう。自由に左手をつかわせたほうがよい。コップやコーヒー茶わんも、どうにかもってのめるようになる。はじめは手をそえてやってかまわない。

子どものおやつ　〈325子どものおやつ〉参照

362　夜のねかしつけ

子どもが1歳半から2歳まで大きくなっていくのだから、夜のねつきもそれだけ楽になるだろうと思ったらまちがいだ。母親にたいするあまえ方のほうも成長する。

パジャマに着かえさせて、ふとんに入れてやったら、上を向いて静かにねむってしまう子どもというのは、絶無といっていい。ねむくなると、子どもは原始にかえるのだろう。昼間には、母親にあまえなくなっていた子も、母親にすがりつきたくなる。ふとんにはいってから、ねむりにつくまでの10分か15分のあいだ、母親にそばについていてもらう子が圧倒的におおい。いろいろやってみた結果、それがいちばん子どもを自然にねむらせることが、各家庭の実験でわかって、そうなっているのだ。

おしっこがいえるようになったとか、スプーンがもてるようになったとかいう、「自立行動」ができてきたとはいえ、子どもの心の奥底には、母親へのたちきれない愛着があるのだ。その愛着が母親をそばにひきつけておこうとする。これを拒否して、ひとりでねなさいといってしかりつけることが、子どもの「自立」をうながすことになるだろうか。

心の奥底に、自分を拒否する母親へのうらみをもたせることのほうが、ひとりで靴がはけないことより、あとに尾をひく。心の奥底にある母親へのうらみは、母親との人間関係をわるくし、母親への協力をさまたげ、昼間の「自立行動」をおくらせる。ねむるまえ母親に添い寝してもらいたがったら、よろこんでそうしてやるべきだ。子どもを安心させて、安らかなねむりに早くおくりこむのが賢明だ。親子同室の日本では、そのほうが自然だ。

入浴させたほうが早くねむるのなら入浴させる。

ねむるまえ指を吸う子もおおいが、はじめに、より添った母親が子どもの手をにぎっていれば予防できたであろう。ひとりでねるよう強制した結果、指吸いになったというのがおおい。いったんくせになった指吸いに、あまり神経質になることはない。そばについていてやれば、早くねむるから、指吸いの時間もみじかくなる。

ひるねをすると、ねむくなる時刻はそれだけおそくなる。ひるねした日は、あまり早くねかそうとしないほうがいい。ねむれないで、ふとんにいる時間がながいと、指吸いをしたり、ふとんをしゃぶったりする。かなりねむくなるまで起こしておくほうがいい。

母乳でそだった子で、夜だけ母乳をのむくせのなおらない子も、添い寝したとき、5分か10分吸ったらねむるのなら、母乳を与えることも有害ではない。母乳が栄養上有害なのは、昼間も母乳にすがりついて、食事を食べなくなる場合だけだ。私たちの祖先は、つぎの子が生まれるまで母乳をのませていたし、それで民族としてつづいてきた。母親への愛着を乳房への執心としてしめす子から、いつ乳房をとりあげるかは、その子の性格、おかれている環境をかんがえて、心理的打撃のもっとも少ないように、個々の場合で決定すべきである。

ねるまえにミルクびんのはなせない子も少なくない。それがいちばん簡単な睡眠法だったら、つづけてかまわない。昼間も牛乳をよくのんで、食事もたくさん食べる子だと、肥満にならないように、昼間の牛乳をへらす。牛乳には砂糖をいれない。

363　排泄のしつけ

季節が4、5、6月のころ1歳半になった子どもでは、排泄のしつけを開始してもいい。それもおしっこの間隔があまり近いと無理だ。お茶やジュースをしょっちゅうのまないと、のどがかわいておこる子は、おしっこの回数もおおいから、なかなか時間をみはからってさせられない。あいだが1時間以上あく子では、時間ぎめ排泄をさせ、それがうまくいくようなら、おむつをとってしまう(〈327排泄のしつけ〉)。

おしっこをさせる前、さいちゅう、あとに、「シーしようね」「シーでたね」「シーしたね」と、おおいに「シー」を宣伝する。子どもに排泄を意識させるためである。子どもが「シー」といったら、排泄のあとだろうが、さきだろうが、「シーいえたね」とほめないといけない。しばらく「シー」がいえて、おしっこを便器にうまくしていた子が、たまたましくじったとき、「シーいわないとだめじゃないの」とおしりをピシャリとやって怒ると、そのあと、「シー」を絶対にいわなくなることがある。

おしっこをさせるとき、そりかえってひどく抵抗する子に、排泄をしつけることはむずかしい。2〜3週あいだをおく。それでも抵抗するようだったらのばす。

気候、おしっこの間隔、子どもの気分がうまくあうと、排泄のしつけは、10日から半月でできてしまう。すこし待てば、そういう時期がくるのだから、無理にさせ、おこったり泣かせたりする紛争期を長びかすのは賢明でない。

気候のいいときに、機が熟したとみたら、おむつをとりはらってしまい、パンツだけにする。おむつのなかにだまってしてしまうくせのついた子は、おむつがあたっていると安心感がある。おむつをはずすと、おむつをしてほしいというだろう。

それを無視しておむつをはずしたら、1時間ごとに母親がトイレにつれていってさせる。その時うまくするとはかぎらない。どうしてもでないというので、トイレから外へだしたとたんに、してしまったりする。そんなときおこって、つぎから、おしっこがでるまでトイレにいなさいなどといって閉じこめたりしてはいけない。トイレがいやなものになって、トイレにいくことを拒否する。

はじめ2～3日は、おしえずにしてしまうこともあるが、やがて「シー」をおしえるようになる。おむつがないと、排泄のとき直接おしっこが脚につたわるのが気持わるいのだろう。

おしっこと同時に「ウンウン」と大便をおしえる子もあるが、おしっこよりもおくれておしえるほうがおおい。ただし、すなおにさせる子は、あるきまった時刻に母親が大便をさせると、うまくしてくれる。これは排泄をおしえているとはいえない。結果としては、おむつの節約にはなるが。

寒さにむかって(9～12月)1歳半の子を、おしっこをおしえるようにするのは、非常に困難だ。桜の咲くころまで待ったほうがよい。

昼間は、おしっこをおしえられるようになった子も、夜はまだおしえない。たいていの子どもは、夜中はまだおむつをしてもらっている。

しかし、おしっこの遠い子は、母親がねる前にさせると、夜中にいちどもしないというのがある。それも、寒くなるとだめになるのがおおい。

男の子でおむつがとれたとき、母親は子どものおしっこがまっすぐでないで横にまがるのをみつけることがある。これは生理的な包茎《ほうけい》のためである(〈522包茎〉)。

364 便器のつかい方

便器は、何歳からつかわねばならぬというものではない。便器を全然つかわないですんでしまう子だってある。1歳半をすぎたあたりから便器をつかう子がおおくなるのは、便器に腰をおろして、落ちついて排便するのが、このころからだということである。

それまでは、便器をもっていても、それはその上に子どもをかかげて排泄させる排泄物の容器であって、そこに腰をおろすための道具ではない。1歳半でも、便器を便をする道具としてつかうのは、大便の排泄の時だけである。1歳ぐらいの子どもは、おしっこをさせるといやがって、そりくりかえってしまうので、便器にはすわらない。朝おきがけのおしっこも母親が抱きかかえて、便器の上にかかげてさせている。おしっこは、でるかでないかの勝負がみじかい。抱いていても母親はつかれない。

大便の排泄となると時間がかかる。1歳半をこえると、子どもも重くなるから、母親も長時間、子どもを便器の上にかかげていられなくなるので、すわらせる。

子どもが便器にうまくすわってくれるかどうかは、すわりごこちにもよる。長いあいだ使用しようと思って、大型のを買うと、くりが大きくて安定感がないのでいやがる。おしりが、すっぽりはいるのが、安定していい。

便器の前の部分に、鳥の頭だの、馬の顔だのがついていると、子どもは遊具だと思って、あそぶほうに気がとられて、熱心に排泄しない。

ちょうど、おしりにあった便器に子どもをはめこんで、ひとりでは外へでられない状態にするのが、よろしい。ウンウンがすんだらだしてあげるということにしつける。

気温が低いと、便器の肌にふれる部分がつめたいのを、子どもがいやがる。くってあるまわりのわくに丁度あうように、ドーナツ型に、古い毛布か何かを切ってのせておくのがいい。

便器で大便をするのが上手になると、おしっこも便器でするようになる。もっとも、1歳半になったらどの子も便器で排便ができるというものではない。寒いときは、どの子も便器をいやがるから、あたたかくなるまで待っていていい。

排便のしつけでいちばん大切なのは、子どもがいやがったら無理じいをしないことだ。便器にのせられるか、あるいはトイレにつれていかれるかすると、大声をあげて泣くようなら、当分しつけを断念する。それを強制すると、子どもは便器(トイレ)恐怖症になって、とても排便どころでなくなる。

そうなると便がでなくて、大腸の下部でかたくなる。ますますでにくくなり、でるときに痛い思いをしなければならぬ。便器恐怖症がさらにつよくなる。ときには、便がかたく太くなって肛門が切れて、排便のときひどく痛い。こうなったら、下剤か浣腸《かんちょう》かで便をやわらかくすることからはじめなければならない。

もっとも、そうなったところで、永久化するわけでない。かならず自分で大便にいけるようになるから、あまり心配しないことだ。

環　境

365　あそびの場をつくろう

子どもは1歳半をこえると、歩くこともはやくなり、手のはたらきもさかんになる。1歳半をこえたから、特別のオモチャを買わねばならぬということはない。いままでもっていたオモチャ(〈332 あそびの場をつくろう〉)で、より活発にあそぶだけのことだ。活発にあそぶためには、ひろい空間がいる。あそびの場をひろくしてやることのほうが大事だ。

砂場であそぶ時間もだんだん長くなる。クレヨンやマジックをもたせて、大きな紙にかかせても、すぐにはあきてしまわない。積木でもあそぶ時間が長くなる。集中と持続とができるようになったのだ。

運動の好きな子は、ほかの子が三輪車であそんでいると、自分もほしがる。2歳に近くなったら、与えてもいい。夏は水あそびをよろこぶ。長くあそべるようになると、帽子をかぶらせるのを忘れてはならぬ。

力がつよくなって、破壊力も大きくなる。オモチャはつねに点検して、こわれたところで手を切ったり、目をついたりしないかをよくしらべる。ぜんまいで動かすオモチャは、ブリキ製がおおい。注意を要する。

絵本を破るくせがつかないよう、どんな古くなった絵本でも、最初に破いたときに、しかることが大事だ。古い本は破ってもいい、新しい本は破ってはいけないという区別はできない。すぐに破れるようなうすい紙の本を最初に与えないようにする。

ほんとうをいうと、この年齢の子にも、からだをきたえるために、いろいろの体操をやらせたい。しかし、母親と子どもだけで体操をやることはできない。無理にやらせても、おもしろくないから、子どもは逃げてしまう。

家庭でできる、この年齢の子どもの鍛練は、日曜日に、父親とひろいところであそぶこと、毎日、時間をきめて、母親が散歩につれていくことなどである。散歩は、家に閉じこめられた子どもにとって、あそびとおなじに楽しい（〈377つよい子どもにきたえよう〉）。

366　事故をふせごう

子どもの成長とともに、事故も大きくなることを承知していないといけない。表の戸が、うっかりあけてあったために、子どもが街路にでていって迷子になってしまうことがある。車にはねとばされて重傷をおうことがある。小川に落ちておぼれることがある。たったひとつの錠をおろし忘れたためにである。

箱や台をもってきて足場にしてのぼることができるようになるから、柵が柵の役をなさぬ。団地住宅の3階のベランダに、母親がうっかり電気冷蔵庫を包装した空き箱をおいておいたところ、箱にのって柵をこえ、ベランダから落ちた例がある。

2歳にちかくなると、子どもはかなりスピードをつけて走れるようになるから、ころんで頭をぶつけるときも、強打する。風呂場でふざけて走ってすべり、頭を打つときも、誕生日前後の子とくらべて強さがちがう。子どもが頭をぶつけたとき、もしそれが後頭部だと、脳の損傷をおこしたり、頭蓋内血腫《ずがいないけっしゅ》をおこす可能性がある。子どもが強く頭を打ったとき、打った場所がどこかということを、親はコブの様子で知らねばならぬ。

失神状態がつづくときは救急病院につれていく。すぐ泣いたら大丈夫というのは、1歳6カ月をこえた子の、後頭部の強打では、あてはまらぬこともある。頭を打ってすぐ泣き、その後泣きやんで元気だった子も、強打の場合は2日間は警戒しなければならぬ。嘔吐《おうと》とか、ひきつけとか、すぐうとうとしてしまうとか、立って歩けないとか、ことばがもつれるとかがそのあいだにおこったら、脳外科につれていかないといけない。顔色が異常にまっさおで、左右の瞳孔《どうこう》の大きさがちがうときは、頭蓋内血腫の疑いがある。これは手術をして血腫をとらないといけない。ツイラクしたり、車にはねられたりして、そのまま意識がなくなって、さめないときは、もちろんすぐ救急車で脳外科につれていく。脳のなかに出血したかどうかはCT（コンピューター断層撮影）でしらべればわかる。

ツイラクで頭のどこを打ったかわからないときは、一時泣いただけで、あとは元気であそんでいても、用心をしていないといけない。1.5《メートル》以上のところから落ちたのだと、医者と相談したほうがいい。入浴も一両日させない。なるべく家でしずかにさせる。1週間たてば大丈夫だ。

だが、家庭で毎日のようにある、高さ1《メートル》ぐらいからのツイラクでは、脳内出血は絶無といっていい。

ツイラクのつぎにおおい事故はやけどである。紅茶をカップでふりだしてのむ家庭で、熱湯のはいったカップを子どもがひっくりかえして、手、腕、胸にやけどをする。紅茶は子どもから離れた別のところでふりだして、のめる温度になってから食卓にのせる。

台所での事故がおおい。ながいゴム管のついたガスこんろを調理台にのせておいては危険だ。調理台の上にガスこんろをのせて、鍋で煮物をしていたとき、やってきた子どもがゴム管をひっぱって鍋が落ちて、子どもが頭から顔に大やけどをした例がある。ガスこんろやガスストーブのゴム管はみじかくして、手がとどかぬところにつけておかねばならない。

おとなのまねをして事故をおこすこともおおい。

父親が耳かきをつかうのをみていた子が、編物用のかぎ針を耳につきとおしたのを知っている。父親の睡眠薬をのんでしまうことがある。

安全かみそりで自分の顔を切ってしまうことがある。たちばさみで指を切ることがある。大工さんのまねをして口にくぎをくわえていて、のんでしまうことがある。ものをのむ手品を子どもにやってみせてはいけない。

医者からもらった水薬を、かってに口をあけていちどにのんでしまうこともある。サイダーなどのあきびんに、ベンジンや石油をいれておいてはいけない。

夏に外へ出るときは、かならず帽子をかぶせることを忘れてはならない。車にのせて出たとき、停車中の車にひとりでおいてはいけない。過熱死の例がある。

車が通る道を行くときは、母親は子どもの手をひいて、自分が車の通る側を歩かねばならない。

正月の餅《もち》は、1チセン角以下でないと、この年齢では危険と思うべきだ。

367　春夏秋冬

赤ちゃんのときから夜泣きをする子は、この年齢になってもまだやまないのがある。成長しただけあばれ方もひどく、母親をたたくし、自分で起きあがってしまってねない。大病院にいくと脳波をとって、てんかんの薬をのまされたりする。成長とともにきっとなおるのだから、不自然なことはしない。昼間の運動を十分にさせねばならぬから、冬で寒いからといって部屋のなかに閉じこめてはいけない。

2歳に近づいた子どもには、あたたかくなって、衣服が少なくなったら、まずボタンをはずしてやって、あとは自分で脱ぐけいこをはじめる。入浴の好きな子には、入浴前の脱衣からはじめると、うまくいく。逆に寒い季節にむかって、夜パジャマをきる前、シャツを自分で脱がせるのは無理である。

排泄のしつけも、あたたかい季節には努力していいが、寒くなるころからはじめるのは、成功しにくい。2歳で冬をむかえる子は、まだおしっこをおしえなくても、けっして、おくれてはいない。

6月にはいると、ふだんからごはんをよろこんで食べない子は、全然といっていいくらいごはんを食べなくなる。子どもが、いままでとおなじように元気であそんでいたら、気にすることはない。冷たい牛乳でもおぎないにのませればよい。

1歳半をこした子は、夏に海水浴をさせてよろしい。海にはいる前に、十分に準備運動をさせ、しだいにからだを水にひたしていくようにする。5分以上水のなかにいれておいてはいけない。砂浜で太陽にあたりすぎると皮膚炎をおこして、熱をだす。

庭でビニールプールをつかうときは、水深を10センチ以内にしておく。20センチ以上だと、なかでころんだとき危険である。

活動がさかんになるから、暖房をたいたり、食事にあついものをつくったりする寒い季節には、よほど用心しないといけない。やけどでおおいのは、食卓の上にのせた雑炊や紅茶茶わんをひっくりかえしたときである。ストーブの上にやかんをのせることは絶対にさけてほしい。

季節的な病気としては、初夏には「口内炎」(〈250初夏に熱をだす病気〉)がおおい。秋に台風のくるころ、たんのよくたまる子は、せきがおおくなる(〈370「小児ぜんそく」〉)。

晩秋になると、夜中に目がさめて泣く子がいる。おしっこが近くなるのと、想像力がつよくなって悪夢におびやかされるためだろう。予防には昼間、外で十分に運動させるとよい。

冬にはいると「冬の下痢」（〈280 冬の下痢〉）になることがあるが、2歳近くだと、かかってもそう重くならない。

かわったこと

368　子どもの嘔吐

この年齢の子どもが、食べたものを嘔吐《おうと》したときは、どんな様子で吐いたかに注意する。

熱が高くでて、嘔吐をしたときは、のどをいらいらさせる病気であることがおおい。初夏であれば「口内炎」(〈250初夏に熱をだす病気〉)、冬であればウイルスでおこる扁桃《へんとう》炎《えん》、または溶血性連鎖球菌でおこる咽頭炎《いんとうえん》などがおおい。

熱がなくて、ひどいせきがでて、せきといっしょに嘔吐するのは、百日ぜきのへった今日、「ぜんそく性気管支炎」によるのがおおい。ふだんからよくたんのたまる子で元気もよく、ただ胸のなかでゼロゼロいっているだけだったら、そんなに急いでみてもらうことはない。百日ぜきの予防接種のしていない子で、毎晩ひどくせきがでて、顔をまっかにし、せきのあとで吐くというのだと、百日ぜきの可能性もある。これは早く治療すべきだ。

嘔吐といっしょに、下痢を何度もするというのだと、夏は、細菌性の病気(たとえば赤痢)をかんがえねばならぬ。たいてい熱をともなう。なるべく早く医者にみてもらう。冬に嘔吐と下痢とがいっしょになるのは「冬の下痢」(〈*280*冬の下痢〉)がおおいが、これは1歳7～8カ月まではみられるが、満2歳になるとずっとへる。

熱がなくてはげしい腹痛をともなう嘔吐ではヘルニアの「かんとん」(〈*139*そけいヘルニア〉)をかんがえる。腸重積《ちょうじゅうせき》はこの年齢ではめったにないが、ないとはいえぬ。

369　自家中毒症という病気

この年齢あたりから、小学校にはいるまでくらいの子どもにみられる特別の嘔吐がある。熱がないのが特徴である。嘔吐とあくびとがあるのが、手掛りになる。

この病気は月曜日の朝におこることがおおい。日曜日に家中で、郊外の遊園地にいって1日楽しくあそんできた翌朝とか、日曜日に親戚のおなじ年の子があそびにきて、終日はしゃぎまわった翌朝とかにはじまる。ことに疲れて食事をとらずにねてしまったあとにおおい。さいわい近頃はまれになった。

朝おきたときから、何となく元気のなかった子どもは、朝食をとるときも、気がすすまない様子である。半分ぐらい食べてやめてしまう。まもなく食べたものをみんな嘔吐してしまう。お茶ならおさまるかと思って与えると、これも吐いてしまう。子どもはぐったりして横になる。あくびを何度もする。ふとんにねかすと、うとうとと眠る。顔色もよくない。熱をはかってみるが36度台である。何か、きのう食べたものがわるかったのかと浣腸《かんちょう》をすると、でてくる便はふつうである。子どもはまた嘔吐する。

最初の医者がみるのは、こういう状態である。前日にひどく楽しそうに、はしゃいだことをきけば、今日、その疲れがでてきたのだと推察がつく。何はともあれ、ゆっくり眠らせれば、2〜3時間で子どもは元気を回復する。なれた医者は子どもを眠らせるようにする。

ひとねむりすれば、子どもは元気になって、氷のかけらやあめを、よろこんでしゃぶる。それがうまくおさまれば、ジュース、茶、果汁などの水分を与えればよい。水分がおさまると、子どもは急に元気になる。そうなれば、もう牛乳でもパンでもビスケットでも食べられる。夕方には、ごはんを食べる子も少なくない。

子どもが興奮してあそんだ翌日におこることから、これは疲労のあらわれであることはまちがいない。しずかに眠らせれば回復するのがその証拠だ。この状態に「自家中毒症」などという変な名がついたのは、まったくとりあつかいをあやまった結果である。

子どもがぐったりして、嘔吐するというので、何か大病のようにかんがえて、いやがる子どもをおさえつけて、いろいろの注射をすると、子どもは、だるいところへ痛いことをされていじめられるので、ますますよわってしまって、嘔吐がおさまらなくなる。からだのなかの代謝機構が混乱し、ふつうは尿にでてこないケトン体などというものが尿のなかにあらわれる。意識も失われてしまう。

こういう状態になると、医者はおどろいて病院に入れる。病院に入院したときは意識もなく、衰弱もはなはだしい。病院の医者は何かの中毒ではないかと思って、いろいろ細菌の検索をやるが、何もみつからない。中毒症状をおこした赤痢に似ているが、外からの原因がないというので「自家中毒症」という名がつけられた。外国にはこんな名はない。

病院の医者も、ごく最初の状態をみていれば、疲労だということがわかったろうが、いじめて、よわらせたところしかみないので、中毒などといってあやしまないのだろう。

子どもが何かでひどくはしゃいだ翌日、ぐったりして嘔吐をしはじめたら、ゆっくり眠らせないといけない。

発病のたびに入院して、さんざん注射でいためつけ、断食をさせ、3〜4日点滴をするというようなことをしていると、点滴をしないでも眠るだけでなおるといっても信じられなくなる。「自家中毒症」という名まえがよくないのだ。ドイツの医者はこの病気に「周期性嘔吐」という名をつけている。いちどやると何度もくりかえしておこるからである。

2〜3歳のころからはじまって、年に4〜5回くりかえし、幼稚園にいきだすとなってしまうのがおおい。学校にあがっても、2年生ぐらいまでやるというのも、ときにはある。こまかいことによく気のつく子におおい。デリケートな心情の持ち主ということなのだから、人格にとってなんらマイナスではない。

さいきん英国で生まれつきインシュリンの分泌の多い子に、断食させて低血糖症をおこさせる実験をやった。幼児だと18時間の断食で発作がおこる。「自家中毒症」の子どもの中には疲労のほかに糖分不足もあったろう。今頃の子は、しょっちゅう甘味料をたべるので、低血糖もへったのだろう。

子どもはおとなにくらべて、腹をへらすことにたえられない。はるかにみじかい断食でも、血液の糖がひどくへってしまう。自家中毒にあめやジュースを与えると元気になるのも、低下している血糖をたかくするからだろう。

1〜2度「自家中毒症」をやって、それが疲労に原因するということを体得した母親は、朝に子どもの様子がおかしいときは、しずかにねかせて眠らせる。これからは、あめかチョコレートかジュースを与えてからねかすようになろう。おちついた母親が、「大丈夫しずかに眠りなさい」というのと、とりみだした母親が、子どもを救急病院につれていって、病院が交通事故とおなじにあつかうのとでは、子どもの気持がちがってくるからである。子どもも自信を失うと、自分は病人だという気になり、鍛練に抵抗する。冒険をしないで家のなかに閉じこもるので、ますますひよわになる。

370　「小児ぜんそく」

かぜにしては、あまりせきが長くつづくので、心配してちがう医者にかかると、これは「小児ぜんそく」ですといわれることがある。医者は、子どもの肺にたんがたまっているという。母親はびっくりする。

また、母親のほうで、診断をつける場合もある。以前から、夜ねたときや朝おきるとき、ひとしきりせきをしていた子どもが、ある秋の夜、急に胸のなかにゼロゼロという音がしはじめ、髪がぬれるほど汗をかき、苦しいといって泣いたりすると、母親は「ぜんそく」らしいと思う。

誰が「ぜんそく」ときめたにしろ、赤ちゃんのときから連続してある症状なのだが、2歳すぎた秋から、急にたんがたまるようになったというのも、ないではない。

おとなにみられるぜんそくと、子どものたんのたまりやすいたちというのとは、ちがうものである。おとなのぜんそく患者は、自分は「ぜんそく持ち」だと思っているが、3歳のゼロゼロいう子は、自分を病人とは思っていない。これは大事なちがいだ。「ぜんそく」は、自分は病人だという意識をもつことで、病気を重くする。外にでて大気で鍛練することもできなくなる。

おとなになって「ぜんそく持ち」にしないためには、子どもに、自分は健康な人間だという自信をもたせつづけることが必要だ。3歳の子どもでも、まわりのおとなが、心配そうな顔をして介抱したり、「体質改善」と称する注射にかよわせたりすると、自分は重い病気をもっているらしいと感じる。そうなると、母親への依存がつよまる。依存がつよまると、たんがたまってきたとき、母親にすがりついてあまえる。自分の力で、たんを吐ききろうという意欲を失って、ますますたんがたまる。ぜんそく患者としてあつかうことが、たんの多い子をぜんそくに仕立ててしまう。

たんのよくたまる子はたくさんいる。そんなものは平気だというふうにそだてられた子どもは、小学校へ行くころには忘れたようになおってしまう。5人も6人も子どものいる家庭で「ぜんそく」がでず、ひとりっ子の家庭で「ぜんそく」がでるのは、母親が子どもをかばいすぎるからである。

夜に少しぐらいたんがたまっても、翌朝、子どもが元気で、ふつうにあそんでいるのなら、病人のようにあつかわないほうがいい。

急に気温がさがる日に、たんがたくさんたまるのだから、そういう日は入浴をさせない。少し気温があがったら、せいぜい戸外にだして鍛練する。母親から自立することが大事だから、なるべく自分のことは自分でさせるようにしつける（〈385自分のことは自分でさせる〉）。

以前ぜんそくの大発作をおこして、救急病院に2〜3度いった子の母親は、はじまりがどんな様子だったかを覚えているはずだ。子どもが夜中に急にゼーゼーいいはじめたら、ためらわずによく効く薬をのませる。ぜんそくは早期に治療したほうがいいというのは医者の常識になっている。よく効く薬は、副腎皮質《ふくじんひしつ》ホルモンか、交感神経刺激剤だが、医者も夜中発作がおこった時のむようにと頓服《とんぷく》用に出しておいてくれることが、おおくなった。また薬局ですすめる噴霧式吸入薬には、$β_2$刺戟《しげき》剤が入っているのがおおい。そういう薬は、せいぜい1日か2日でせきがへって元気になったらやめる。家庭で勝手にながくつづけてはいけない。

最近、大気の汚染がめだち、工場の煙突のたちならんでいる地帯に、ぜんそくがふえた。

親は、大気を汚染するような煙突をたてている会社には抗議せねばならぬ。たとえ、すべての子にたんがたまってくるのでないにしろ、汚染が原因であるにはちがいない。

しかし、子どもにたいしては、煙突があるかぎり、ぜんそくになるのは仕方がないというあきらめた態度でのぞんではいけない。たんぐらい平気だ、吐ききってしまえとはげまして、病人あつかいしない。

よく忘れるのは、家のなかに煙突のあることだ。父親のタバコである。タバコをふかすと、タバコをのむ人が吸うよりも、まわりにひろがる煙のほうに有害物質はおおい。子どもがゼロゼロいうたちだとわかったら、父親は禁煙するか、部屋の外で吸うかしないといけない。

子どもがゼロゼロいうのには、いろんな原因がある。ウイルスの感染もあるし、特定の物質にたいする過敏もある。過敏現象をおこすおそれのあるものは、なるべく小さいうちにとりのぞく。成長とともに過敏の範囲がひろがるのを予防するためにである。ペットとして小動物をかうのは、さけたい。イエダニが過敏の原因になることもあるから、駆虫剤をいぶして、押入れや部屋の駆虫もしたほうがいい。

医師によっては、ぜんそくの原因は外から侵入するアレルゲンにたいする過敏だと信じ、アレルゲンを皮膚テストできめて、それを小量ずつ注射して過敏をなくすると称する減感作療法《げんかんさりょうほう》をすすめるかもしれない。子どもがいたがるだけでない。無効かつ危険で、イギリスの免疫アレルギーの学会は、ぜんそくにはすすめないという。

371　よく医者にかかる子

毎日たくさんの子どもを診察室でみていると、毎月かならず顔をあわす子と、2〜3カ月に1度しかこないような子とがある。毎月かかさずくる母親は、2〜3カ月に1度くらいしかこない母親に、待合室であって、うちの子はどうしてこうよわいんでしょうとこぼしている。しかし小児科医の目からみると、どちらの子がつよくて、どちらの子がよわいということではない。

しょっちゅう子どもを小児科医につれてくる母親が細心で、ときどきしかこない母親が大胆であるというにすぎない。はじめての子ども、上4人が女の子でその下にできた男の子、父親がしじゅう出張していて、るすがおおい家庭の子ども、結婚後10年以上たってできた子ども、上の子をなくしたあとにできた子ども、そういう子の母親は、大胆になろうとしてもなれない。

1歳半から2歳ぐらいまでの子どもで、医者につれてくる「病気」といえば、ほぼきまっている。

おおいのは、せきがでるといってくる子だ。家庭でかぜがはやっていて、それが子どもにうつってせきがでるようになったというのがおおい。それよりおおいのは、赤ちゃんのときから胸にたんがたまりやすく、気温が急にさがった日はゼロゼロと音をたてている子が、よくせきをする。昼間はそれほどでもないが、夜と朝とによくでる。子どもは熱もなく、食欲もよく、元気にあそんでいる。

細心の母親は、せきという症状があれば医者にくるが、大胆な母親は、せきがあっても元気がよければつれてこない。以前も放っておいてなおったという体験を尊重するのだ。

もちろん医者は、やってきた患者には薬を与えるから、母親は、医者がよろしいというまで通うことになる。医者によって、なかなかもうよろしいといわない人がいる。そんなときは、通っているうちに待合室でウイルスをもらって、ほんとうのかぜになることもある。

また、便がすぐやわらかくなるのでくる子もある。少し食べすぎるとか、かわった果実を食べると、翌日は便の回数がおおくなる。あとのほうになると形をなさない。こんな場合も、細心の母親はかならず医者につれてくる。しかし、大胆な母親は、熱もないし、元気もいいし、食欲もいいから、たいした病気ではないときめて、食べものをふだんの6～7割の量にしておくだけだ。

しかし、どちらの子も2～3カ月に1度は、急に高い熱がでる。それはウイルスでおこる病気のどれかなのだが、一両日で熱はさがってしまう。こういうときは、大胆な母親も子どもを医者にみせる。

1歳半から2歳ぐらいの子どもは、たいてい2～3カ月に1度ウイルスによる病気をするのが相場であって、医者に何度もかかる子が特別よわいというものではない（〈479よく熱をだす〉）。

ただし、保育園に通うようになった子どもは、去年にくらべて、かぜもよくひき、はしかや水痘《すいとう》にもかかる。今年は、感染する機会がふえたのである。家庭だけでそだっている子よりも、医者に通うことがおおくなるのは当然だ。これは保育園にいっているから、よわくなったのではない。

はしか、水痘、おたふくかぜとつづいてやると、勤務先での気兼ねも手伝って、仕事をやめようと思う母親もあるが、これから先は免疫ができて休まなくてもよくなるのだから、峠をこしたと思うべきである。

家庭でだけそだてている子でも、母親がデパート好きで、子どもをつれてデパートの屋上の子どものあそび場によくいくときは、保育園にいっている子に負けないくらい子どもの伝染病をもらってくる。

年中医者がよいをしている親子もある。母親が薬をもらうことが好きなところに、医者も薬が好きで、なかなか薬をやめない場合である。また自然になおったのを薬でなおったと思いこみ、医者にかからないと病気はなおらないものだと信じている母親もいる。子どもが鍛練の機会を失い、待合室で病気をもらうので、病気をする回数はふえる。

こうしてみると、よく医者にかかる子どもというのは、子どものどこかに欠陥があるというよりも、医者の患者のあつかい方でそうなっているのがおおい。母親は子どもが元気だったら、医者にかからないでなおる経過を経験すべきだ。

だがこういっても、体質があって、ほかの子の2倍も3倍も熱をだす回数がおおく、その熱も39度から40度になる子が少数ある。そんな子も3歳になると熱をださなくなるのは、免疫の成熟が体質的におくれているからだろう。

高い所から落ちた　〈265赤ちゃんのツイラク〉参照

やけど　〈266赤ちゃんのやけど〉参照

異物をのんだ　〈284異物をのみこんだとき〉参照

ごはんを食べない　〈338ごはんを食べない〉参照

急に高い熱がでた　〈343急に高い熱がでたとき〉参照

371 よく医者にかかる子

高い熱がつづく　〈344高い熱がつづく〉参照
下痢　〈346下痢〉参照
熱がでてひきつけた　〈348ひきつけ〉参照
子どもの泣き入り　〈349子どもの泣き入り〉参照
ぜんそく　〈370「小児ぜんそく」〉参照

集団保育

372　きげんのいい子どもに

朝8時に園にきた子どもは、4時間もするとかなり疲れる。小さい部屋で5～6人のグループをつくってあそんでいるときより、大きな部屋で自分より大きい子といっしょに保育されているほうが、よけい疲れる。混合保育で小部屋をつかわないと、1歳半から2歳までの子どもは相当に疲れる。疲れをとるいちばんいい方法は午睡である。午睡は昼食のあとがいい。

午睡には午睡室がいる。現在の日本の保育園で、午睡室のあるところは、めったにない。これは保育園としては失格である。混合保育をやっていて午睡室がないと、個性や年齢によって幅のある午睡時間とあそびとをうまく調和させられない。大きい子がはしゃいであそんでいる部屋の一隅で、小さい子が疲れて、すわったまま、こっくりこっくりやっているようなことになる。小さい子を標準にして午睡させようとすると、大きい子はねむくないからさわぎだす。1つの保育室を遊戯室にも午睡室にもつかうのは無理だ。午睡は、めいめい自分のふとんでねるようにする。どれが自分のふとんか区別できるようになっていないといけない。ふとんにはいる前に排泄をさせ、パジャマにきかえさせる。1歳半から2歳までの子は、まだ自分で着脱できないが、できるところまで自分でさせるようはげます。

午睡のできない子があるが、これは家庭で、ねつくまえに、母親にそばについていてもらわないとねむれない子におおい。そんな子には、保母さんが、しばらくそばについていて、安心させてやるとねつくようになる。

午睡の時間は子どもによって個人差がある。はやく目がさめる子は、しずかにおこして、午睡室の外につれだして、排泄させ、パジャマから遊戯服にかえさせる。午睡のまえと午睡からさめる時とは、1人の保母さんでは、やりきれるものではない。

子どもは、疲れてもきげんがわるいが、エネルギーが十分に発散されないときは、攻撃的になって、子ども同士の衝突がおおくなる。十分に走りまわれるだけの空間が、部屋のなかにも、部屋のそとにもなければならない。混合保育で一室につめこまれて、オモチャの数が少ないときは、小さい子は、いつも大きい子にオモチャをとられて楽しくない。遊具が少なくて、園庭でのあそびが、行列して待っている時間のほうが長いというのでは、これもおもしろくない。

いまの家庭の育児が密室育児であるように、いまの保育園の保育は軟禁保育だ。保母さんの手がたりないこと、街路の交通が安全でなくなったことから、園外保育は、だんだんおこなわれなくなっているが、子どもたちは園の外にでたいのだ。子どもの気分を常に楽しくたもつには、園外散歩が日課のなかにくみこまれねばならぬことを忘れてはならぬ。その方向への努力をおこたらないようにしたい。

1歳半から2歳という年齢の子どもは、まだまだ自立できない。自分のそばにたよりになるおとなが、いつもいてくれるという気持がないと落ちつかない。

保母さんは、いつでも子どものうったえに応じられるように、子どもの身近にいないといけない。

ほかの子の排泄のあと始末、給食の用意、ちらかった教材のあとかたづけにおわれて、子どもが何かたのんでも、「まっててね」「あとからね」を連発しているようでは、子どもは不安からぬけきれない。

373　自分のことを自分でする子に

楽しい集団をつくるためには、保母さんが十分に機動力をもたねばならぬ。子どもが

「基礎習慣」をおぼえてくれないと、保母さんは自由にうごきまわれず、子どもの創造力をのばすことに力を入れられない。ひとりひとりの子どもが、排泄や食事や衣服の着脱をなるべくひとりでやれるように、はげまさねばならない。

子どもをはげますのには、みんなのなかでほめるという方法がよくとられる。だが、それは儀式のようになってはならない。保母さんと子どもとが人間的につながっていて、保母さんが子どもの成長を心からよろこぶ感動を、子どもが感じるのでなくてはならない。

季節や、子どもの器用、無器用によって多少の差はあるが、2歳になるころには、食事はひとりでスプーンや箸《はし》をつかって食べられ、コップもひとりでのめるようにしたい。自分の食べものと、隣の子の食べものとを区別できるように、食器にめじるしがあったほうがいい。ごはんと副食とを別に食べるのが日本人の食習慣だから、1歳半をこえたら、なるべく副食皿に副食をいれる。何もかもいっしょにした煮込みうどんや、ごもくめしばかりでは、よくない。

ひとりで食べられない子もいるから、たえずはげましながら、ある程度手伝ってやらないといけない。保母さんの手がまわらないと、手づかみで食べることになってしまう。食前は手洗いをさせるようにする。混合保育で大きい子がいて手本をしめすと、いいしげきになる。

5月から10月に満2歳になる子には、排泄のしつけに努力する。はじめは、おしっこをさせるとき、してしまったとき、「シーしようね」「シーしちゃったね」といって、排泄を「シー」ということばでつよく印象づける。そのうちに自分でも「シー」といいだすから（もちろんはじめは、でてしまってからだ）、いいだしたことをほめてやる。排泄の前かあとかに「シー」を確実にいいだしたら、おむつをとってしまって、排泄の時刻をみはからって便器にかける。

はめこんでやったら、子どもの力ではでられない、ちょうどサイズのあう便器がいい。「シー」がすんだらだしてやる。寒い季節で、暖房のない部屋では、便器が冷たいから無理だ。

排泄のしつけにかかったら家庭と連絡し、家でもおきているときは、おむつをとってしまわないと、うまくいかない。パンツも、10枚は園にあずけさせる。

排泄のあと、パンツを自分であげるようにはげます。排泄後の手洗いは、最初から厳重にしつける。水道の蛇口《じゃぐち》の数が少なくてはいけない。蛇口が高いところにあってもいけない。

午睡の前後に、衣服の着脱のけいこをさせる。2歳になるころ、ボタンさえはずせば、どうにか脱ぐことはできるようにもっていく。パジャマは、自分のロッカーに入れさせる。

おしっこをおしえるとか、食事のときスプーンがつかえるとかいう「基礎習慣」を身につけられるようになった子どもを、すぐ自立した子とかんがえて、過大の期待をしてはいけない。それは、おとなにとって便利な子になったというだけで、人間的に自立したというのではない。まわりの子がみんなやるので、それにくっついて、自分もできるようになったという子もある。集団への依存がつよいので、孤立への恐怖から「基礎習慣」をおぼえたというのは、それだけで人格の自立とはいえない。「基礎習慣」をおぼえる過程で、子どもが積極的であり、おぼえたことで自信をもつなら、それは子どもの生活態度をいきいきとさせ、自分を表現しようという意欲をおこさせる。それが人格の自立へのひとつのしげきとなる。

374　子どもの創造性をのばそう

1歳半から2歳までの子どもは、まだ集団をつくってあそぶことはできない。ひとりひとりが、あそびのなかで自分の創造性をためしている段階である。この時代には、できるだけいろいろのあそび道具を与えて、子どもにあそぶことの楽しさを味わわせてやらねばならぬ。課業というような、まとまった指導でなしに、自由あそびを主にする。

子どもは1歳半という年齢になったら自然に「土、砂、石や水で遊ぶ」ようになるのではない。土や砂を掘るシャベルやバケツや砂ふるいを与えてはじめてあそべる。掘った土をのせるダンプカーのオモチャがあるから、土掘りが持続する。ビニールプール、水をまくジョウロ、水をくむバケツ、水をとばす水鉄砲があるから、水であそびたがるのだ。

子どもの創造性をのばすためには、のばすための道具が必要だ。やわらかい材料でつくった動物(犬、ネコ、馬)や人形や、木製のトラック、電車、乗用車などはどうしても必要だ。まもなく「ごっこ遊び」をするために、人形用の家具だとか、小さな食器のセットだとかも与えて、つかい方をおぼえさせたい。

積木や組木を用意して、子どもに構築の天分をのばさせねばならぬし、クレヨンやマジックや紙を与えて、かくよろこびを味わわさねばならない。

運動も、この年齢になれば創造のよろこびのなかにくみこむ。ブランコ、太鼓橋、小さなジャングルジムなどをつくってやりたい。土の上においた20センチ幅の板は、子どもには橋をわたるよろこびを感じさせる。ボール投げやボールころがしは、男の子も女の子も楽しむあそびである。

子どもの音楽にたいする感受性ものびてくる。シロホンやカスタネットは、リズムあそびを活気づける。子どもの理解できる歌詞の歌をうたってきかせたり、オルガンをひいてきかせたりすることで、子どもの音楽への愛をそだてる。

絵本もまた、なくてはならない天分をほりだす道具である。本でネコや犬やおじいさんやおばあさんや花の絵をおぼえた子は、やがてみる紙芝居のドラマを、よりよく理解できる。

これらのオモチャであそぶときは、保母さんは楽しい会話のなかに子どもをひきいれねばならぬ。子どもの創造性は、人間と人間とをつなぐものとして、そだたねばならぬ。テレビをつけておくだけというのは、だめだ。テレビを手段として、保母さんと子ども、子どもと子どもとをつなぐのでなくてはならぬ。みんなでテレビのブーちゃんをみて、ブーちゃんがアーアとあくびしたら、保母さんは、「ブーちゃんはどうしたの、いま」と子どもたちにきいてやる。子どもたちは「アーア」とあくびのまねをするだろう。こうしてテレビは、保母さんと子どもとの人間関係のなかに生きてくる。創造力のさかんな保母さんは、テレビをつかわないが、できればそのほうがいい。

375　人間的なつながりを

子どもが、どれだけのことばを話せるかということは、子どもがどれだけかたい人間的つながりをもっているかということである。人間がことばによって、おたがいをつなぐまでに、何十万年かかって、人間同士むすびあってきたことか。

ラジオやテレビをかけっぱなしにしておいても、子どもは絶対にことばをおぼえるものではない。ことばよりさきに人間同士のつながりがなければならない。2歳ちかくなったら、子どもは自然に成長して「友だちや保母の名まえがいえるようになる」のではない。保母さんが子どもにことばを必要とする人間関係をつくるから、話せるようになるのだ。

朝、お人形をかこんで3～4人のグループをつくり、保母さんがひとりひとりに、名をよんで、話しかけるから、子どもは誰が何という名かをおぼえる。20人の子を一部屋において、保母さんが出欠をとるために名をよんでいては、1歳半の子は仲間の名をおぼえない。いつも、いっしょにあそべる近距離に好きな友だちがいるから、名をよぶのである。

発音するために、子どもがどんなに熱心に相手の口をみていることか（おおくの母親が2歳になった子の難聴を発見できないのは、子どもが母親の唇のうごきだけで、命令を承知するからだ)。子どもが、発音をおぼえるためには、相手の唇の動きをよみとれる距離にいなければならぬ。

子どもにことばをおしえるということは、ことばが必要となるような、いっしょにあそびたい小グループをつくることである。

子どもにことばをおしえるとき、大切なのは名詞をおぼえさせることではない。自分の思っていることを、はっきり表現させるようにすることである。家庭にいる子どもが、母親にたいして、自分の思っていることを何でも表現するのは、母親にたいして遠慮がないからだ。この人には何を注文してもいいのだという信頼感がある。

保育園で子どもが、自分の思っていることを、何でも保母さんに表現するようになるのには、子どもが保母さんに信頼をもっていないといけない。保母さんは子どもに人間としての魅力を感じさせていなければならぬ。おしっこをしくじるたびに体罰をくわえるような相手に、子どもは信頼をもたない。子どもはこわがって、顔色ばかりうかがっている。そういうところでは、子どもは保母さんに、自分の思っていることをいわない。

保母さんを信頼していれば、子どもは保母さんにいろいろの注文をする。だが、子どもの注文がことばになるためには、その注文にいつでもこたえるところに保母さんがいなくてはならぬ。子どもが、何を注文しても、「まっててね」「あとからね」という保母さんにたいして、子どもはことばで注文してもむだだと思って、ものをいわなくなる。

この年齢の子どもに、ことばをおしえる方法として、袋のなかから、いろんなものをとりだして、その名をいわせるあそびがある。だが、名詞ばかりたくさん知っていて、自分の注文を表現できない子は、ことばがいえるとはいえない。ことばは人間の創造とむすびついた行動のために必要なのだ。

そのことばによって、保母さんと子ども、子どもと子どもとが、おたがいの生活をつなぐことができれば、ことばはその役をはたしている。名詞を正確に発音させることのために、子どもの発音をいちいち矯正することは、この時代では、ことばを話す意欲へのブレーキとなる。

ことばの授業という特別の課業があるのではない。保育園で、楽しくあそび、楽しく生活する場がことごとく、ことばの「課業」である。1歳半の子どもが、ことばを話せるようになるためには、近距離にある小グループで生活することが必要である。

子どもは感動を表現したがる。子どもに感動の場をつくって、保母さんがことばを投げかけて、うまくうけとめさせることが必要である。保母さんのことばをまねるのであっても、子どもが自分の感動に対応する新鮮なことばを発見するのは、創造である。

自然観察といわれる、子どもの自然との初対面を、保母さんは常に感動的にすることに心がけねばならない。自然を、無感動な複製画として与えてはならぬ。人生は自然の模写でなく、創造だからだ。

376　子どもの創造性を組織しよう

保母さんは、子どもの創造的な活動をそだてて、これを楽しい集団をつくる方向にもっていかなければならない。

だが、このときの集団ということばを、あまり機械的にかんがえてはならない。どこまでも子ども本位でいかねばならぬ。1人の保母さんが、1歳以上3歳未満の子どもを15〜16人うけもっているから、この組をひとつの集団とかんがえたくなるだろうが、それは保母さん本位のかんがえである。

楽しい集団というからには、その集団のメンバーがおたがいに相手を知り、人間的につながっていなければならない。1歳半から2歳までの子どもが、仲間を識別し、たすけあいのできる範囲というものは、せいぜい5〜6人だろう。

1歳半から2歳までの子どもの集団の大きさは、子どもの創造的な活動がどれだけの仲間を必要とするかということできまってくる。ブランコ、ジャングルジムなどの遊具は、年齢は無視してつくられているが、その大きさ、安全性などは年齢にあわせて、いろいろの型があっていい。そういう遊具を通じて、子どもたちをグループにしたてていくことが、もっとこころみられるべきだ。

組木、積木、砂場あそび、水あそび、車押しなどで、子どもたちの創造性を十分にのばし、仲間とともに楽しむように、はげましていく。そこで子どもの集団ができる。楽しい集団は創造のよろこびのなかでできるもので、ルールをまもらせることが、集団づくりではない。

いままで、2歳児の集団生活というとき、いつも集団のルールがまもられるようになることを成功のようにかんがえてきたが、それは日本のまずしい集団保育の反映である。保母さんたちの並はずれた努力は、2歳の子どもたちに、けんかをしないために、「ジュンバン、ジュンバン」といわせて割り込みをふせいだ。オモチャのとりあいをふせぐため、「かして」ということばをいわせて、平和をたもたせた。

けれども、それらは、手洗いの水道の蛇口がたりないとか、オモチャの数が少なすぎるとかいった日本の保育園のまずしさに、子どもを適応させたのである。

だが、保育園は何よりも楽しい集団でなければならない。その楽しさがあるから、幼児を家庭からひきだして集団生活にいれるのだというかんがえからすると、集団は子どもたちの創造性によって、子どもたちの側からつくったものでなければならない。2歳の子どもに必要なのは、順法精神ではなく、ひとりであそぶより、仲間とあそんだほうが楽しいという、集団のよろこびである。2歳の子に楽しい集団をつくらせるためには、もっとたくさんの遊具やオモチャやあそび場が与えられなければならない。園外散歩もできるようにして、子どもの仲間意識をそだてなければならない。園のなかの設備は、子どもが長い列をつくらないでもいいように、十分にそなえられなければならない。いろいろな遊具をつかって、子どものからだをもっときたえてやりたい。子どもの運動能力がのびるほど、あそびの内容がふかまり、集団の楽しみは大きくなる。そして、何よりもあそびの場をつくる保母さんが、創造力にあふれ、魅力的でなければならない。

保育園の給食がおいしくて、みんなといっしょに食べるのが楽しいことも集団のよろこびだ。

保母さんと子どもとの数の割合ということでいえば、1歳半から2歳ぐらいの子どもだけの集団をつくろうとすれば、10人の子どもに2人の保母さんがついているというのが、適当である。

377　つよい子どもにきたえよう

1歳半から2歳までの子どもも、なるべく外気に浴するようにする。1日に5時間を外気にあてようとすれば、園庭でのあそびのほかに、園外散歩（100～200《メートル》）や屋外の午睡が必要になる。いまの日本の保育園では容易にのぞめないが、これを夢物語と思ってはならぬ。家庭だけでそだてられている幼児でも、周囲が危険でないところに住んでいる子は、そのくらいの時間、家の外であそぶ。

そういう子どもに鍛練でまけないためには、体操を十分にとりいれなければならない。2歳ちかくなると、子どもは、ようやく集団的な行動になれてくるから、楽しい雰囲気をつくれば、8～9人がグループになって、体操をやれる。1歳6カ月までの時期よりも、系統的におこなえるようになる。

歩行運動　両手を水平にあげて、長さ2《メートル》、幅25《センチ》、高さ15《センチ》の平均台の上を歩かせる。

床の上12～18《センチ》の縄、または棒をまたいで向こうへいき、また、またいでこちらへかえる。

床の上に6個の木製のレンガを8～10《センチ》間隔において、順番にその上を歩かせる。

深さ15センチの引きだしのような箱に、はいったり、でたりする。

幅20～25センチ、長さ1.5メートルの厚い板の一方を20～25センチ高くして坂をつくり、上を歩かせる。

はって歩く運動　平均台の端から端まで、はって歩かせる。

投げる運動　子どもを一線にならばせ、めいめいに前方にボールを投げさせ、走ってボールをひろい、はじめの線までかえってくる。右左手をかえさせる。

バレーボールのボールを、中を少しえぐってくぼませた厚い板の上にころがさせる。

50～70センチはなれたカゴのなかに、4個のボールを投げこませる。

全身運動　おとなであれば徒手体操でやる運動を、何らかの意味をもたせてやらせる。たとえば、縄を子どもの腰の高さにはって、その向こうにオモチャをおき、縄ごしに両手でオモチャをとらせ、高く上にさしあげさせる。ついで、そのオモチャをもとどおり縄の向こうにおかせる(背腹筋の強化運動)。

子どもを半円形にならべた椅子にこしかけさせ、両手に旗をもたせる。「旗をあげてごらん」「椅子の下にかくしましょう」「また旗をあげましょう。頭の上で振りましょう」(背腹筋および腕の屈伸)。

子どもを椅子にすわらせて1列にし、端からボール送りをさせる。

2人が輪をもってむかいあって立ち、「立ちましょう」「すわりましょう」で屈伸をさせる。

つるしたネットの中のボールを、げんこつでたたいてゆりうごかす。

これらの体操の課業時間は15分ぐらいとする。

378　母子分離

変なことばだが、保育園でよくつかわれる。保育園に子どもをあずけたところ、母親とどうしても別れられない。母親が心を鬼にして、子どもをおいて帰ると、そのあと子どもは号泣して手におえない。こういうのを、母子分離がうまくいかないという。

産休あけから赤ちゃんを保育園にあずけたときはこういうことはおこらないが、1歳6カ月ぐらいになってはじめてあずけると、子どもは母親から容易に保母さんにいかない。むりに保母さんにあずけて母親が帰ると、子どもは保母さんに密着して離れない。保母さんはほかの子どもの保育ができない。

ところが、かんたんに母親から離れて、ほかの友だちとあそぶ子どももいる。だが、こういう母子分離が最初からうまくいった子も油断できない。ある期間たってから、母親から離れなくなって、毎朝、泣き別れということになるのがおおい。

1歳6カ月ぐらいの子どもが、それまで母親といっしょにくらしていたら、母子分離がかんたんにできるはずがない。かんたんに離れたとしたら、それまでの親子の間柄が水臭いものだったのだ。

子どもは一挙に自立できるものではない。ちょうど、ねていた病人が杖《つえ》をたよりにひとり歩きをはじめるように、子どもには、自立するために依存が必要となる時期がある。戦後の保育園の経験の積上げで、そこいらのことがようやくわかってきた。

いきなり分離せずに、はじめしばらくは母親が子どもについている。そのあいだに子どもが園の生活になれて、保母さんになつく。そして、母親への依存が保母さんへの依存にうつりはじめたら、母親は子どもにバイバイをして帰る。また退園の時刻もくりあげて、母親が早くむかえにくる。こういう準備期間を十分にとったほうが、あとで問題がおこらない。その期間は子どもの性格によってちがう。2週間でできるものもあれば、3週間でもできないのもいる。母親が子どもと園で1日をおくることは、母親が園の生活を理解し、自分の子どものどういうところが未発達かを知るのにいい。親子ともに保育園に適応することが必要だ。

以前は、準備期間をおかずに強制的に母子分離をやって、それに耐えられるつよい子をつくるのだといっていた。しかし、子どもが泣かなくなったということは、子どもの心に外傷がなかったということでない。また、子どもがショックからあきらめの境地になったのを、母親が自立したとかんちがいすると、母親はそのあとも子どもの立場を無視して、自分の都合だけで、ことがはこべると思ってしまう。

朝に、子どもを保育園につれていこうとすると、泣いて抵抗することがある。保育園ぎらいになったのである。こういうとき、子どもが意気地なしなのだと、一方的にきめられないことがある。

保育園のほうの条件が、性格的にやさしい子を包容できるほどととのっていない場合だってありうる。

園の運動場がせまくて、1日の保育の大部分が保育室のなかでおこなわれ、1人の保母さんのうけもつ園児の人数がおおすぎるような場合である。

そういう園では、ひとりひとりの園児に目をとどかせることができないので、集団行動が主になる。やさしい子は、団体旅行にあえぎながらついていく老人みたいになって、楽しいことがない。そういう保育園に毎日いくことに耐えられないのを、集団行動ができない子だとして、問題児あつかいされるのだったら、母親はかんがえないといけない。もっと保育の条件のいい保育園がほかにないかをさがしてみるのも、ひとつの方法だ。

「母子分離」を母親とその実母とのあいだでかんがえねばならない場合もある。仕事をもっている母親が保育園に近い実家に、夫婦で移り住んだようなときである。保育園の送り迎えも夕食もおばあちゃんにやってもらえるので、父親も「寄生」を意識しない。これでは、独立した家庭の生き方を子どもにおしえこめない。「不便」をしのんでも、正常家庭に戻るべきだ。

2歳から3歳まで

この年の子ども

379　2歳から3歳まで

2歳から3歳のあいだに、子どもは、いろいろのことが自分でできるようになる。おむつもはずれる。ごはんも、ひとりで食べられる。ことばもたくさんおぼえ、おとなの会話も自由になる。子どもの人間としての自立性がつよまる。人間は自立すると、仲間といっしょに生きていきたくなる。子どもは友だちとあそびたくなる。だが、じっさいにあそんでみると、なかなかうまくあそべない。すぐけんかになってしまう。自立はどうにかできたけれども、協力ができない。協力がなくては社会生活はできない。

いまの日本のおおくの家庭で、2歳から3歳までの子どもの教育で、いちばん困っていることは、自立はさせたが、協力をおしえられない、ということである。家庭生活のなかでも、子どもが親に協力しない。親のいうことにいちいちたてつく。それを「反抗期」がはじまったなどというが、思春期や更年期のように、誰もが通らねばならない生理的な時代として「反抗期」があるのではない。家庭だけでそだてている子どもしかみないと、「反抗期」がおこってきたようにみえる。

しかし、保育園で赤ちゃんのときからの生活をみていると、集団のなかでは「反抗期」はおこらない。それどころか、いままで友だちとうまく仲間をつくってあそべなかった子どもが、2歳から3歳になるころに、集団としてあそべるようになる。2歳から3歳は、協力ができはじめる時期である。子どもの集団教育をやるようになって、日本の保母がそういうことをみつけたのである。

「反抗期」といわれていたものは、いまの日本の家庭が、子どもの協力をおしえるのにふさわしくないために、おこったことにすぎない。おとなのそだて方のほうに問題があったので、子どもを反抗に追いこんでしまったのである。いまの日本の家庭は、子どもを親に反抗させる条件がそろいすぎている（387「反抗期」とは何か）。

戦前は、家庭でそだてられていても、子どもは自立しはじめると、協力をまなぶ機会があった。子どもは、自由に家の外へでていって、道路や空地で友だちとあそんだ。大きい子どもたちも、仲間が大勢いたほうが、おもしろくあそべるので、小さい子をかばってではあるが、仲間にいれた。そこで2歳をすぎた子どもは、協力をまなんだ。自分ひとり勝手なことをいっていては、仲間にいれてもらえないことを知ったのだ。

ところが、いまは、小さい子どもは家の外にでることを禁じられている。道路は自動車がひっきりなしに走るので、あぶなくて、子どもを外に出せない。母親は表に出る扉に鍵をかけている。何かの拍子で子どもが家の外に脱出したとしても、子どものあそべるような空地はない。空地があっても、そこに来るまでの道路があぶないので、以前のように遠くから子どもがあつまってこない。いまの子どもは、おとなに管理されないで子ども同士が好き勝手にあそべる自由空間を失った。以前はこの自由空間があったから、家庭できびしくしつけられても、息ぬきができた。いまは友だちと自由に会話をせず、テレビで流ちょうなおとなの話をきくばかりなので、ことばを自発的に話す機会がへった。

3歳ちかくなっても、パパとか、ママとか、ブーブーぐらいしかいえない子どもがおおくなった。母親は近所の子どもがよく話をするのに、自分の子が会話ができないと、知能に故障があるのではないかと心配する。だが耳がきこえていて(うしろから名をよんでふりむけばきこえている)、日常の行動がふつうだったら、かならず会話ができるようになる。ことばのおそい家系もあるから、あせってはいけない。なるべく同年齢の子どもと自由にあそぶ機会をつくるようにする。

以前なら戸外をかけまわって発散できたエネルギーを、いまの子どもは仕方なくそのはけ口を家庭のなかにもとめる。だが、以前にくらべて家もせまくなっている。庭のある家がだんだん少なくなってきた。せまい部屋のなかに閉じこめられた子は、すこしエネルギーのたくさんいるあそびをしようとすれば、椅子をたおして階段にするとか、押入れの棚にあがるとかするよりほかはない。そうすると母親から、「椅子をこわしてはいけません」「ちらかしてはいけません」「家のなかであばれちゃいけません」と禁止される。エネルギーのはけ口のない子どもは、母親に反抗することで、発散する。おこったり、わめいたり、ものを投げつけたりするのは、母親がきらいなのではない、そうでもしないと、やりきれないのだ。反抗のかわりに自慰(〈442 自慰〉)をはじめる子もある。

2歳をすぎた子どもを、ひろいところで、さまざまの遊具をつかって、友だちと自由にあそばせることが、どうしても必要である。いままで子どもは、そうしてそだってきたのである。

自動車の海のなかの孤島のような家庭では、子どもに協力をおしえられなくなってきたのである。子どもが大勢いて、子どもに、積極的に仲間をつくらせる保育園のようなところが必要になってきている。だが、いまの保育園はせますぎる。子どもは小さな部屋につめこまれ、運動場は子どもが走るとぶつかりあうほど混んでいる。あれでは、子どもは自由にエネルギーを発散できない。

けれども、子どもの教育は全部を集団でおこなえるというものではない。肉親とどうやって生きるかをおしえるのは、家庭である。また、他人のしっぽにばかりくっついて自分を見失った人間にならないためには、孤独にもたえる人間をつくらなければならない。

いまの家庭が子どもの協力をおしえにくくなったからといって、家庭の教育を集団の教育におとったものとかんがえるのは、まちがっている。子どもの教育には、家庭教育と集団教育との両方がうまくつりあっていないといけない。いまの時代は、むかしよりも集団教育を、早く意識的にやる必要ができてきたということだ。

子どもが1人ではさびしい、もう1人産もうかと思う人もあろう。共ばたらきの経験者たちは、3つぐらい離れているのがいいという人がおおい。

2歳をすぎた子どもによくみられる、おなじことをくりかえしてするあそび方を利用して、この時期にひとりあそびをする習慣をつけるようにする。それには、子どものありあまるエネルギーのはけ口を、子どもの成長する能力とむすびつける。集団教育のうめあわせに、母親が友人になり、保母にかわるというのではなく、子ども自身の興味でひとりあそびをさせる。

この時期には手先の動きが、さらに器用になる。クレヨンも4本指でにぎらずに、指先でもつことができる。積木もかなり高くつみあげられる。スコップも上手につかえる。この能力を利用して、子どもに、ひとりあそびをさせればよい。お人形の好きな女の子には、お人形とママゴトのオモチャを与える。子どもは、母親の姿のみえるところで、ひとりごとをいいながらあそぶ。やがて想像力がますとともに、母親の姿がみえなくてもひとりで、ママゴトの世界の人となってあそぶ。せまい庭でも、砂場をつくってやるのがいい。子どもはそこへ、自動車をもっていったり、ぬいぐるみのクマをもっていったりして、ひとりであそぶ。本の好きな子には、本を与える。子どもは自分でページをめくって絵を楽しむ。

絵をかくことの好きな子には、クレヨンやマジックと大きな紙とを与える。子どもは何かいいながら、なぐりがきをして楽しむ。もちろんまだ、まるも四角もかけない。だが、手を動かすのにしたがって、何かがかけるということが楽しいのだ。大きな紙を与えないと、エネルギーのはけ口をもとめて壁や扉に落書をはじめる。

この年齢で、はさみが使えるのは器用な子である。

暑い季節には、ぜひ水あそびをさせたい。ビニールのプールは、よくばって、あまり大きく深いのは、買わないほうがよい。中で倒れておきられないとおぼれる。母親が、部屋の敷物のよごれることを恐れなければ、粘土を与えると、ずいぶん長くひとりであそぶ。

ひとりでおとなしくみているからといって、子どものお守《も》りをテレビにさせてはいけない。ひとりあそびには子どもの創意があるが、テレビにはおとなの思わくしかない。ひとりあそびでは子どもは主人であるが、テレビ見物では子どもは奴れいである。いちどみせはじめたら、各局のお子さま番組全部をみるようになる。

音楽の好きな子には、ラジオの適当な番組をきかせる。音楽はクラシックだけではない。ジャズもある。器用な子だと3歳にちかづくと、自分でテープレコーダーをかけられる。けれども、そういう室内のあそびだけで、子どもに1日をおくらせるわけにはいかない。

子どもの全身の運動の能力は、この時期にめざましく進歩する。しかし、相当の個人差があることを知っていなければならない。走ることもはやくなり、ころぶ回数もへる。スキップはできないが、3歳になるまでに、爪先で歩くことはできる。片足でかなり立っていられる。早い子は、3歳になるころに、平均台をわたることができる。ブランコにも、こわがらずにのれるようになる。

子どもの興味も、大きな遊具をつかってエネルギーを十分に発散させることにむかっている。どこの家庭も三輪車を子どもに与えている(3歳以下ではペダルをふめない子がおおい)が、戸外のあそびは、何といっても友だちがいたほうが楽しい。

集団保育にたのむことはできなくても、1日に1度、家の外で、どこか安全なところをみつけて(それも都市では困難になってきているが)、近所のおなじくらいの年ごろの子どもとあそばせてやりたい。気候のいいときは、1日のうち3時間か4時間は大気のなかであそばせるということになれば、子どものからだは十分にきたえられる。

睡眠では、2歳ぐらいから、ひるねをする子と、全然しない子とがではじめる。活動家はあそぶことがいそがしく、かつ楽しいからである。そういう子を、無理にでもねかすかどうかは、ねかすことで、子どものあそびが中断されないか、子どもがひどく宵っぱりにならないかを、比較してからにする。夏季では、ひるねをさせたほうが、子どもは疲れが少ない。また、子どももすすんでひるねをするようになる。

夜の睡眠は、夏と冬とでちがうが、8時半から9時ごろにねついて、朝7時前後に目をさますというのがおおい。なかには10時すぎないとねない子もある。そういう子はかえってきた父親とあそべて、朝ゆっくり9時までねているだろうから、両親さえ困らなければ、宵っぱり自身に害はない(〈382夜のねかしつけ〉)。眠ったら照明は、くらくする。

夜中にミルクをのんでいた子もだんだんのまなくなる。

2歳の子は1年で体重が2キログラムぐらいしかふえない。身長はのびるから一見やせてきたように思われるがあせってたくさん食べさせようとしないことだ。食事は栄養というより、両親といっしょに団欒《だんらん》を楽しむこと、自分で食べられるようにすることが大事だ。離乳食でやわらかいものを与えるのが習慣になって、親は献立からかたいものを敬遠する。せっかちの親は早く子どもに食事を終らせようとして、かむのを待っていられない。その結果かまずにのむので、顎《あご》の骨の発達がわるくなる。歯がはえても並びきれなくて、乱ぐい歯になる。幼児にはかむけいこをさせないといけない。ハムやソーセージより、加工しない肉を焼いたり煮たりして与える。パンも、はしをとらずかたい皮を、野菜もゆでずに生《なま》を、たくあん、セロリ、れんこんなども与えたい。

暑い季節であると、「夏やせ」で体重のストップする子もめずらしくない。しかりつけて食卓椅子にすわらせて、子どもがスプーンをおいたあと、母親がとりあげて、口にいれてやれば、茶わんに残したごはんを食べてしまうことはある。毎食1時間もかければ、子どもに自由に食べさせていた時より、体重はいくらかふえるだろう。だが、それはあまったカロリーが、脂肪になって皮膚の下にたまったのにすぎない。

ごはんを食べない子には、牛乳をやればよろしい。これを逆に牛乳をのむから、ごはんを食べないのだといって、牛乳をやめさせて、ごはんだけにするのは、栄養上マイナスになる。

2歳から3歳までは、まだ牛乳を400〜600ミリリットルはのませてやりたい。おやつも、子どもの好みにまかせるのがいい。ごはん（半ばいずつ）2度、食パン（10センチ角1きれ）1度、牛乳400〜600ミリリットルで、かなり副食も食べる子では、おやつを全然ほしがらぬ子もある。ごはんは1/3ぱいしか食べないが、牛乳といっしょにクラッカーなら食べるというのなら、それでも栄養上はかまわない。

たくあんなどかたいものは、そのまま便にでてくるので、親はこわがるが、かまわない。不消化物を不消化物として排泄するのは正常である。こわいのは細菌で食物をよごすことだ。

排泄も、2歳から3歳のあいだに、ほとんど全部の子どもが大便も小便もおしえるようになる。あそぶのにいそがしくて、おしっこがまにあわない子はめずらしくない。それも、尿意を感じないというのではなく、自分でズボンをうまくはずせないという、自立の不足からきていることがある。

「おしっこはおしえるんですよ」としかりつける前に、母親は子どもに自分で衣服を着たり、脱いだりできるように、はげましておかねばならない。

近所のおなじ年の子が、おしっこをおしえるようになったときくと、まだうまくおしえられない子の母親はあせる。だが赤ちゃんの時からおしっこのあいだがみじかくて、おむつがたくさん必要だった子は、まだこの年齢ではおしっこをおしえられない。それは子どものもって生まれた体質だから、しつけが失敗したとくやんではならない。早いおそいはあっても、かならずおしっこはおしえられるようになる。そういうおしっこの回数のおおい子は、夜もおねしょになる。これも気にしないことだ。

3歳ちかくになるころでは、入浴の前にボタンだけはずしてやれば、ひとりで脱衣できる。自分でも、ボタンは見ながらなら、1つ2つは、はずす。靴もはけるし、帽子の前後もわかってかぶる(〈385自分のことは自分でさせる〉)。

夜は、母親のねる前に、おしっこをさせておけば、朝までもつ子がだんだんおおくなる。寒いときや、ねる前に牛乳をのんだときは、しくじる。男の子は女の子よりも、しまりがわるくて、2歳から3歳では、3人に1人は、おねしょをする。

2歳から3歳になると、友だちとあそぶことがだんだんおおくなるから、はしか、風疹《ふうしん》(三日ばしか)、水痘《すいとう》、おたふくかぜをもらうことを覚悟していなければならない。風疹や水痘やおたふくかぜは、2〜3歳のときにかかったほうが軽くすむから、むしろうつしておきたい。

急に高い熱がでてひきつけるのは、ウイルスによるかぜがいちばんおおい。

自家中毒をおこす子もでてくる(〈369自家中毒症という病気〉)。

赤ちゃんのときに湿疹《しっしん》のひどかった子や、胸のなかでたんがたまってゼロゼロ音をさせていた子は、この時期になって、「小児ぜんそく」(〈370「小児ぜんそく」〉)といわれることがある。だが、何といわれようと、赤ちゃんのとき湿疹をきりぬけたように、きりぬけられるという信念を失ってはならない。

また、この時期には、子どもの神経症といわれたり、「異常行動」といわれたりする、変なことがおこってくる。爪かみ(〈441指しゃぶり〉)、自慰(〈442自慰〉)、どもり(〈443どもり〉)、頭を床にゴツンゴツンぶつけること(〈404自分から頭を床にぶつける〉)などである。自慰は、どういうものが子どもの自慰だということを知っていないと、母親は、子どもが自慰をやっていても気がつかないことがある。よんでおいてほしい。女の子におおい。

2歳から3歳のあいだに親が心配するものに、子どもの脚の形がある。赤ちゃんのときに生理的であるO脚(〈中巻465ページ〉)が、1歳半でまっすぐになったのが、2歳半あたりから逆にX脚になってくる。ひざとひざをつけると足のあいだが開いてしまう。これも生理的なもので、4歳から6歳ぐらいになると自然になおってしまう。

斜視は赤ちゃんの時にみつかるのがおおいが、幼児期になってでてくるのもある。外傷や病気のあとのこともあるが、原因は遠視である。どちらかの黒目が内側による内斜視としてあらわれる。はじめは左右かわりっこに斜視になるが、あとでは、どちらか一方だけになる。

これは遠視を水晶体で調節するとき、反射的に眼球が内側によってしまうためだ。遠視のめがねをかけさせれば、斜視はなおる。調節に努力しなくてもいいからだ。時どき斜視になると気がついたら、なるべく早く眼科にいってしらべてもらう。

そだてかた

380　子どもの食事

2歳から3歳という時期は、あまりごはんを食べない。どの母親も「うちの子はごはんを食べない」と心配する。しかし1年間に体重がせいぜい2《キログラム》しかふえないでいい時期なのだから、ごはんをそんなに食べる必要がないのだ。

たいていの子は1日合計して、ごはんは1ぱい半ぐらいしか食べない。朝、昼、夜と半ばいずつ食べる子もあれば、昼に1ぱい、夜は半ばいときまっている子もある。朝のパン食がふえたので、つぎのような食事をしている子がおおくなった。

朝　トースト1~2きれ　牛乳200《ミリリットル》または卵(目玉やき)

昼　ごはん1ぱいまたはめん類1ぱい　魚　野菜

3時　ビスケットまたは味つけパン、ときにホットケーキ

夜　ごはん半ばい　肉　豆腐　野菜　果実

8時　牛乳200ミリリットル

牛乳の好きな子は、おやつのときに、あと200ミリリットルのんで、1日600ミリリットルのむ。1日に1000ミリリットルのパックをあける子もあるが、肥満型の子におおい。小食の子だと、朝はパンを食べないで、牛乳200ミリリットルですんでしまう子もあるし、パンと紅茶だけという子もある。牛乳のきらいな子だと、2歳をこすと全然のまないのもある。そんな子が、べつに栄養上の故障をみせないのは、卵や魚や肉で十分に動物性タンパクをとっているからである。逆に魚も肉もきらいという子が、牛乳を800ミリリットルとって、動物性タンパクの必要をみたしているのもある。

2歳から3歳までは、牛乳をまだミルクびんでのんでいる子が相当にある。小食の子では栄養のおぎないになる。外見はよろしくないが、コップにいれるとのまないので、やむなくそうやってつづけている。また、ミルクびんだと子どもにあずけておいてもこぼさないので、母親がつききっていないでいい。いつまでもゴム乳くびをつかっていると歯ならびがわるくなるという説があるが、私は信じない。ミルクの好きな子だと、まだ夜中におきて泣いてほしがる。もちろん与えていい。

ごはんを食べる量は少ないが、副食はかなり食べる。魚、肉などは、おとなの食べる量の2/3ぐらい食べる。野菜を好まない子が少なくない。卵でオムレツみたいにするとか、チャプスイのようにすると、どうにか食べるのがおおい。どうしても食べない子には、果実をおおく与えねばならぬ。

家族といっしょに食卓をかこんで食べるか、子どもだけ食卓椅子にいれて食べさせるかは、子どもの食欲による。ごはんを食べることが楽しみで、まだできないうちから食卓のまえにすわって、スプーンでお皿をたたいているような食欲の盛んな子は、おとなといっしょに食卓で食べられるが、ごはんがきらいで、いつも途中でにげだす小食の子どもは、食卓椅子にいれるか、洋式の高い椅子にすわらせるかしないと、落ちついて食べてくれない。

朝食、昼食は食卓椅子にいれて食べさせてもいいが、夕食は一家そろってひとつの食卓をかこんで食べるようにしたい。

スプーンや箸《はし》を子どもが自分でつかうかどうかも食欲とおおいに関係する。よろこんで食べる子だと、スプーンにも箸にも早くなれて、自分で食べられる。いやいや食べる子は、スプーンをもてるのに、途中で投げだしてしまう。

ごはんを自分では、3サジか4サジしかすくわない子には、母親がある程度たすけて食べさせねばならないだろう。だが、3歳になるころには、自分で箸をどうにかもてるように、けいこをさせておく。

むし歯の予防に毎食後、番茶か湯ざましをのませる。うがいはまだできない。おやつのあとには歯ブラシをもたせて、自分で歯をみがくように、だんだんしつける。歯みがきは、フッ素のはいっているものはつかわない。のんでしまうからである。歯ブラシは上手にはつかえないが、おやつのあとでは歯をみがくことが習慣になればそれでもいい。食前には手を洗う習慣をつけておきたい。それには、母親や父親も食前には手を洗わないといけない。また、子どもが自分で洗うようにするには、水道の蛇口《じゃぐち》が手のとどくところになければならぬ。高い洗面台には安定した踏台をおいてやる。11月から3月までは、湯わかし器の温水をつかう。洗面台に給湯器からくる熱湯のでる蛇口のあるところでは、子どもにひとりでやらせない。

食事のまえには「いただきます」、すんだら「ごちそうさま」という習慣をつける。家族がみんなそろったとき、全員が「いただきます」といっせいにいうと、つられていうようになる。

381　子どものおやつ

おやつは子どもの楽しみである。人生は楽しく生きたほうがいいから、子どもにはなるべくおやつをやりたい。2歳から3歳の子は、うごきまわっている。うごくとエネルギーをつかう。エネルギーをおぎなうには糖質がいちばんいい。あまいものをほしがるのは、子どもの自然の要求でもある。

だが、糖質は与えすぎると、脂肪になって子どもにたまる。だからおやつは、子どもが食事でとるエネルギーだけでたりないところを、ちょうどおぎなうだけ与えたい。この年齢の子は、ごはん(これは糖質だ)をあまり食べないから、おやつとして、ビスケットとか、カステラとか、パンなどを与える。しかし、食事のときにごはんを2はいも食べ、パンもトーストを3きれも食べる子には、おやつに糖質を与えると、ふとりすぎになる。よくごはんを食べる子で、十分戸外であそばせていない場合は、おやつにはなるべく果実を与えるのがよい。

おやつを与える時間は、子どもの栄養状態と親の都合をにらみあわせて、家庭の平和にいちばんいい時刻にきめる。きまった容器に小出しにだしてから、子どもの前にもっていくようにする。たくさんはいっている容器を子どもにみせると、いくらでもほしがる。ほしがってだだをこねても与えない。

スーパーの買物に子どもをいっしょにつれていって、お菓子をえらばせる習慣はなるたけ、つけたくない。だだをこねる子だと、早晩お菓子の前で、すわりこみをやられる。それだけでない。袋をかかえて家へ帰ってくると、この袋は自分のものだという気になっているから、一部だけ与えて残りをしまっておくことができなくなる。菓子メーカーは1個の単価の高いほうがもうかるので、1個の容量はだんだんおおくなる。いまの子にむし歯がおおいのは、1袋なり、1箱の量がおおくなったのを、いちどに食べてしまうからだ。むし歯の予防には、砂糖菓子のテレビ広告をやめさせること、1個の容量を少なくすることが必要だ。おまけをつけて子どもを釣る商法をふくめて、メーカーが子どもの立場になってかんがえてほしい。

チョコレートは、どの子も好きだが、これをいちど与えると、ほかの菓子を食べなくなることがおおいから敬遠したい。それに、夜に鼻血をだすくせのある子は、チョコレートを与えると、その晩に鼻血をだすことがよくある。

おやつのあとには歯ブラシで歯をみがくように、おやつのまえに約束する。

382　夜のねかしつけ

おとなにみられるように、人間のねつきには、さまざまのタイプがある。夜ふとんにはいって横になると、すぐねむれる人もあれば、ねむりにつくまで20〜30分かかる人もある。それは子どものときから、タイプがきまっている。すぐにねつける子の場合は問題はないが、ねつくまでひまのかかる子は、めいめいがちがったねかしつけを必要とする。

2歳から3歳までの子では、自分の親指を吸いながらねつく子がおおい。これは赤ちゃんのとき、母親の乳房に吸いついてねていたのを、もうお誕生日になったからといって、母乳を与えなくなってから、指を吸うようになったのが少なくない。またミルクびんを吸いながらねついていたのを、ミルクびんをとりあげてもそうなる。

そういうことを上の子で経験した母親が、2歳の子にまだ母乳を与えている場合もある。2歳になったときは、まだ母乳を吸ったりミルクびんをくわえてねていた子も、3歳になると何も吸わないでねてしまうのが大部分だ。

指吸いも3歳になるころに、卒業できるのがおおい。それは、そばに母親がいてくれるというだけで、十分に依存の感じを満足させるように成長するからだ。

だが思いあたる理由もないのに、はじまる指吸いもおおい。母親が添い寝をして子どもの手を何気ないふうに押えて、おもしろいお話をしてねむらせるのもひとつの方法だが、放っておいても自然になおる。

ふとんにはいってからねつくまで、母親の姿のみえないところでもねられる子には、タオルをクチャクチャかんだり、毛布をしゃぶったりしている子が、案外おおい（384ページ「タオルがはなせない」）。タオルや毛布が母親の代用なのだ。どんなにきたなくなってもはなさない。これも成長すると、かんだり、しゃぶったりしないで、手にもっているだけでねむれるようになる。母親がそばにねて、「かちかち山」や「赤ずきん」の話を毎晩くりかえしてするようにせがまれることもある。それでねむれるのなら、つづけてもいい。

このごろはテレビをみながら、ねむってしまう子もでてきた。その時刻は子ども番組はないから、わからぬなりに、おとなのみているものをみている。だが、子どもを別の部屋でねかせられないのだったら、子どものために親が禁欲すべきだ。みのがして後悔するような番組はない。こわいテレビをみると子どもは、夢で恐ろしいものにであって、おびえて泣く。「夜驚症」といわれるものである（〈525夜におきて歩く〉）。

子どもを保育園にかよわせている家庭で、子どもが夜おそくまでねないのでこまることがある。親と昼間はなれているのだから、夜に団欒《だんらん》を楽しもうとは思うが、11時になっても12時になってもねてくれないと、親の体力がつづかない。10時ごろにあかりを消してみんなで床にはいるのだが、泣きさけぶので親がまけてしまう。

こういう場合、やはり親がつよくならないといけない。10時にいったんあかりを消したら断乎《だんこ》としてつらぬく。4〜5日で子どもは断念する。

近所から文句がでて、号泣させておけないときは、保育園にたのんで、2時間半だった午睡を2時間にしてもらう。子どもが不きげんになって保育にさしつかえるというのなら、保育園からの帰りの一部を歩かせる。しかし最大の原因は、保育園の運動場がせまくて、子どもが疲れるほど運動できないためであることを忘れてはならぬ。

383　排泄のしつけ

子どもの食事の量と回数とが一定していると、大便のでる時刻もほぼ一定してくる。朝おきてすぐとか、朝食のあととかにきまっている子がおおい。しかし、午後のひるねのあとにでるという子もある。

排泄の時刻がきまっていると、そのころをみはからって、母親は「さあ、ウンウンしましょう」といって便器にかける。この年齢になると便器に落ちついてすわるから、そこで大便の排泄は、うまくいく。子どものほうから進んでいわなくても、大便の排泄は、うながせばたいていいしてくれるから、おしえる、おしえないを気にしない。2歳から3歳までのあいだに、どの子も「ウンウン」といえるようになる。

おしっこのほうは、早い子は1歳半ぐらいからおしえるが、寒い季節になってしまうと、2歳になっても、まだおしえない子がたくさんある。けれども、2歳の春になれば、たいていの子は、おしっこをおしえるようにしつけると〈327 363 排泄のしつけ〉成功する。

2歳から3歳までのあいだに、昼間はおむつをとってしまえる。だが、夜のおむつをはずせるかどうかは、個人差が大きい。夜もおむつをしないでいいという子は、つぎのような子である。

ねる前におしっこをさせておくと、朝までおしっこをしないで、ずっとねむってくれる子。ねる前におしっこをさせると、夜中にいちど泣いておしっこをおしえ、おしっこをさせると朝までそのままねむってくれる子。こういうのは、母親がしつけたからそうなったのではなく、そういうたちの子である。

ねる前におしっこをさせても、夜中にねむったままでおしっこをしてしまう子にたいしては、おむつをさせなければならない。こういう子は、夜中に1度か2度おこして、おしっこをさせたほうがいいのか、そのままにしておいて、母親が目がさめたとき、ぬれているおむつをとりかえたほうがいいのかは、母親の体力できめればよい。

母親が、夜中に2度も3度もおきて、おしっこをさせても、ぬれて気持わるくなって子どもが泣いたときにおむつをかえても、おむつのとれる時期にかわりはない。成長とともに目がさめやすくなり、他方おしっこのあいだがのびて、朝までもつようになれば、自然に解決する。これがいちばんいい解決だが、夜中にどうしても2～3度おしっこをするのが、大きくなるまでつづく子もある。男の子におおい。これが、いわゆる「夜尿」だが、夜中に目覚し時計をかけて、母親がおきておしっこをさせたからといって、夜尿を予防できない(〈511夜尿症〉)。

夜尿といわれるおしっこの排泄のタイプも、いつかはかならずなおるのだから、母親はあまり神経質になって、夜に子どもをおこさないほうがいい。

2歳では夜中におきておしっこをおしえない子がおおいから、おもらしをしても、夜尿症とはいわない。医者につれていくのも意味がない。

384　ペットがはなせない

この年齢で毛のぬけた毛布とか、綿がところどころ顔をだしている掛ぶとんとか、くたびれたクマ君のぬいぐるみをペットにしている子が少なくない。ペットを愛撫《あいぶ》するだけでなく、ミルクびんをのむとき、ペットをもたないでいられない。以前にいった予防(〈259ペットをつくらぬように〉)がうまくいかなかったためである。乳をのむときに、あいている手であそびをするのは病気ではない。だが新調の服をきせて外出しようというとき、ペット同伴でないといけないのは、親として格好がわるい。

この時期になってペットと絶縁するのは、子どもには大悲劇だから、おおくの母親は腐れ縁をみとめる。ペットがないとミルクびんをくわえる気にならないから、ひるねをさせられない。

たいていの母親はペットを、切れるものは2つに切り、切れないものは身代りをつくって、洗濯ができるようにしている。ひとつだと、かわくまでそばで泣いているからだ。ひるねをしないでいいようになると、昼間にミルクびんを与えないですむから、ペットから卒業できる。だが、その時期に、せいぜい戸外であそばせるとか、お友だちをつくるとかして、子どもに退屈させないことが必要である。退屈すると、指しゃぶりをはじめ、指しゃぶりとペットがセットになって、いつまでも縁がきれなくなる。子どものお守りをテレビにさせていると、指しゃぶりをするのがおおい。

385　自分のことは自分でさせる

子どもが、自分でやるやらぬは、子どもの能力より、子どもをかこむおとなの性分に関係する。

家政のたいへん上手な母親で、時間と手順とをきちんときめて、てきぱきとやっていく性分の人は、子どもが、あぶなっかしい手つきでゆっくりと衣服を脱いでいるのを待っていられない。手ぎわよく自分で脱がせてしまう。そうしないと準備してあるつぎの仕事ができない。

また、子どもの衣服がきちんとしていないと気がすまない母親は、子どもがへたに衣服を着るのをだまってみていられない。祖父母と同居していると、この傾向がつよまる。きれいずきの母親は、子どもがごはんをこぼすのをいやがって、自分でスプーンをもって食べさせてしまう。せっかちの祖母が同居しているとき、祖母がおなじことをやる。子どもの手のまわらぬところは、何でもかわってやってやるという思想から卒業しないと、子どもに、自分のことを自分でさせるようにしつけられない。あえて傍観するおとなの忍耐が、子どもの自立をそだてるのだ。

何でも母親がやってくれると子どもが思っていると、母親から独立した一個の人格であるというかんがえを養うのにじゃまになる。ことに、子どもが友だちをもたずに、母親以外に接触する人間を知らぬときは、そうだ。2歳から3歳までの子どもで、やらせれば自分でできるようになるのは、つぎのようなことである。

スプーンですくって食べられる。箸《はし》をもてるようになる。にぎり箸でどうにか、はさめる。衣服はボタンをはずしてやれば、自分で脱げる。かぶるシャツを脱ぐのは、3歳をこさぬとできない。靴下は自分で脱げる。靴もひとりではく。入浴したとき、自分で顔を洗える。からだに石けんをぬりつけることはできる。湯あがりタオルで、顔、胸、腹はぬぐえる。食前に手を洗うこともできる。おしっこがいえるようになると、パンツをおろすことはできる。男の子は暑い季節だと、ひとりでおしっこにいける。女の子は自分であとをふくことは、まだできない。3歳になってもまだ、大便のあとしまつは、ひとりではむずかしい。ひとりで鼻をかむのも、無理である。

386　からだをきたえよう

2歳から3歳の子を、家庭で鍛練することは容易ではない。鍛練は、運動能力をのばすのだから、ある程度、子どもに努力させねばならない。いままでできないことを、やれるようにするには、子どもも耐えねばならぬ。

坂をあがったり、階段をのぼったり、ロクボクによじのぼったり、平均台の上を歩いたりすることは、最初は、子どもの好奇心を利用してこころみさせることもできる。しかし、それをくりかえすことで、子どもの能力をたかめるという訓練は、母親と子どもとが1対1でいる家庭で、毎日やることはできない。保育園のようなところで、大勢の仲間がいて、いっしょにやれば、子どもなりに競争心をかきたてられてできるが、家庭ではパンツをおろすことさえ、ひとりでやるのをいやがるのだから、とてもやれない（〈410つよい子どもにきたえよう〉）。

家庭でやれる子どもの鍛練は、かぎられたものになってくる。まず、子どもをできるだけ外気にふれさせる。それには散歩がいちばんいい。酷暑のときは無理だが、それ以外の季節では、1日に1度はかならず子どもを散歩につれていかなければいけない。

冬は衣服が重いと疲れるし汗もかくから、散歩のときは、なるべく軽い衣服を着せる。靴が小さかったり、ひもがとれていたり、底皮にしわがよっていたりすると、歩きにくいので、抱っこしてくれという。散歩のまえに靴の点検をかならずする。

子どもの歩く能力をよくおぼえて、月とともに、次第に歩く距離を長くしていくことが鍛練である。ときには、石段のあるところや、坂につれていってあがらせてもみる。散歩の鍛練としてやるためには、抱っこといってせがまれたら、すぐ抱いてやるくせをつけてしまってはできない。散歩のあいだ、子どもと自然の会話をかわすことを忘れてはならない。

乾布摩擦《かんぷまさつ》も皮膚の鍛練としてはいいが、子どもが2歳をこえたら、子どもをつかまえてこするという方法ではやっていけない。どうしても実行しようとすれば、朝、父親といっしょにおきて、父親とならんで、かけ声でもかけてやらないとできない。

3歳ちかくなると、ラジオ体操は家中でそろってやれば、正確にはできないが、ある程度やれる。これもつづけてやるのには、父親がよほど快活な態度をみせないとだめだ。

夏に海水浴につれていくのはけっこうだが、1日や2日、海水に5～6分ずつつけることの効果は、あやしい。それよりも、楽しい旅行という印象を大事にしたほうがいい。

近所に年中およげるプールができたら、たんのたまりやすい子は、ぜひかよわせたい。「ぜんそく」にはプールがいちばんいい。将来オリンピック選手にするつもりで、体操教室やスイミング・スクールにかよわすのは賛成しない。子どもに親の理想をおしつけることはさけたい。

387　「反抗期」とは何か

子どもが3歳ちかくなると「反抗期」にはいるという。だが、これには、はなはだしい誤解がある。子どもを家庭のなかに閉じこめて、子どもに創造の場を与えないおとなこそ、子どもの自立に反抗しているのだ。集団保育をやっているものは誰でも知っているが、子どもは3歳にちかづくと、友だちとたすけあってあそべるようになる。それは協力期がきたといいたいくらいだ。

いたずらといわれるものをよくみれば、子どもが自分の力をためそうとしている創造だ。母親が洗濯をしているそばで、洗剤をもちだして、そばのバケツの水に投げいれている子どもから、母親は洗剤の箱をとりあげる。子どもは、箱を返してくれと泣く。とりあげる母親は、そういう不経済なことをされてはこまるという気持だ。洗剤などオモチャにする習慣ができてはいけないから、禁止する。それに従わない子どもを反抗者とみる。だが、子どもにしてみると、水のなかに投げいれると、きれいな泡のたつ洗剤は、何というおもしろいオモチャだろう。母親は、いままで、そんなオモチャはいちどだって買ってくれたことはない。こんなオモチャを身辺にみつけたことは、子どもには、こたえられないよろこびだ。それを母親はとりあげてしまう。

父親が日曜大工をやっている。実に楽しそうだ。そばでみている子どもは、父親がかんなをかけているあいだに、のこぎりを失敬して、そばの柱のところへもっていって、父親がやったみたいにしてみる。どうだろう、何度も頭をぶつけたあのかたい柱が、ゴシゴシやるたび切れていく。こんな楽しい手ごたえというのは、生まれてはじめてだ。ゴシゴシやっていると、父親から大喝《だいかつ》される。のこぎりを返せというのだ。これには、いやというほかはない。父親は力をふるってとりあげる。子どもは地団駄ふんで反対の意志をしめす。

おとなからみれば、悪を善にみちびこうとするのに、子どもが反抗するようにみえる。だが、3歳の子どもは悪をなすことができるだろうか。

子どもをゴルフ場の芝生のうえにつれていって、三輪車を与えて自由にはしらせるとき、子どもは悪をするだろうか。子どもに、浴場のなかで、泡だちのいい石けんと髪あらい人形を与えたとき、悪をすることができるだろうか。子どもたちをならばせて、みんなにのこぎりをもたせて、雑木の枯れ枝をひく競争をさせたとき、子どもは悪をなしうるか。

せまい保育園で3歳の子どもと5歳の子どもとが、ごっちゃになって保育されていて、オモチャのとりあいになる光景とよくにている。いまの家庭は、おとなの生活と子どものあそびとが、ごっちゃになっている。家庭でも混合保育なのだ。子どもは、それに反抗しているのである。

子どもが、だだをこねるのは、子どもの自立に適切な場が与えられないためだ。子どもの反抗という最終の段階をとらえ、これをうまくなだめる方法ばかりかんがえるのはまちがっている。体罰をくわえていいかなどといわれるが、子どもにあそび場を与えないおとなに体罰をくわえても仕方がないのとおなじに、みつけたあそび場をとりあげられることに反抗している子どもに体罰をくわえても仕方がない。

いまの家庭保育における子どもの反抗は、3歳に近づいた子どもをそだてるには、家庭はせますぎるということをしめしている。子どもの創造力を満足させる集団保育が必要である。

子どもが口がきけるようになったとたんに、口答えをしはじめたと母親はいう。「おとなりのイクオちゃんでもしてる」と子どもが、母親の禁止にたいして「口答え」するのは、子どもが自分の人格の独立をしめしているのだ。彼も人なり、我も人なりという意識が生まれ、それを一個の自立した人間として母親に意見をのべているのである。

口答えが道徳的にいいかわるいかというよりも先に、母親の子どもにだした要求が、その子のおかれた状況で妥当なものかどうかを常に反省しなければならない。母親の要求が、子どもの生理的な要求に反しているときは、そういう要求はつらぬきにくい。

冬に子どもをつれて外出しようとする母親は、自分がコートを着たら、子どもにもコートを着せようとする。だが、なかにはコートをどうしても着たがらない子がある。コートを着ると、運動が制限されて気持よく歩けない。コートを着ると汗ばんできて気持がわるい。母親の歩調にあわせて歩くことは2歳半の子には、かなり急ぐことになる。コートを着ないほうが、散歩が楽しいことを、子どもが経験として知っているとしても、子どもは的確にいえない。着せられるコートに反抗するよりほかはない。

また、この年齢の男の子は、かなりつめたい気候になっても、半ズボンから長ズボンにかえたがらない。長ズボンは歩きにくいし、おしっこをひとりでできない。あそんでいる途中でも、おしっこのために母親をさがさなければならない。それだから長ズボンをいやだというのだ。

子どもの反抗にあったら、この子がいまやりたがっていることをどういう場所でやらせれば平和的にいくか、また、この子の主張していることには生理的な理由があるのではないかを、かんがえてほしい。

自動車が家の前の道路を危険な場所にしてしまった。それまでは家から一歩外に出れば、子どもは自由に遊べた。道ばたに咲くタンポポをつんでもいい。蝶やトンボを追っかけてもいい。雨ふりには水の流れに木の葉の舟を浮かべてもいい。道路は遊び場だから、おなじ年ごろの友だちをいつでもみつけられた。私はそれを自由空間と名づけた。自由に遊べるだけでない、親の管理から自由であった。しかられても道に逃げだせば、お説教をきかなくていい。日暮れに家に帰ったころは、親も怒りを忘れている。平和な親子関係にもどっている。昔きびしいしつけができたのは自由空間というクッションがあったからだ。

388　むし歯とその予防

むし歯は細菌が歯の表面についている糖分を発酵させて酸をつくり、その酸が歯のエナメル質をとかすためにおこる。糖分のなかで細菌のいちばん好きなのは砂糖だ。ところが子どもの好きなのも砂糖だ。ガム、キャラメル、キャンディ、ジュース、カルピス、炭酸飲料、みんな砂糖がたくさんはいっている。以前にくらべて子どものむし歯がふえたのは、おやつの分量がふえたためだ。室内に子どもを閉じこめてテレビにお守《も》りをさせているから、コマーシャルをみて子どもは、いつもおやつをねだる。

細菌と砂糖のほかに、遺伝的な歯の質が関係していることもあらそえない。大勢の子どもがいる家庭でおなじ食品を与えていて、よく歯ブラシをつかっていたのに、むし歯をたくさんつくる子と、歯ブラシをつかったことがないのに、むし歯の全然できない子とある。また80歳になっているのに、その生きのこったきょうだいも、みんな歯がそろっているという家系もある。

だが、歯の質がいいかどうか、まえもってしらべられない現在、むし歯の予防には口のなかを清潔にすることと、歯にのこっている砂糖と細菌のすみかになる歯垢《しこう》を歯ブラシで掃除するしか予防の方法はない。

だから子どもに早くから、うがいと歯ブラシのけいこをさせて習慣にするのが、いちばんいい。そのつぎには歯の定期検診をおこたらないようにすることだ。おとなは6カ月ごとでいいかもしれないが、幼児では3カ月か4カ月ごとにしないと、まにあわない。むし歯をはやくみつけて、穴のあいたところをつめてしまうのが、むし歯をひろげないためのいい方法だ。これも、みてもらう歯科医のやり方によって実行できなくなる。

おとなの義歯をつくるのが本業みたいになっていると、子どもをあやして、痛くないように治療することは時間つぶしに感じられるだろう。泣いている子のきげんをとってまでは、むし歯の治療はしてくれない。子どもの歯だけをみる小児歯科がみられるようになったのは、よろこばしい。保険治療だけで維持している人は、サービス精神のつよい人だ。

はえてきたばかりの歯の表面のエナメル質はフッ素とむすびついて酸につよい物質をつくる。このことから、子どもの歯にフッ素をつけるいろいろの工夫がされている。水道のなかに1ppm(100万分の1)ぐらいのフッ素化合物を入れたり、直接に、新しくはえた歯にフッ素化合物をぬりつけたりする。

うがいのできるようになった学童に、学校でフッ素のはいった水でうがいをさせる方法もある(〈389歯とフッ素〉)。

むし歯の予防とおやつとの関係は〈381子どものおやつ〉の項にもふれておいた。

389　歯とフッ素

フッ素という元素は、地殻にふくまれる元素では17番目におおい。最初にフッ素と歯との関係が注目されたのは、地下水にフッ素が特におおい地方で斑状歯がおおくみられることがわかって以来である。ところが、斑状歯がおおいところでは逆に、むし歯の少ないこともわかってきた。斑状歯をおこさないが、むし歯は少なくするフッ素の濃度が研究され、それが1ppm(100万分の1)前後ということがつきとめられた。それから、むし歯の予防に水道の水に1ppmのフッ素を入れることがかんがえだされた。

アメリカの統計によると、15年間、水道にフッ素をいれてみると、以前にくらべてむし歯が半数以上へっている。しかしフッ素は、たくさんとると骨や甲状腺に故障をおこしたり、成長がとまったりする危険もある。その危険が十分にさけられない心配から、いまは水道にフッ素をいれることは日本では中断されている。

歯科医はいま個人について、むし歯予防に、はえてきた歯の表面にフッ素をぬることをすすめている。フッ素はぬるとすぐ歯のエナメル質にとりこまれて、フルオロアパタイトという、酸にたいして抵抗のある物質をつくる。細菌の酵素が歯についている糖から酸をつくっても、容易にエナメルがとけないだろうというわけだ。2歳から3歳のあいだに乳歯がでそろうが、はえたらすぐフッ素をぬってもらおうとすると、3カ月に1度は歯科にいかなければならぬ。

そのあと永久歯のはえてくる順序は、5〜6歳で第一大臼歯《だいきゅうし》、下顎切歯《かがくせっし》、6〜7歳で上顎切歯、8〜10歳で小臼歯、下の犬歯、11〜12歳で第二大臼歯、上の犬歯ということになる。

最近あちこちでおこなわれているのは、うがいができるようになったら、フッ化ナトリウムの水で口を洗わせる法である。幼児は毎日1回、小学生は毎週1回。いくつまでやるか定説はないが、米国では16歳までやっている。

毎日のときはうすい液（0.02〜0.05％）、週1回のときは、少しこい液（0.1〜0.2％）をつかう。口にふくむ時間は1分間だが、幼児だと30秒ぐらいがやっとだ。

自宅でやらせるために、おおくの歯みがきには、フッ素がくわえられている。しかし、もともと地下水にフッ素がおおい地方では、むしろフッ素をふくまない歯みがきのほうが安全だ。

フッ素の化合物を錠剤でのませる法もあるが、これもその地方の水道のフッ素量がわかっていないと安全でない。水道に0.7ｐｐｍ以上のフッ素のふくまれているところでは、フッ素の錠剤をのませてはいけない。

自分の住んでいるところの水道や地下水のフッ素の量は、水質検査をやっている保健所に問いあわせてみるとわかる。水道局でもわかっているはずだ。

環　境

390　事故をふせごう

自分のことを自分でしようとしつけることは、同時に、子どもが自分で勝手な冒険をしようという気にもならせる。

ひとりで自由な世界にとびだしていきたいと思って、子どもは表に出る扉をあけて街路に出てしまう。家のすぐ前を車がとおる家庭では、表に出る扉は、地獄への門と思っていなければならぬ。三輪車であそぶことは、子どものよろこびでもあり鍛練にもなるが、車のとおる道路しか乗る場所がないとしたら、三輪車は買うべきではない。

郊外や農村で、始終あるのは用水池に子どもが落ちて水死することだ。家のそばに柵のない用水池があったら、所有者にいって柵をつくってもらうことだ。

電車の線路に近い家庭では、線路に子どもが近づかないように、十分にしつけておかねばならない。線路に柵があるときは、柵の一部が破損していないか、たえずみまわらないといけない。

川のそばの家庭でも、よほど注意しないといけない。子ども同士でつれだっていって、水死することがおおいが、親がついていてでないと川のそばにいかないように、厳命しておかねばならない。

この年齢では、よく迷子になる。迷子になるのは、冒険好きの子である。いちど迷子になったら、何べんもくりかえすと思わなければならない。臆病な子は、母親からはなれて、ひとりで歩きださないが、冒険の好きな子は平気でひとりででかける。そういう子には、迷子札を始終ぶらさげておく必要がある。

家庭では父親の名と住所をいえても、迷子になって大勢のおとなにとりかこまれると、ふだんいえることがいえない。両親に、うまく住所がいえるからといって、迷子札をつけないのはいけない。

貨幣をのどにつめるのもこの年齢におおい。10円玉が特におおい。びんの口やオモチャのピストルの銃口に指を入れて、ぬけなくなってしまうこともよくある。

スーパーのショッピングカートにのせた子がツイラクして頭にけがするのが米国では年2万以上ある。

手先が器用になるので、ライターをつけたり、ストーブの栓をひねったりして、火災やガス中毒の危険がある。ふだんからさわることを厳重に禁止する。

こうしてかぞえてくると、事故をふせげるか、ふせげないかは、子どもが親の命令をきくかきかぬかにかかっている。子どもの創意を大事にしてやることと、生活に危険のあることを厳禁することと、ある場合たしかに矛盾する。絶対にしてはならぬという命令が徹底するためには、ふだんからあまり禁止がおおくては、子どもがなれっこになって、いうことをきかない。子どもの顔をみるたびにしかっていては、子どもは、創意を生かそうとすれば反抗するしかない。しかられずに好きなことのできる場をのこしてやらないといけない。

391　あそび場を与えよう

この年齢の子どもは、ぜんまいで動くオモチャや電池で走るオモチャをよろこぶ。だが、そういうオモチャを買って与えた親が、まもなく発見することは、ひとりであそべるオモチャには、すぐあきてしまうことだ。親がオモチャ屋でかんたんに買えるオモチャのおおくは、部屋のなかであそぶオモチャである。だが、この年齢の子どもは、部屋のなかに閉じこもってあそぶオモチャでは、せいぜい15分か20分しか集中できないのだ。

子どもは、戸外であそびたいのである。三輪車をほしがるのも、この年齢である。三輪車もはじめは、乗って押してもらうか、自分で三輪車を押して歩くかしかできない。3歳に近づくと、乗ってペダルを自分でふめるようになる。

砂あそびや水あそびも、この年齢の子どもの好きなあそびだ。しかし、どんなにたくさんシャベルやバケツや砂ふるいがあっても、子どもは砂場で、ひとりではそう長くあそべない。水あそびでもそうだ。ところが、たまたま同じ年ごろの子どもがきて砂場でいっしょにあそぶと、1時間ぐらいつづけてあそべる。近所の大きい子どもの仲間に入れてもらって水あそびをすると、ひるねの時間を忘れてあそぶ。

この年齢の子どもにとって、あそびには、オモチャよりも、仲間のほうが必要だということを、親はわかるようになる。あそびの場をつくるということは、仲間を用意してやることだ。あそびは仲間があってこそ楽しい。仲間さえあれば石ころでもオモチャになる。

以前は3歳ちかくになった子どもは、自分で仲間をみつけることができた。街路は子どもの遊園地であった。外へでれば、かならず子どもがあそんでいた。オモチャを持参すれば、どれかのグループにいれてもらうことができた。ところが、いまは街路は自動車に独占されてしまって、2〜3歳の子どもがひとりで歩けるところでは、なくなってしまった。表へ出て、自分でちょうどいい友だちをさがすなどということはできない。

オモチャは仲間といっしょにあそぶための入場券ではなくなった。オモチャはひとりで部屋のなかであそぶための私有財産でしかない。だから、母親が苦心してお隣の子どもを家によんできてくれても、自分のオモチャを貸すことができない。オモチャ箱を両手でかかえこんで、何ひとつ持たせないのでは、隣の子もおもしろくないので帰ってしまう。

児童公園へつれていって、ブランコやジャングルジムであそばせると、子どもは、はじめはよろこんであそぶ。だが、母親にみまもられて乗るブランコあそびやジャングルジムは、それが日課になると、子どもには強制労働みたいに思えるのだろう。公園へいこうといっても、いやだというようになる。

家の部屋のなかで、ラジオの童謡をきいて母親と合唱してもいいはずだが、これも母親とだけではつづかない。テレビのコマーシャル・ソングのほうをよくおぼえる。たいていの子は、やむなく部屋のなかで、ひとりあそびをしている。積木、はめ絵、絵本、自動車の行列、ミルクのみ人形など。絵をかくことの好きな子は、クレヨンやマジックでさかんになぐりがきをする。まだ人の顔の絵はできない。

子どもにどんなオモチャを与えるかということより、どうすれば、あそび相手の子どもをみつけるかが、今日の母親の問題である。

392 絵本はどんなのがいいか

この年齢の子どもに与える絵本は、なるべく子どもが現実に見て知っているものをかいたのを与えたい。自動車の好きな子には自動車をかいた本、動物園の好きな子には動物の絵本がいい。子どもは絵によって、自分の心のなかにある自動車や動物を思いだす。現在、自分の目の前にないものを心のなかにえがきだす訓練によって、子どもは想像することをまなぶ。

子どもがすでに知っている自動車や動物ならば、絵自身がかなり抽象化されていてもいい。むしろあまり写真じみた絵は、子どもの想像を不要にする。

子どもが、まだ見たことのないものを、絵本でおしえるのには賛成しない。自分の目で、はじめて見るときの感動を、子どものために保存しておいてやりたいからである。テレビは子どもを小さい物知りにするが、それだけ現実にたいする無感動人間をそだてる。子どもに親しいものの絵であれば、それが、ひとつひとつ独立して背景ぬきでかかれていなくてもいい。子どもは自動車やサルを孤立したものとしてみたのではない。ガードの下をとおる自動車、岩山の上にすわっているサルのほうが、子どもには現実的である。

絵だけを見るための絵本なら、なるべく子どもにえらばせたほうがいい。自動車の好きな子は、自動車の絵本ばかりほしがる。「もう自動車はたくさんあるからいいでしょ」というのは、おとなのかんがえである。ほんとうに好きなものは、いくらたくさんあっても、まだほしい。おなじ自動車でも、ごくわずか違ったところがあれば、子どもには別のもののように感じられる。

子どもが本を粗末にするからといって、紙質が丈夫にできた絵本を、子どもの好みを無視して与えるのは意味がない。子どもが本を大切にしない理由のひとつは、子どものほんとうに好きでない本を与えることである。

この年齢の子どもに与える絵本は、ストーリーがないものでかまわない。しかし、自分のほんとうに好きな対象がかいてあれば、子どもは、かんたんなストーリーには、ついていける。ストーリーがあってはならぬというものではない。ストーリーがあるというのは、文章がついているということだが、文章は、親がよんで、立派な日本語であると思うのでないと与えないほうがいい。そして立派な日本語は、声をだしてよむとどんなに楽しいかを知らせるために、母親がよんできかせる。絵だけあって文章のない本を、母親が即興に正しい日本語で朗読するのもいい。

2歳から3歳までのあいだに好んでよまれる本を参考にかかげる。

「ちいさな　うさこちゃん」ディック・ブルーナ文・絵　石井桃子訳　福音館書店
「ようちえん」ディック・ブルーナ文・絵　石井桃子訳　福音館書店
「いやだいやだ」せなけいこ作・絵　福音館書店
「ぐりとぐら」中川李枝子作　山脇百合子絵　福音館書店
「おかあさんだいすき」マージョリー・フラック文・絵　大沢昌助絵　光吉夏弥訳　岩波書店
「まりーちゃんとひつじ」フランソワーズ文・絵　与田準一訳　岩波書店
「こねこのぴっち」ハンス・フィッシャー文・絵　石井桃子訳　岩波書店

393　きょうだい

ひとりっ子で下の子ができると、おこりっぽくなったり、ちょっとしたことに泣きわめいたりする。それしか表現のしようのない子どもを理解すべきだ。

赤ちゃんができることを、わからせようとして、「こんど赤ちゃんがおうちへくることになったの」とか「ママがいなくても、ママどこ、なんてきいちゃだめよ」などといいきかせると、とたんに、いままでおしっこがいえていた上の子(女の子よりも男の子におおい)が、おしっこをおしえなくなってしまう。これは緊張のために、おしっこが何度もでるので、子どもは、ぼうこうのふくれた感じを感じるいとまがないためだろう。

さらに、いよいよ赤ちゃんができて、母親が赤ちゃんを抱いて授乳しているのをみたり、赤ちゃん用ベッドで赤ちゃんをねかせつけているのをみると、母親に体あたりしたり、赤ちゃんをたたいたりする子がある。おしっこも回数がおおくなり、便所につれていくまえにもうぬれている。夜もいままでしなかったおねしょをするようになる。本人もおむつをしてくれという。赤ちゃんのベッドにあがりこんでねて、赤ちゃんのように「アクンアクン」といったり、「ミルクほしい」といったりする子もめずらしくない。

とくに感じやすい子どもでは、こういう現象がかなり長い期間つづく。赤ちゃんに乱暴をすることは4〜5カ月たてばしなくなるが、おしっこの近いのは、半年以上もつづくことがある。

下に生まれた赤ちゃんにたいして、はじめから全然、嫉妬《しっと》を感じない子もあるし、最初1カ月ぐらいは、母乳をやっていると、おろせというが、その後なれてしまって、寛大になる子もある。半年たっても嫉妬のすっかり消えぬ子も相当ある。これは、しつけの上手下手というよりも、本人のもって生まれた性分のほうに、原因がある。

いつまでも赤ちゃんに寛大になれない子や、おしっこの近くなった子にたいして、母親は、いらいらしてはならぬ。あらたにあらわれた「異常行動」は、自然になおるのにきまっている。母親もいっしょにいらいらしてしかると、なおるのがおくれる。赤ちゃんが生まれる前と同じスキンシップをつづける。

ふだんから、おしっこが近く、怒りっぽい子には、なるべくかげで赤ちゃんに授乳する。赤ちゃんが家族の一員だということがわかりだしたら、目の前で授乳する。あらたに三輪車を買ってやるとか、庭にすべり台をつくるとかして、なるべく戸外であそばせ、近所の子どもと仲よくするようにさせる。

おしっこをもらすことにたいしては、うまくいえたときにほめるほうに重点をおいて、失敗しても叱責《しっせき》しないのは、おしっこのしつけ一般の規則である。

下の子ができてから自慰（〈442自慰〉）をはじめたというのがよくある。母親が下の子に気をとられて上の子が失業状態にあるのに気がつかないためである。上の子とあそんでやる時間をつくっておかなければならない。どもりになることもめずらしくない（〈402どもり〉）。

上の子のやきもちやきの治療には、父親の協力が必要である。父親はいままでよりも上の子とあそぶ機会をおおくして、母親への依存を少なくしてやる。

394　春夏秋冬

お正月で注意しなければならぬのは、おぞうにだ。おとな用の大きな餅《もち》をそのまま、おわんにつけてはいけない。はさみにくいので大きいまま口にいれる。のどにつめる危険がある。親がついていて小指頭大に小さく切って与える。

冬で排泄のしつけをのばしていた子どもには、4月になったら訓練しはじめる。春、夏と衣服の数が少なくなるころに、自分で脱ぐようにしむけていく。

食前に手を洗うけいこも、10月になる前にはじめないと、うまくいかない。

夏には水の事故がおおいから、川や池や海のそばの家庭では、とくに気をつけなければならぬ。

マイカーをつかって夏には海水浴、冬にはスキーにいくことが風俗になっている。だがそれはおとなの風俗であって、子どもがえらんだものでない。おとなのあそびに熱中して、子どもをひとりにしてはいけない。いつも親のどちらかがついていないとあぶない。

冬の暖房は、くれぐれも用心する。やけど、一酸化炭素中毒、火災など不慮の事故は、防備さえよければふせげる。ストーブの栓をいじらせない。

寒くなると、いままで夜中は、おしっこをしなかった子が、しくじるようになることがおおい。自分でおしえない子には、夜間だけおむつをする。

季節とむすびついた病気としては、初夏の「口内炎」(〈250 初夏に熱をだす病気〉)、秋の「ぜんそく」(〈370 「小児ぜんそく」〉)、晩秋の「冬の下痢」(〈280 冬の下痢〉)がある。病気ではないが、夏に全然ごはんを食べなくなる子は、たくさんある。

夏や秋に戸外でよくあそんでいた子どもが、冬になって家のなかに閉じこめられると、指しゃぶりをはじめることがよくある。また自慰(〈442 自慰〉)をする子もある。みつけたらすぐ、戸外であそぶ機会や、熱中できるあそびを用意しないといけない。

かわったこと

395　ごはんを食べない子

2歳から3歳というと、1年かかってやっと2《キログラム》体重がふえるだけだ。どの母親の目にも、自分の子は「食欲不振」のようにみえる。自分でスプーンをもって食べる子だと、茶わんのごはんを半分くらいのこす。母親がスプーンで食べさせている子は、途中であそびだしてしまって食べない。

暑い季節になると、ほとんどごはんを食べない子もでてくる。6月から9月まで体重がストップする。ときには、この期間に体重のへる子もある。以前から小食の子ほど、暑さに敏感で、食べなくなる。

ごはんを食べないと、母親はすぐ、何か病気でもあるのではないかとかんがえる。しかし、母親は子どものきげんをいちばんよく知っている人である。これがふだんのきげんかどうかみきわめるのは、世界中で自分がいちばんだという自信をもたねばならぬ。

子どもがごはんを食べなくても、子どものきげんがまえとかわらなかったら、心配することはない。

この年齢で、子どもの食欲だけがわるくなる病気などというのはない。ビタミンB_1の不足で食欲がなくなるなどということも、小食の子では、かんがえにくい。ビタミンB_1の不足でおこるかっけは、精白した米飯だけをたくさん食べるときにおこるので、ごはんは食べないが、副食や果実は食べる子に、かっけをみたことがない。

ごはんは食べないが、牛乳ならのむ子には、牛乳をのませるがよい。夏は冷たくしたほうがおいしい。

この年齢の子どもは、よくこれでからだがもっていると思うほど少ししか食べない。それがこの年齢の特徴で、ごはんをおかわりして食べる子のほうに、むしろ肥満の懸念がある。小食がからだにあっている子に、食欲をたかめる注射などするのは、生理に反するものと思うべきだ。

よその子の母親から、うちの子はよく食べるときかされても、動揺してはならない。他人に子どもの食事の量をつげる人は、自分の子どもが生まれつき大食であることを意識していない母親だ。

396　子どもの偏食

食物にかんする子どもの好ききらいを、母親は偏食というが、栄養学でいう偏食とは別ものであることがおおい。

栄養学でいう偏食とは、ビタミンCやビタミンB_1やビタミンAを全然とらないことや、必須アミノ酸をふくんだ動物性タンパクをとらないことなどであるが、母親のいう子どもの偏食は、ある一定の副食を食べないだけのことである。

栄養学的な偏食は健康によくないが、子どものかたよった食べかたは、本人の「好み」であって、健康をそこねるようなことは、この年齢ではない。母親が「うちの子の偏食にはこまります」というのは、ねぎ、トマト、きゅうり、なす、だいこん、にんじんを食べないとか、鶏肉を口にしないとかいうことである。とにかく、まんべんなく、なんでも食べるというのでないのが、母親のいう偏食である。

しかし、たいていの人間は食物に好ききらいがあるものだ。子どもの食べかただけみているが、父親の食べかたをみるがいい。かぼちゃや、さつまいもを煮た皿と、ピーマンや、のりや、うにを入れた皿とを並べてだしたとき、どちらもきれいに食べる父親は、まずないだろう。父親には好ききらいがあっていいが、子どもにはゆるされないというのは、子どもの人権を無視している。

ねぎ、きゅうり、なすなどがきらいでも、みかんやりんごやいちごなどを食べていれば、ビタミンCやビタミンB_1は、けっこう必要な量だけとれる。鶏肉がきらいでも、魚を食べていれば動物性タンパクには不足はない。

食べものの好ききらいを道徳的な悪としておしえたのは、戦前の軍隊教育である。兵営では、カロリーだけを計算して、味のほうを無視した食べものを食べさせるのだから、兵隊が全部食べないとこまる。きらいだからといってのこされるとカロリーが不足する。女の子も好ききらいがあると、嫁にいってからこまった。修身の教科書も婦人雑誌も、子どもの栄養といえば「偏食の矯正」をとりあげた。そのために、いまだに「偏食の矯正」を教育であるかのように思う偏見がのこっている。

偏食をなおすことが教師の義務であると思っている人がいると、子どもは迷惑する。にんじんがきらいとか、ピーマンが食べられないというのは、その人間の生理とむすびついた「好み」である。他人の迷惑にならないかぎり自分の「好み」をまもるのは、プライバシーの権利だ。きらいなにんじんが食べられないでこまっている子どもがそれを食べるまで席を立たせなかったり、ひとりでもおかずをのこしている子のいるあいだ、ほかの子どもにも席を立たせないのは、プライバシーの無視を教育していることだ。日本中の古い世代の頭から、偏食は悪であるというかんがえをたたきださないといけない。にんじんやなすをいやがって食べないことが、子どものからだの成長をさまたげると思うのは、栄養学を知らないためだ。

子どもの偏食は、先生が命令したり、おだてたりすれば、ある程度なおせる。だが、それはきらいなものが好きになるというより、きらいなものをがまんして食べられるようになったというだけだ。幼児から野菜のきらいだった子が、小学校の給食はがまんして食べても、結婚して細君に食事をつくってもらうようになると、やはり野菜はのこす。

自分の好みにあったものだけを、自分の生活にとりいれて楽しく生きるのは、人間ののぞましい生きかただ。にんじんのきらいな子に、にんじんをいろいろに工夫して食べさせるのもいい。しかし、子どもがいやいや食べているのなら、子どもの好きなみかんを与えることで、食事を楽しいものにしていくほうが、母親と子どもとの不要なまさつを少なくする。

子どもの生理にさからったむだな強制が、なんとしばしば「しつけ」とよばれたことか。

397　高い熱がでたとき

2〜3歳の子どもが、急に高い熱をだすというのは、かぜか「ねびえ」がいちばんおおい。かぜにしても「ねびえ」にしても、ウイルスでおこる病気を医者が、症状から想像して、そういう名をつけたにすぎぬ。想像してというと変に思うだろうが、急に熱がでたといってつれてこられた子どもから、いちいちウイルスをのどから証明することはしない(モノクローナル抗体をつかってウイルスの種類をみわけられるが)。医者はたくさんの病人をみるので、かぜや「ねびえ」がはやりだすと、一定の型のあることがわかる。その型と似ていれば、今はやっているかぜだろうと見当をつける。

かぜをかぜとして診断できず、どんな熱にも抗生剤を注射する人にかかるのは安全でない。急性肺炎も、しょうこう熱もさいわいなことに、非常にへってしまった。戦前はずいぶんおおかったので、子どもを6〜7人もそだてたおばあちゃんだと、症状でみわける。こんなに息がせわしくて、小鼻がうごくのは肺炎だとか、からだをみて、胸や背にこまかい赤い疹《しん》があるからしょうこう熱じゃないかなどと、うまくあてる人がある。

初夏のころに高い熱がでたら、大きく口をあけさせてのどをみる。上あごのいちばん奥のところに水ぶくれがあって、まわりが赤くなっていれば「口内炎」(〈250初夏に熱をだす病気〉)だと診断がつく。

中耳炎だと、3歳ちかくなると耳のいたいことを知らせるだろう。肺炎だと呼吸が異常にせわしく、息をするたび胸がひっこむ。

高い熱といっしょにひきつけをおこすことがあるが、たいてい「熱性けいれん」(〈348ひきつけ〉)で、脳膜炎(髄膜炎《ずいまくえん》)は、このごろは見られなくなった。

予防ワクチンがしてあると、高い熱がでてもおどろかずにすむ。BCGがしてあれば、結核はまず大丈夫、ポリオ生ワクチンをのんでいれば、小児マヒは大丈夫、はしかとジフテリアの予防がすんでいれば、それらの病気も心配いらない。しかし、口をあけさせて、へんとうせんの上に白い膜ができていたり、上あごの後部に出血斑があるのがみえたら、早く治療したほうがいい。溶血性連鎖球菌によるものだと、抗生剤がよくきくからだ。

熱の手当は〈343急に高い熱がでたとき〉をみること。

この年齢になると突発性発疹《とっぱつせいはっしん》は、ないといっていい。

はしかのはじまりに、高い熱がでることがある。はしかは、はじめから疹がでるのではない。最初みたときは、医者でも、かぜとの区別はつかない。きょうだいが、はしかをしたとか、保育園ではしかがはやっているとか、近所にはしかがあったとかいうことをきいて、見当をつける。はしかは、うつってから12〜13日目に熱をだしてくる。

おたふくかぜでも熱がでるが、たいてい熱と同時に耳の下のところがはれてくる。水痘《すいとう》も、熱よりも水ぶくれをともなう疹が出てきて気がつく。はじめ熱だけがでていて、あとで水痘とわかった場合も、最初のとき、はだかにして全身をみると、胴のどこかに1つ2つの疹がみつかったはずだ。水痘の潜伏期間は2週間前後だ。

おたふくかぜの潜伏期間は、2週間から3週間ぐらいである。近所におたふくかぜがはやっていたら、逆算して、そのころ接触がなかったかどうか思いだしてみる。そのころ子どもとは、誰ともあそんでいないというのだと、おたふくかぜではない。

398　子どもの嘔吐

この年齢の子が嘔吐《おうと》をしたら、熱があるかないかを、まずしらべる。

夕方まで元気だった子が、ねついてしばらくして夕食に食べたものを嘔吐したとき、もし熱が38度以上あったら、熱に重きをおいて、かんがえればよい〈*397*高い熱がでたとき〉。

熱がないのに食べたものを吐いたときは、子どもの元気が問題だ。吐いたけれども、あとはけろっとしてあそんでいるというのなら、心配はない。いつもよくでるせきといっしょに吐いたか、食べすぎたものをもどしてしまって、気持よくなったかである。

食べたものを吐いて、熱もないのにぐったりして、さかんにあくびをするときは、「自家中毒」(〈369 自家中毒症という病気〉)ではないかと思ってみる。その前日にひどくはしゃいであそんだというのなら、たいていそうだろう。

晩秋から冬に、急に食べたものを吐いて、そのあと多少腹が痛そうにするようだと「冬の下痢」(〈280 冬の下痢〉)かもしれない。2歳をこすと下痢のほうは、あまりなくて、嘔吐だけが1日か1日半つづくという形がおおい。

熱がない嘔吐で、急にひどい腹痛をうったえ、しばらくするとやみ、また腹痛がおこるというのだと、腸重積《ちょうじゅうせき》(〈181 腸重積〉)をかんがえる。だが、3歳ちかくなると腸重積は少ない。

399　下　痢

以前は、2～3歳の子の下痢といえば、赤痢とか、病原性の大腸菌による病気とかがおおかったが、このごろは、そういう細菌による下痢はずっとへってしまった。最近の幼児の下痢の原因は、むしろウイルスである。「消化不良」とか「ねびえ」とかいわれた下痢は、もしたんねんに検査すれば、ウイルスをみつけだせたにちがいない。

さいわいウイルスによる下痢は、「冬の下痢」（〈280冬の下痢〉）をのぞいて、あまりひどい症状をあらわさない。せいぜい1日か2日やわらかい便がでて、熱もでないでなおってしまう。

ごはんを1日やめ、かゆと梅ぼしを食べさせ、摩擦式カイロを下腹部に、じかでなくあてておくといい。こんな家庭療法でなおる下痢の大部分は、ウイルスによる。元気な子に血便だけがつづくときは、直腸ポリープをかんがえる。

すき焼のおしょうばんをして、食べすぎて翌日に下痢をしたというようなのは、原因がはっきりしているし、便にも残がいがでてくるから、母親も心配しない。幼児の下痢には家庭薬は不要だ。

ただし、夏季に母親が下痢をし、つづいて子どもが何度も下痢をした場合、近所に赤痢が流行しているときは、医者にみてもらわないといけない。ことに便のなかにウミや血がまじっているときは、急いでみてもらわないといけない。家庭療法はいけない。

400　夜の鼻血

朝おきたとき、シーツがよごれているので、子どもが夜に鼻血をだしたことがわかる。べつに苦痛がなかったらしく、子ども自身も知らない。出血したほうの鼻の穴に（一方のことも両方のこともある）、血のかたまりがこびりついている。

こういう夜の鼻血は男の子におおい。鼻の障子の入口に近いところは血管の網がよく発達していて、何かの拍子でやぶれて出血するらしい。いちどやると、何度もくりかえしておこる。耳鼻科にかかって鼻を洗っても（子どもがはげしく抵抗するのでつづかないのが通例だ）、効果はない。いつのまにか、ひとりでになおってしまう。気にすることはない。

家庭用の医学書で鼻血の項をひくと、鼻のジフテリアだとか、白血病だとかがかいてあるが、ジフテリアの場合は、子どもは朝、そんなにけろっとしていない。このごろはジフテリアの予防注射がしてあるから、ジフテリアはほとんどない。白血病で鼻血だけがあらわれるというのはない。貧血だとか皮下出血だとか、はぐきからの出血などをともなう。

たまたま夜に鼻血に気づいて子どもが母親をおこしたときは、子どもを不安がらせないようにする。鼻の穴に子どもの小指ぐらいの大きさの綿を奥のほうまでしっかりつめる。子どもを抱いて頭を心臓より高くする。ねかしておくととまりにくい。

夜も昼も一方の鼻の穴から、うすい血がでるときは、なかに異物をつめた疑いもあるから耳鼻科にみてもらう。異物があると鼻がくさいにおいがする。

おやつにチョコレートやピーナツを食べると、鼻血のでることがある。鼻血のでる子には、新鮮な果実を与える。

朝、鼻血に気づいたら、パジャマをぬがせて全身をみる。皮下に紫色の打ち身のあとのようなところ(皮下出血)があったら、そのままにせず、診察をうけねばならぬ。紫斑病という病気があるからだ。

鼻血の原因はひとつではないから、いつまでくりかえすかは予言できない。ウイルス感染によるときは1～2回でおこさなくなるだろうし、大気が乾燥しておこる場合は、ひと月もつづくこともあろう。

401　人見知り

8～9カ月のころから人見知りをするようになった子が、大きくなったらなおると思っていたのに、2歳をこえてから、ますますひどくなることがめずらしくない。両親のほかには誰にも抱かれない。児童公園でおなじくらいの年ごろの子どもがあそんでいるところへいっても、仲間にはいろうとしない。知らない人が家にはいってきただけで、べそをかく。

こういう子どもがふえた。密室で母親とだけで暮しているからでもあるが、もともと感じやすい子なのだ。ちょっとしたことでも泣く。

母親は自分のしつけ方がいけなかったのだと思うことはない。こんな子どもでも、やがてふつうにほかの子の仲間入りができる。子どもの性格なのだから、しかったり、きたえたりして急になおせるものではない。

感じやすいということは、幼児期にはそだてにくいこともあるが、大きくなってしまえば、ほかの人のもたない長所になる。人見知りすることをとがめてはいけない。こわがるのは自分をまもろうとしているのだから、できるだけ友だちとあそばせて、友だちはこわい人でないことを経験させる。そういう子どもはたくさんいるのだから、自分だけ、できそこないの子をもったという気持をなくすことだ。

402　どもり

この年齢で、どもりがおこってくることがよくある。男の子におおい。最初は子どもはあまり気にしないが、母親のほうでおどろいてしまって、いいなおしをさせたり、しかったりすると、子どものほうもこだわりはじめる。ことばをたくさん知っている子だと、たくみにいいにくい音をさけてほかのことばで表現する。

母親の矯正があまりきびしいと、全然口をきかなくなってしまう。また子どもは、いいたいことがいえないので、じれて、ものを投げたり、地団駄をふんだりする。

どもりの原因ははっきりわかっている場合もある。左ききの子を右ききになおそうと思って、スプーンをもちかえさせたり、左手でもったクレヨンをとりあげたりした場合。子どもがおねしょをしたのを、きびしくしかりつけた場合。仲のよかった両親が、急に不和になった場合。友だちや姉ちゃんに非常に雄弁な子がいて、本人が何かいいだそうとすると先まわりしていわれてしまう場合。下に赤ちゃんができた場合など。

けれども、いくらさがしても、子どもの「情緒障害」をおこすような原因のみつからない場合もおおい。

幼児のどもりは矯正しなければ、早いおそいはあっても、すっかりなおる。いちばん大事なことは、両親の楽観的態度である。子どもに、どもりになってしまって、まずいことになったという気持を与えると、なおりにくい。それだから、親は子どもに、どもりが存在しないかのようにふるまわねばならない。子どもがものをいうとき、どもるだろうか、どもらないだろうかと、はらはらしながら口もとをみつめるのが、いちばんいけない。子どもが、どもろうが、どもるまいが、子どものいったことに、どもりだす前とおなじ態度で応対する。

親子のコミュニケーションはたもたれていることを感じさせ、子どもに安心させる。

いいなおしをさせることは、コミュニケーションがうまくいっていないと子どもに意識させる。子どもは、そこでためらいを感じてどもる。

医者や児童相談所につれていって、衆人環視のなかで、どもりの実演をやらされることは、子どもにとって大きな屈辱であり、それだけ、発音前にためらいをおこさせる。3カ月でなおるものが、半年かかる。

特別の薬はのまさない。「吃音矯正学校《きつおんきょうせいがっこう》」に3歳の子をつれていくのは、どもりをつよく意識させる意味しかない。

403「肩がぬけた」(肘内障)

子どもの手をひいて散歩にいったとき、急にわきから車がとびだしたので、おどろいて子どもをひきよせると、子どもが「いたいっ」といったなり、ひっぱられた腕がぶらぶらになってしまうことがある。ねころんでおきようとしない子どもの片方の手を母親がひっぱっておこそうとしたときにもおこる。子どもは片腕をぶらんとさせて、全然、自分でうごかそうとしない。さわると痛がる。

これは肘内障《ちゅうないしょう》といって、橈骨《とうこつ》の頭が、ひじの関節の靭帯《じんたい》からずれたためにおこる。肩でなしにひじの関節の故障である。

外科につれていけば、簡単にその場でなおしてもらえる。肘内障をおこしやすい子は何度でもやる。5歳になるとおこさなくなる。

あまり何度もやり、しかも簡単になおしてもらえるので、しまいには親がやり方をおぼえる。

ひじをかるく曲げさせておいて、親指のほうにねじりながら、橈骨の上端(ひじのかどとならんでいるもうひとつの出っぱり)を前から押す。シャツを着かえさせるとなるというのは、着かえている途中にこの操作が偶然おこなわれるからだろう。

肘内障は接骨師がいちばんたくさんみていて、その名声をささえている。外科へいって、いくたびにレントゲン写真をとられるのだったら、接骨師でなおしてもらったほうが安全だ。

404　自分から頭を床にぶつける

母親に自分のいうことをきいてもらえないと、床にうつぶせになって、額をゴツンゴツン板にぶつける子がある。母親は、子どものだだこねは、みてみないふりをしようと思っているが、頭をぶつけるのは放っておけない。かけよって抱きあげる。子どもはワアワア泣く。自分の要求をきいてもらえるまで泣きやまない。

あまり無理な注文だと思って母親が下におくと、また自分から頭をゴツンゴツンやりはじめる。痛いからやめるだろうと思ってみていると、少しもやめないどころか、ますますつよくやる。母親は、こんなに頭を虐待したら脳をいためるかもしれないという心配から、やむをえず、子どもの要求に屈服する。

こういう手口を発明するのは、我のつよい子で、早いと1歳半ぐらいにはじめる。なかにはあおむけに倒れて、床に後頭をぶつけるのもいる。てんかんとちがって棒を倒すように倒れないで、1度しりもちをついてから、または横に倒れてからあおむきになる。

対策としては、最初が大事である。子どもは、こういう発明をよくやるということを知っていれば、第一発のときに、すばやく抱きあげて、戸外につれていくか、ほかの場所でいっしょにあそぶか、いま要求しているのでない子どものよろこびを与えるかして、子どもの注意を要求からはぐらかし、ゴツンゴツンを忘れさせる。

戸外で十分あそばないことが、そういう「反抗」をかんがえさせるのだから、なるべく戸外で運動させて、エネルギーを発散させる。

子どもがこの方法でしばしば成功して、常套《じょうとう》手段にしていると、対策はむずかしい。部屋のなかの板の間に敷物をしいたり、畳にしてしまったりして、ゴツンゴツンの効果のあがらぬようにする。毛編みのナイトキャップをかぶせるのもいい。

頭を打って脳をいためることもないし、そんなに長くつづけるものでもない。

これとよく似たのに、おしっこをおしえるようになっている子が、要求をきき入れられないと、泣きながら、その場でおしっこをするのがある。これも、最初のあつかいが肝心だ。おしりをはたいたりせず、だまってトイレにつれてゆくか、手早くパンツをとってしまって、とりあわないことにする。

やけど　〈266赤ちゃんのやけど〉参照

異物をのんだ　〈284異物をのみこんだとき〉参照

熱がでてひきつけた　〈348ひきつけ〉参照

子どもの泣き入り　〈349子どもの泣き入り〉参照

高い所から落ちた　〈366事故をふせごう〉参照

集団保育

405　いきいきした子どもに

よろこんで園にやってきて、何でもすすんでやろうという気持を常にもたせることが、保育の出発点である。

2歳をこすと自己主張がつよくなる。これを、人の手をかりずに自分でしたいという自立の方向にもっていく。そのためには、子どもに自立の楽しさを感じさせねばならぬ。保母さんに乗せてもらったブランコよりも、自分ですすんで乗り、自分でこいだブランコのほうが楽しいことをわからせるのである。

自立した行動を自由にできるという楽しさが、子どもを活気づける。だが集団生活の宿命は、個人の自由は無制限にゆるされないということだ。集団生活には秩序が必要であり、それが個人に規律を要求する。2歳の子どもが自由を楽しむとたんに、規律とどう調和させるかという問題にぶつかる。

子どもの自由な活動と集団の規律とのバランスは、この年齢では、なるべく子どもの自発性をそだてるほうに重みをかける。規律を「してはいけません」という禁止の網として子どもにおしかぶせない。子どもがそれほど抵抗を感じないで、集団の規律にしたがうようにみちびくには、この年齢にとくに目立つ「模倣」を利用する。模倣は、子どもにとって、いちばん容易な自己の能力のテストである。すすんで、自分にもできるかなと思う気持でやらせるのである。それには、子どもの自立行動ができるような環境を用意することである。2〜3歳児の保育の出発点は、保育の環境ということになる。もっと具体的にいえば、保育設備をととのえないでは、子どもに自立をそだてられない。

子どもがオモチャであそびはじめると、大きい子がきてとりあげてしまうのでは、「自立した行動」ができない。この年齢の子は、ひとのもっているものは自分もほしい。これは家庭でよくみられることだが、2歳の子の下に赤ちゃんが生まれると、赤ちゃんとおなじに、ミルクびんをほしがり、おむつをしてくれという。これは人間の本性としてもっている平等への要求であって、容易におさえきれない。おなじ年齢の子でグループをつくらせるにしても、どの子にもオモチャが行きわたるように、保育室には十分の数のオモチャがなくてはならぬ。

三輪車にしても、ブランコにしても、手洗い台にしても、数のたりないところでは列をつくって「ジュンバン、ジュンバン」といいながら、規律をまもって自分の番を待てるようにしなくてはならぬ。だが、子どもの活気を行列のなかに、どこまで閉じこめていいかも、かんがえねばならぬ。

行列にあきる子ができるのは、三輪車やブランコや手洗い台の数がたりないのである。保育の大半を順番待ちですごすことは、子どもの創造性の抑制でしかない。

1人の保母さんの担当の子どもが、年齢もちがい数もおおいときは、2〜3歳の子どもだけで小グループをつくれない。それでは、子どもは自立した行動ができない。ほかの大きな子のあとについて、模倣ばかりしているのでは、能力はもっとも安易な仕方でしかテストされない。自分の創造性に冒険をさせる場も用意すべきだ。それには混合保育には2人の保母さんがついて、2〜3歳児の5人か6人を随時えらんで「創造グループ」を組織できるようにせねばならぬ。

一つの部屋に、大きい子との同居をしいられた小さい子は疲れる。疲れをなおすためには、午睡室でしずかに眠らせるのがいい。また、2歳から3歳になるころ、絵をかかせたり、粘土細工をさせたり、絵本をみせたりするのに、子どもを机の前にすわらせることが、おおくなる。机の高さと椅子の高さとが子どものからだにあっていないと、子どもは疲れる。

園のなかの保育ばかりでなく、おなじ年齢のものが手をつなぎあって、園の外に散歩ができると、子どもは解放感を味わえるだろう。

いきいきとした子どもをつくるためには、子どもが自由意志で友だちとあそべる自由空間を与えねばならぬ。おとなに管理されない安全な空間をどうしてつくるかが、集団保育のこれからの問題だ。

406　自分のことを自分でする子に

2歳をすぎると、子どもは何でも自分でやりたいという気持がつよくなる。ただし、それは自分に楽しいことでないとつづかない。

子どものいやがることを、命令としてやらせるのは、へたなやり方だ。食事や排泄や脱衣などの基礎習慣をおぼえてくれるのは、保母さんにとってありがたいことだけれども、子どもの自発性をそだてることが眼目だということを忘れてはならぬ。

集団生活をさせていると、ある程度、ほかのみんなのやることに、右へならえしてやるようになる。だが、内心いやだと思いながらやっていることだと、園では一応基礎習慣のやれる「いい子」でも、家へかえると、やれやれ解放されたという気持で、何でも母親にまかせて自分でやらない。自分のことを自分ですることが、人格の自立のしるしであるようにするには、園での「しつけ」が、子どもに楽しいものでなければならぬ。自立をささえるものは自由である。

食事のとき自分でスプーンや容器をもって食べる習慣をつけるには、給食自体が子どもの食欲をそそるものでなければならぬ。すすんで食べたいものであれば、子どもは自分でスプーンをもつ気になる。食事が楽しいものであり、待ち遠しいものであれば、食事の前に手を洗う習慣をつけやすい。すすんで手も洗うようになる。

食事は、せいてはいけない。子どもによって、早く食べられる子と、ゆっくりしか食べられない子とある。30分は食事にみておく。食前には「いただきます」をいう。それは歓声のようでありたい。早く食べてしまった子の処置にはこまるが、おもしろかったことをお話させるのもいい。ゆっくり食べるので、あとにとりのこされる子を、みんなで注視している形にするのは、まずい。時間がかかってもいいから、なるべく箸《はし》で食べるけいこをさせる。食べたものをこぼすのは、やむをえない。やかましくいうと、食事が楽しくなくなる。

食堂と遊戯室とが別になっているところでは、食べおわったものから「ごちそうさま」といって、食器を所定のところへ返させて、遊戯室にいかせるのもいい。

3歳にちかくなると、食事のとき当番をきめて食器をくばらせることもできる。食べものは、保母さんが、それぞれの子どもの食欲に応じた分量を、食器にわける。めいめいの子どものきらいなものは心得ていて、あまりたくさんいれない。すっかり食べるまで席をたたせないというのはいけない。ひとりひとりの子どもの適量をおぼえようとしない画一主義の保育園でよくやることだ。

衣服の着脱も、なるべく自分でさせるようにみちびくが、2歳では、ボタンを一部はずしてやって、どうにか脱げればよい。3歳になると、いちばん上のボタンをのぞいて自分ではずせるようになる。

着脱のしつけも、楽しい目標があると、はやくすすむ。夏に入浴をするとか、園外保育にいくので、上着をかえるとかいうことがあると、自分でやる気になる。午睡が楽しくないと、容易に自分で脱ごうとしない。混合保育の場合は、大きい子を標準にすると、小さい子はついていけないので、着脱をあきらめてしまう。大きい子に小さい子の着脱を手伝わせるのは、常習的になってはいけない。

たいていの保育園では、2歳から3歳までのあいだに、子どもがおしっこに自分でいけるようにしつけている。排泄の回数には個人差があり、回数のおおい子は、ひとりでトイレにいくのがおくれる。

2歳になっておしっこをおしえない子は、たくさんいる。おしっこが何回もでる子である。こういう子は、まず「おしっこ」といえるようにしなければならない。家庭で母親がつききっているところで、どうしておしっこをおしえるようにしつけるか、〈363排泄のしつけ〉のところをよんでほしい。

数日かかりきりでなければできないから、働いている母親に、家庭で「おしっこ」をおしえるようにしつけなさいというのは無理である。保育園でしつけるしかない。それには、ひと組に1人の保母さんしかついていないのでは、やれない。どうしても、しつけにかかりっきりの保母さんがいないといけない。

いままでに、「おしっこ」がいえて、乳児室で便器をつかっていた子は、2歳から3歳までのあいだに、自分でトイレにいって排泄できるようにする。2歳児と3歳児とを混合保育している場合は、かんたんである。たいていの園では「定時排泄」をしているから、これにくっついていくようにさせる。

「定時排泄」というのは、午前10時に自由あそびから集団のあそびにかわるとき、11時半に食事にかかる前、1時に午睡にはいる前、3時に午睡がすんだあと、といったふうに、区切りのいいときに、気分転換をかねてする。男の子は部屋のなかでパンツをとって、トイレにいって列をつくり、順番にすませて、手を洗って部屋にもどる。もどった子から自分でパンツをはかせる。保母さんは、男の子には立っておしっこをするようにおしえる。いままで便器にしていた子には、不安がらないように、はじめのうちは、腰をささえてやる。

男の子がすんだら、女の子にかかる。女の子の場合は保母さんが、トイレのところにいて、子どもがパンツをとるのをみていてやる。排泄がすんだら、トイレットペーパーを自分でとるけいこをさせる。はじめは自分でふけないから、保母さんがふいてやる。前方から後方にむかってふくようにしつけていく。排泄のあとは、水洗のコックをおすことをおしえる。2歳では力がたりなくて自分ではおせないから、いっしょに手をそえる。手を洗うのも、はじめはひとりで上手にできないが、なるべく手伝わないでやれるようにする。

おしっこのちかい子は、なかなか、「おしっこ」と保母さんにいえない。おもらしをしてしまうことがおおいが、こういう子を、ほかの子どもの前でしかりつけてはいけない。体罰はもってのほかである。集団的にしつけをはじめたとき、おしっこのうまくできた子に○、できなかった子に×をつけた表をはりだすのは、体罰とかわらない屈辱感を、×をもらった子に与える。そのために、おしっこの回数がさらにおおくなる。

大便の排泄は、子どもによって、保育園にいるあいだにする子と、しない子とがあるから、時間をきめてしつけることは、しない。1日に1度かならず保育園でさせるというようなのは、排泄の個人差を無視したもので、子どもを苦しめることになる。

排泄のしつけがうまくいくためには、便所がこわいところや、不潔なところであってはならない。タイルの床の上には木製の板をおく。サンダルをつっかけていくのは、いそぐときころぶ。便所におりる通路は段にしないで、ゆるい傾斜の板ばりがいい。

2歳半ぐらいになるまでに、自分の持物を自分のロッカーに入れられるようにする。

3歳までは、自分で鼻をかむことは困難な子がおおい。鼻をよくだす子は、ふいてやらねばならぬ。

407　子どもの創造性をのばそう

この年齢の子どもは自立したいというつよい欲求がある。子どもの自立をはげますいちばんいい方法は、創造のよろこびを感じさせることである。だから、この年齢の保育では自由なあそびを主にする。

だが、自由あそびだけでは、子どものあそびは、いつまでも低い段階にとどまる。子どもの知恵のふかまり、手の器用さの上達を顧慮して、あそびに集中と持続とをもたせるように指導する必要がある。それはいくらか「授業」のような形をとる。しかし、20人以上の2〜3歳児を1人の保母さんがうけもって、自由あそびと設定保育とを交互にやりながら、創造と指導とをうまくバランスさせるのは非常に困難だ。

子どもに、あそび方を指導する「授業」は、20人を相手にしてはできない。それは、子どものひとりひとりと保母さんとが、しっかりつながらなければならないから、せいぜい7～8人のグループでないとできない。「授業」は10分か15分しかつづけられぬにしろ、自由あそびをしているいく組かのグループのなかから、「授業グループ」の7～8人を、別にしなければならぬ。それには20人1組の子どもに、2人の保母さんがつかないとやりにくい。

「授業」は1日に1度か2度、7～8分から15分ぐらい、7～8人のグループにしておこなう。のこりの子どもの自由あそびを、もう1人の保母さんにたのんで、「授業」は小さな別室でおこなうほうが集中できる。「授業」は、保母さんの質問にこたえるけいこ、自分の思っていることを保母さんや仲間に話すけいこ、童話をきくけいこ、絵本をみて絵にかいてあるものを理解するけいこ、音楽をきくけいこ、自然にあるもの(草、花、木、虫、動物)の理解のけいこ、絵をかくこと、粘土で細工をすること、はさみ(日本式のにぎりばさみが安全)をつかうけいこ、歌をうたうけいこなどである。こういう「授業」も、「目標」や「指導要点」より、「教材」を与えることが先である。

道具があってはじめて人類の文化ができたのとおなじに、子どもでもあそび道具があそびを高度化する。子どもの創造性を、おとなの指導でゆがめないように、子どものひとりひとりの能力をみきわめて、指導を個別化することは、保母さんの創造の仕事である。

日本の保育園の混合保育のなかで、2歳から3歳の子の小グループをつくって「授業」をすることに成功している保母さんもある。そこでは、おなじ組の大きい子どもたちが、十分に集団生活になれていて、保母さんがついていないでも、ある時間、自由あそびができるようになっている。

2〜3歳の子どもの自由あそびは、オモチャをつかって日常生活を再現しているのがおおい。自動車を押して歩く子は、疾走する自動車を再現しているのだ。お人形をねかせている子は、母親にねかされる自分を再現しているのだ。積木を斜めにしている子は、すべり台を再現しているのだ。

自由あそびが楽しくできるためには、オモチャがそろっていないといけない(人形、動物のぬいぐるみ、手押し車、ふとん、おいひも、買物かご、積木)。いつもおなじオモチャでなしに、時どき取り替えることが必要だ。めずらしいという感じが、子どもの創造性をしげきする。

保育室の空間をうまくつかって、ママゴト・コーナーや、造形コーナーをつくっておくと、子どもたちは適当な人数であそべる。

　ひとりであそぶ小さいオモチャばかりではなく、協力をおぼえるように、ダンボールの箱、大きな積木が必要だ。特定のグループをかこうためのサークルもあるほうがいい。やがてはじまる「ごっこあそび」の用意に、小型の家庭用品や家具をそろえておく。

　自由あそびでいちばんよろこばれるのは、砂あそびと水あそびだ。砂あそびには、グループ全体があそべる広さの、砂の十分ある砂場と、スコップ、ふるい、バケツ、ダンプカーなどが必要だ。

　水あそびでは、プールがいちばん楽しい。夏の午前中にやらせる。この年齢では、水深は20〜30センチが安全だ。3人に1人の監視が必要である。水温25度なら5分、28度以上なら10分いれていい。はじめは1回であがらせるが、なれてくれば5分の休みをおいて2回ないし3回いれていい。

　排泄のすんだ子から水着をきせて、準備体操をさせる。プールに入る前と後とに、シャワーでからだをきれいにする。

　水あそびをすると午後の睡眠がふかいから疲労は回復する。プールあそびだけが保育みたいになるが、それでいい。

408　ことばが話せるように

ことばは心と心とをつなぐものである。子どもにことばをきかせ、子どもにことばを話させるためには、保母さんは子どもと、心と心でしっかりつながっていないといけない。

この人のいうことをききもらしてはならぬと、子どもがきき耳をたてるのは、保母さんの人間にひきつけられているときである。子どもが話をせずにいられないのは、自分の体験を保母さんにつたえて、人間としての共感をえたいときである。

子どもが、保母さんだけでなく仲間にも話しかけたがるのは、自分のよろこびを仲よしにわけたいときである。子どもが新しい強烈な体験をえたときは、それをつたえたい気持になる。

ことばを話せるようにするには、子どもと保母さん、子どもと子どもとが、しっかりつながること、人に話したいような感動をつくりだすことが必要だ。子どもが保母さんと遠くはなれている園、毎日無感動の生活がくりかえされる園では、子どもは話すのがおくれる。

2〜3歳の子どもは、親しいおとなにむかって、「これは何?」「なぜこうなるの?」

をくりかえして、何でも知ろうとする。この好奇心をきっかけにして、保母さんは子どもにことばをおぼえさせる。2〜3歳の子どもの好奇心は、現実世界の身のまわりのものにむけられる。それには、子どもをなるべく園外保育につれていって、事実についておしえたい。

残念ながら、いまの交通事情では、町のなかの保育園の子は、危険で散歩にでられない。スライドやテレビをつかうのもひとつの方法だが、それによって現実の新鮮な感動を、いくらかそこなうこともかんがえなければならない。

童話、紙芝居、絵本などで、子どもに感動を与えながら、ただしいことばをおしえる。ことばをおしえるときは、きかせるだけでなしに、たえず子どもにも、話す機会をつくって、こちらに話しかけてくるようにしむけなければならない。そのためには、20人ひと組の「一斉保育」では、うまくいかない。せいぜい5人か6人のグループをつくって、ひとりひとりの子どもが、保母さんの話す口もとや表情をみられるようにし、また保母さんもひとりひとりについて、話をきき、ときには発音をなおす。

ことばは心をつたえるものだから、口先だけでなく、感動をどうあらわすかをおしえる。

3歳ちかくなると、子どもは「ごっこあそび」をはじめる。「ごっこあそび」ができるためには、子どもは前もって、自分の思っていることを人につたえられるようにしておかねばならない。また、「ごっこあそび」をはじめることで、子どもの話したい気持がしげきされるから、3歳にちかづくと、子どもの会話はいちだんと進歩する。保母さんは「ごっこあそび」に参加して、子どもの話の内容をゆたかにする。

409　楽しい集団に組織しよう

この年齢の子どもたちは、仲間であるという意識をかなりはっきりもてるようになる。3歳ちかくなると、おたがいにたすけあって、ある目標を達成しようという気持がでてくる。食事のときに当番のできる子もあらわれる。

このとき、園の秩序をたもつために、いくつかの「禁止事項」をルールとして、子どもたちにまもらせることはできる。「廊下をはしってはいけません」とか、「靴を入れる棚にのぼってはいけません」とか、「調乳室にはいってはいけません」とか、いろいろあるだろう。

だが、そういう禁制としてのルールのおおくは、園を経営しているおとなの都合からでている。子どもの本性(はしりたい、のぼりたい、何でもみたい)を無視したルールは、なるべく早くひっこめたい。園の設備さえよくすれば、ださないですむ禁制をひっこめて、子どもの申し合せのルールをつくらせるようにはげましたい。

それには、子どもの仲間意識をそだてることが第一である。仲間の意識がつよくなり、毎日毎日の園の生活が楽しかったら、子どもは生活の楽しさを大事にしたい気持から、仲間と手をつなぐ。そのような連帯感から、もうすこし大きくなると仲間同士の申し合せとしての、下からのルールがうまれる。2～3歳では、まだ集団として自主的に行動することはできない。

2～3歳の子ども20人に2人の保母さんがつくことができれば、20人をひとつの仲間の集団として意識させるのは困難ではない。20人をたえずひとまとめにした集団遊戯をさせることは、最初はできない。はじめは、それぞれの子どもの創造力に応じて、いくつかの機能的なグループに組織してあそばせる。このグループをたえず組みかえることによって、共同目的の設定に子どもをなれさせる。そして20人の誰とでも仲間になれることをわからせる。それがくりかえされて、20人をひとまとめにした集団制作や集団ゲームや集団遊戯が、みじかい時間だができるようになる。

20人に2人の保母さんがいたほうがいいのは、この年齢では、冬季には、まだひとりで排泄のできない子があるからだ。5～6人の組をつくって、とくに集中した制作やゲームをさせるあいだ、のこりの子どもを自由あそびさせるのにも、保母さんが2人のほうがいい。

また、自分たちはひとつの仲間であるという意識をつよめるためにも、園外散歩をできるだけおおく、日課のなかにとりいれたい。園をはなれて、自分のグループだけが、外の世界にかこまれると、仲間であるという意識はつよまる。

交通事情のために園外散歩をしていない保育園がおおい。だが保育には園外散歩が必要だ。その必要をみたしていない「罪の意識」を失ってはならぬ。

2歳すぎると、それまで登園のとき元気で母親に「バイバイ」をいっていた子が「バイバイいや」といって、別れたがらなくなることがある。そういう様子をみつけたら、保母さんはいままで以上に子どもを「歓迎」してやらねばならない。先にきている仲間で「歓迎グループ」をつくるのがいちばんいい。おくってきた母親との泣き別れがつづくと、登園拒否になる。

410　つよい子どもにきたえよう

2歳から3歳までの子どもは、毎日歩くけいこをさせたい。さいしょ150〜200《メートル》歩かせ、3歳になったころは250〜300《メートル》歩けるようにする。このことを母親にもよくいっておいて、朝つれてくるとき、少し早く出て、子どもを歩いてつれてこさせるようにする。途中であまり汗をかかぬよう、衣服は気温によって調節する。

園で園外散歩のできるときは、目的地についたら、かわいたところにすわらせて十分に休ませてから、つれてかえる。

衣服については、うす着にさせたほうがいいが、どの程度が適当かと、よくたずねられる。これは、子どもひとりひとりについてきめるべきことで、冬は何歳の子は何枚と、一般的にきめられるものでない。園の暖房、運動のさせ方によってちがう。保母さんが、子どものひとりひとりの発汗の有無をみて調整する。うす着のほうが排泄のとき便利だという園の都合で、一律にうす着や、はだか保育を強制しない。

気温のあまり低くないときは、なるべく部屋の外であそばせたい。1日のうち5時間ぐらいは、外気にあたってすごすようにしたい。砂場のあそび、水あそび(〈178ページ参照〉)、ブランコ、ジャングルジム、三輪車などを十分に利用する。

そのほかに週3回ぐらいは、課業としての体操を15〜18分ぐらいやらせる。

集団としての共同の行動が相当できるようになるから、2〜3歳児では、10〜12人ぐらいをグループとして、いちどにやらせられる。

歩行とよじのぼり運動　幅20センチ、長さ2〜2.5メートル、一方の高さが30〜35センチの斜面を歩かせる。3歳にちかくなると幅を15センチにせばめる。

床または地面にチョークで幅30センチの道をかき、子どもに両手を水平にあげて歩かせる。3歳にちかくなったら道をうずまきにする。

高さ20センチ（のちには25センチ）の台を、のぼりおりさせる。

床または地面から20〜30センチ（のちには30〜35センチ）のバー、または縄をまたがせる。

台になったサークルの両わきから、手すりのついた斜面が出ているものを利用し、一方の斜面からかけあがって他の斜面からかけおりる。園庭に小さな丘をつくって、やらせてもいい。

ハシゴまたはロクボクを、あがったりおりたりする。これが上手になったら、ジャングルジムであそばせる。

3歳までに、ブランコに立って乗れるようにする。

2歳半をすぎた子には、爪先だけで歩いたり、かかとだけで歩いたりさせる。また姿勢をよくするために、両手をうしろで組んで胸をはって歩かせる。

投げる運動　80〜120センチはなれた胸の高さに、直径40センチのかごをおいて、小さいボールを投げこませる。

80〜120センチはなれたところに、子どもの目の高さにネットをはって、それをこすようにボールを投げさせる。

3歳ちかくなった子には、バレーボールのボールを床にころがさせて、2〜3メートルさきの間隔40センチの椅子のあいだをとおさせる。

全身運動　子どもを椅子にならんですわらせて、大きいボールを横にパスさせる。または平均台にまたがらせてならばせ、頭の上をこして後ろの子におくらせる。

輪を2人でもって、立ったり、すわったりさせる。

腹ばいにさせて、手でささえて胸だけ床からはなすようにさせる。

あおむけにねかせて、足で自転車のペダルをふむ運動をさせる。

いもむしごろごろで、ころがって部屋のなかを移動させる。

四つんばいになって、床にチョークでかいた道を歩かせる。

411　新入児のむかえいれ

2歳から3歳までの子どもを、新しく園にむかえいれるのは、1歳半の子をうけいれるよりも、さらにむずかしい。2〜3歳まで家庭でそだった子は、自立しているところもあるが、依存もまた深刻だからである。1歳半の子をむかえたよりも、さらに時間をかけて、ゆっくり園の生活になれさせる。

はじめ2〜3日は午前中の保育だけにして、母親におなじ部屋にいてもらう。母親と保母さんとが、非常に親しい間柄であることを、子どもにわからせることが大事である。前からいる子どもが集団行動として、すばやくやることを、はじめての子にさせない。できるだけ保母さんがたすけて、あとについていかせる。

前からいる子どものなかの誰かが、すすんでお友だちになってくれるのがいちばんいい。どの園にも、そういう子がいるものだ。そういう仲よしがみつかったら、給食も午睡もその子の隣の席にしてやるのがいい。2〜3日、園の生活になれたら、みんなといっしょに食事をしてかえる。それを2〜3日つづけて、5日目か6日目に、母親に子どもと別れてかえってもらって、昼食後にむかえにきてもらう。これでなれてきたら7日目か10日目には、午睡をいっしょにさせる。午睡がすんだころ母親にむかえにきてもらう。

こうして10日か15日かけて、子どもをひとりで園に、ほかの子とおなじ時間いられるようにする。子どもによって、園になれるまでの日数は、ずいぶん差がある。

子どもの知らぬまに母親がかえってしまうと、せっかくそれまで園になれかけた子どもが、保母さんにだまされたと感じて、逆もどりしてしまう。2時にむかえにきますよといってかえった母親は、きっと2時にこないといけない。子どもは保母さんにだまされたと思うからである。

なるべく新入の子にショックを与えずにゆっくりなれさせるのは、本人のためばかりでなく、すでにいるほかの子どものためにもいい。

新入の子が泣いてばかりいて、集団のあそびにも、給食にもくわわらないと、保母さんは、その子にしょっちゅうついていなければならぬ。そうなると、ほかの子どもの保育ができなくなってしまう。泣いている子を放置しておいて、ほかの子と楽しそうにあそぶと、新入児は、仲間はずれにされたと感じる。

新入の子をほんとうにうまくむかえいれるには、むかえいれるほうが、ちょうどいい大きさの集団になっていることが必要だ。だだっぴろい部屋で20人以上もの混合保育をやっているところだと、はいってきた子は、迷子になった感じをもつ。

せいぜい7〜8人のグループが、あまり大きくない部屋で、保母さんと人間的にむすびついて生活しているところだと、新入の子も、親戚の家へあそびにきたぐらいの感じをもって、うまく集団にとけこめる。

新入の子には、うけもちの保母さんだけでなく、ほかの保母さんも仲よしになるようにしないといけない。保育園は、みんなやさしい人ばかりだという気持を、子どもに与えるようにしたい。

しかし、はじめは、ひとりの保母さんとのあいだに、つながりができるようにしたほうがうまくいく。2人の保母さんで20人の組をもっているときは、どちらかひとりが、はじめ新入の子につくようにする。新入の子どもとのつながりには、抱いてやったり、手をつないでやったりする、ほんとうのふれあいが必要である。

3歳から4歳まで

この年の子ども

412　3歳から4歳まで

この年ごろの子どもで困るのは、自立がわがままという形であらわれることだ。わがままも自立にはちがいないが、不完全な自立である。自己を主張すれば、母親はきっと譲歩するだろうという依存の気持がある。不完全な自立を、もっと完全な自立にもっていくということが「しつけ」の第一歩である。自立と協力とをつりあわせることである。協力の生活のための「きまり」を子どもがすすんでまもるのには、協力の生活が子どもにとって楽しいものでなければならない。

子どもの原始的な欲望には、母親の道徳はなかなか太刀打ちできない。3歳から4歳までの子どもの母親は、悪戦苦闘を覚悟しなければならない。子どもから「母親はあまい人間だ」とみくびられないためには、母親は、依存しようとしてくる子どもをあるところで、つきはなさなければならない。子どもをつきはなすと、母親と子どもとの協力がうまくいかなくなるのではないかという心配から、おおくの母親は、子どもに完全な自立をさせられないでいる。

母親とのあいだでは、なかなかまもりにくい協力の生活のための「きまり」も、家庭の外に楽しい協力の生活をもっていれば、子どもは案外、「きまり」をまもるようになる。

家の外に、たまたま安全なあそび場があるとか、隣の家の庭がひろいとかで、3～4人の子どもがあつまって毎日あそぶということになると、そこで楽しい協力の生活ができる。自分ひとり勝手なことをいっていては、みんなで楽しくあそべないことを、子どもはそこでまなぶ。いままで、ほかの人にオモチャを貸すことのできなかった子どもも、そこでは、すすんで貸すようになる。

けれども、そういう自然にできた子どもたちの協力の生活は、子どもの自立を完全にしてくれない。友だちにちょっと強いことをいわれると、自分の家にかえってきて母親にかじりついて泣く。そして、しばらくは友だちとあそばない。

おおくの母親が、3歳の子どもを、3年保育の幼稚園にいれるようになったのは、子どもの母親への依存を、ある時間きりはなして、子どもの自立をつよめようとするからである。

幼稚園にいくようになってから、子どもが「おりこうさん」になるのは、母親への依存が少なくなって、自立がすすみ、協力の生活の楽しさを知り、自分からすすんでその楽しさを大切にしようとするからである。3年保育の幼稚園に希望者がおしかけるのは、子どもの「しつけ」は家庭だけではできないことを、大勢の母親がみとめるようになったからである。

3歳をすぎた子どものいまひとつの特徴といえば、この時期に想像力が急にすすむことである。だが、子どもの想像の世界は、現実の世界とまぜこぜになっている。現実の世界に毎日あたらしいところがひらけてくるので、日常の生活も探検のように楽しい。絵やお話は、この現実の楽しさを、さらに彩色してくれる。その意味で子どもの想像力は現実の「増幅器」のようなものだ。おとなは、子どもの人生の楽しさを「増幅」させるために、子どもの想像力をしげきしてやらねばならぬ。

絵本を与えること、お話をしてやること、音楽をきかせること、絵をかかせること、粘土細工をさせること、積木を与えること、砂場を与えることである。母親だけでこれらを与えきれないのなら、幼稚園にいれて先生から与えてもらえばよい。

子どもの想像力を押しころしてしまうのがテレビだ。画像と音声との洪水は、子どもに想像のゆとりを与えない。テレビに子守りをさせておくのは、かんがえることを知らない人間をそだてることだ。

子どもの想像力は現実を彩色するけれども、いつも楽しくばかりいろどるものではない。3歳をすぎた子どもが、暗い所をおそれて、夜ひとりで便所へいけなくなるのは、何かおそろしいものが、闇のなかに、ひそんでいるように想像するのである。犬がこわいのは、かみつかれることを想像するからである。

こわがっている子どもに、現実はこわくないことを証明しようとして、無理に闇のなかにつれていったり、犬に手をなめさせたりするのはよくない。子どもを何気なく、闇や犬から遠ざけて、こわくない世界で子どもに冒険をさせて大胆にしていく。

日曜日に児童公園にいって、父親についてもらいながら、ブランコの大ぶりをさせてもらうのもいい。からだの平衡をとるのも上手になって、片足で5秒ぐらいは立っていられるし、片足でとべる子もでてくる。

3歳から4歳までの子どものなかには、もうひるねを全然しない子もおおい。1週に1度ぐらいはする子もある。毎日午後に1時間だけ、ひるねをする子もある。どれも、その子の性分にあった睡眠法をとっているのである。幼稚園へいっている子は、まだ1時間ぐらい、ひるねをしたほうが、きげんよく日をおくれる。とくに夏季は、ひるねをさせたい。

夜の睡眠も、8時半から9時ごろにねついて朝7時ごろおきるという型が、幼稚園にいっている子にはおおい。もっとも、幼稚園へいっていても、10時過ぎまでおきていて、朝も8時過ぎのぎりぎりまでねているという型の子もある。もうすこし早寝早起きにすれば、朝、食事をしていけるのなら、9時にねかすのもいい。幼稚園へいかない子は、朝寝をしてもいいが、朝9時なら9時で、毎日がきまっていないといけない。

規則正しい生活をさせるのは、道徳的にいいというのではなく、そのほうが子どもが異常をおこしたとき、早く気がつくからである。

食事には、その子どもの個性があらわれることは、いままでとおなじである。よく食べる子は三度三度ごはんを1ぱい半から2はいも食べるが、小食の子は、いちどに半ばいのごはんを食べるのがやっとである。

3歳から4歳までという時期も、1年間に1.5〜2キログラムしか体重がふえないのだから、あまりごはんを食べないほうが正常である。副食にも好ききらいが、ますますはっきりして、「偏食」をしめす。魚、卵、肉のどれもきらいという子には、牛乳をのませておぎなわねばならない。

夜、8時半ごろにねてしまう子どもは間食は2回ですむ。だが、朝も8時にはおきているし、夜も10時までおきているという活動家は、2回の間食ではすまない。

排泄は、大便もおしっこもおしえるのが、ふつうだが、あそびに熱中する子では、おしっこをしてしまって気がつかないこともある。寒い季節で下着をたくさんつけているときは、ひとりでおしっこができない。大便は、4歳に近づくとひとりで始末できるが、始末したあとの「検閲」は、まだ必要なことがおおい。

夜ねる前に排尿をさせ、親がねるときに、もういちどさせれば、朝おきるまでぬらさない子のほうがおおい。だが、男の子では、夜中にもういちど母親がおきてさせても、まだぬらしてしまうというのが、かなりたくさんいる。この年齢で「夜尿」をしかることは、「夜尿」を奨励する結果になる。

生活習慣では、4歳になるまでに、朝おきると、どうにかひとりで衣服がきられるようになるのがおおい。ボタンは見ながらかけるので、いちばん上のボタンは、ひとりでかけられない。ひもを結ぶことも、まだむずかしい。

朝の洗面は、もちろんひとりでする。歯ブラシもつかえる。女の子では、どうにか自分でヘアブラシをつかう(〈418自分のことは自分でさせる〉)。

食事のときは、茶わんをもち箸《はし》をつかうが、まだ、ものをつまむのは上手にできない。食前の手洗いがひとりでできるようにする。

ジュースやカルピスをのんだあとには、砂糖を洗いながすため番茶か湯ざましをのませる。おやつのあとには、歯を自分でみがくのを習慣づける。

入浴のときも、自分で洗わせるように、だんだんみちびいていく。まだ、鼻をかむことはできない。

子どもの鍛練ということが、この時期の育児では、きわめて重要である。幼児食の献立表をみて、お子さま料理などつくるひまがあったら、子どもを家の外につれてでて鍛練をさせる。

家庭でやれる鍛練は、大きな遊具を必要とするにつれて、困難になる。これも幼稚園にやれば解決できる。幼稚園に子どもをやっていない母親は、児童公園のようなところで、友だちとブランコをさせたり、走りっこをさせたりしてほしい。1日に少なくとも1時間歩かせないと、夜早くねてくれない。休日に父親といっしょに「遠足」をすることも必要だ。いまの親はどこへいくにも車や自転車にのるので、歩くことを忘れている。それが、子どもを歩くのをめんどうがる人間にしつけている。

3歳から4歳までにする病気でいちばんおおいのは、伝染病である。友だちからうつるのだから、幼稚園へいきだした子は、早晩、水痘《すいとう》、風疹《ふうしん》、おたふくかぜのどれかをもらってくるものと思わねばならない。はしかの予防接種のまだな子は、幼稚園にいく前にすませておく。

急に高い熱がでてきたら、ウイルス性の病気であることが、大部分である(〈435急に高い熱がでる〉)。ひきつけておどろくことがあるが、原因はかぜであることがいちばんおおい(〈348ひきつけ〉)。

夜ねているときに鼻血がでたのを、朝になって気がつくことがよくある。幼児の鼻血は、原因のつきとめにくいことがおおいが、原因不明のものは、かえって心配ない(〈400夜の鼻血〉)。

犬にかまれることも、この年齢では、よくある。

やけども、よくある事故である(〈266赤ちゃんのやけど〉)。自家中毒(〈444自家中毒〉)や「ぜんそく性気管支炎」(〈445「ぜんそく」〉)も、頻度としてはおおい病気だ。

しかし、母親がいちばんなやまされるのは、腹痛である。朝、食事をしているときに「ポンポンがいたい」といいだす。さすってやったり、便所にいかせたりしていると、20分か30分以内になおってしまう。なおるとけろっとして、とんだりはねたりしている。幼稚園へいっている子どもだと、ちょうど幼稚園にいくころに「ポンポンがいたい」という。それで休ませると、1時間後には、表にとびだしてあそぶ。まるで仮病のようだが、痛いのはほんとうに痛いのだ。その原因もよくわからない。いやなときに、よくおこるということは、精神的なものが原因であるように思われる(〈437子どもの腹痛〉)。

幼稚園にいく子では、園の健康診断で結核だといわれることがあるかもしれない。しかし、これはBCGでツベルクリン反応が陽性になったのを、自然感染とまちがえているのがおおい。

皮膚にできるものでは、湿疹《しっしん》(〈524湿疹〉)といぼ(〈446いぼ〉)がおおい。

幼稚園でもらってくるものに、ぎょう虫がある。回虫はへったが、検便でみつかることがまれにある。

そだてかた

413　子どもの食事

この年齢では、1年を通じて体重は1.5《キログラム》から2《キログラム》ぐらいしかふえない。それにひきかえて身長のほうは6《センチ》ものびる。母親の目からみると、子どもはちっともふとらないように感じる。たいていの母親は、子どもがごはんを食べてくれないことを気にしている。しかし、母親が期待するほどごはんを食べては、食べすぎになる。

この年齢の子どもの食事の見本をかかげよう。

7時半　起床
8時すぎ　食パン1きれ　牛乳200《ミリリットル》　そのあとバターを20《グラム》ぐらいなめる。
10時　ビスケット　果実
12時　ごはん1ぱい　魚(ほぼ、おとなと同じ量)
2時半　菓子パン1個　牛乳200《ミリリットル》

6時　ごはん1ぱい　卵1個または肉　野菜（おとなの$\frac{2}{3}$）　果実

これは、秋から冬の食事だが、この子は夏をむかえたら、ごはんは昼には半ばいになってしまった。そのかわり、のどがかわいたときに、もう200《ミリリットル》冷たい牛乳をのむようになった。

バターをなめる子は、この年齢でたいへんおおい。エネルギーのもととしては、ごはんを食べても、バターをなめてもおなじだが、活動的な子は、ごはんで胃袋を重くするのがいやなのだろう。カロリーが高くて量の少ないバターを好む。下痢をしなければかまわない。

このごろの幼児は、たいてい牛乳を400《ミリリットル》のむようになった。食事をこの子ぐらい食べたほかに牛乳を800《ミリリットル》のむ子は、ふとりすぎになる。牛乳の量は、他の食事の量とみくらべて、季節によって増減するのがよい。

3歳をこすと、自分で箸《はし》をつかって茶わんをもつ子のほうがおおい。母親が気のみじかい人だと、子どもがゆっくり食べるのがまんできないで、食べさせてしまう。子どもは、いつまでも箸がつかえない。といって、あんまりながく食事に時間をついやすと、外にでてあそぶ時間がへってしまう。これは、茶わんによそった1ぱいのごはんを全部食べさせようとするからである。30分かかって食べきれないときは、もっとごはんを少なくして、副食をおおくしたほうがいい。

野菜を全然食べない子には、果実を与えていれば、ビタミン類の不足にはならない。

なるべく食前に手を洗わせる習慣をつけたいが、母親もいっしょに洗うようにしないとだめだ。また寒い季節では、湯をくんでやらないと、冷たい水では洗ってくれない。

4歳ちかくなると、うがいができる。食事のあとでうがいをさせるのは、いい習慣にちがいないが、これも、両親がやらないで子どもにだけ義務づけることはできない。

414　おべんとう

3年保育の幼稚園にいくようになると、子どもは週に何回かおべんとうをもっていくことになる。

子どものおべんとうの食べかたは、幼稚園での先生のおべんとう指導に支配される。きれいに食べて、すっかり食べましたと先生にみせないといけないことにすると、子どもはきらいな野菜をもっていこうとしないし、ごはんもへらすようにという。好ききらいはないが、早く食べられない子は、いつもビリになるのがいやで、へらしてくれと母親にいう。

先生と母親とでよく打ち合せておいて、いそいで食べないでいいこと、残してもかまわないことにしないと、子どものおべんとうは必要量を下まわってしまう。かえってきて空腹なので、またごはんかパンを食べるということになりかねない。たしかに上手に指導すれば、子どもは、いままできらいだった野菜を食べるようになる。しかし、それできらいなものが好きになるのではない。がまんして食べられるようになるだけだ。子どもの忍耐力をやしなうということにはなる。だが、それにあまり力をいれると、おべんとうがいやなので、幼稚園へ行きたがらない子もでてくる。

この年齢では、幼稚園によろこんで行ってくれるほうがいい。おべんとうも楽しみにしてやりたい。きらいな野菜も、少しならいいが、あまり「偏食矯正」に力をいれすぎるのは、感心しない。

箸を上手につかえない子どものために、ごはんも小さいおにぎりにし、副食も小さい切れに切っておいたほうが食べやすい。野菜をどうしても食べない子には、みかんやりんごをむいて入れておいてやる。

食前に「いただきます」、食後に「ごちそうさま」をいわせたいが、食べる時間が子どもによってちがうから、食事のおわりをそろえるのには無理がある。

415 子どものおやつ

ごはんを食べないくせに、おやつはいくらでも食べますと、母親はいう。だが、ごはんを食べないから、不足するカロリーをおやつの糖分でおぎなうのである。それなら、もっとごはんを食べればいいと思うのは、おとなのかんがえ方である。この年齢の子は、そんなにたくさん、ごはんを食べられないのだ。

午後外にでかけてあるいた子を、団地の住宅の3階までつれてかえるとき、途中であがれなくなることがある。昼食のごはんでとったエネルギーをつかってしまったのだ。そんなとき、子どもがあまいものをほしがるのは、砂糖分がいちばん早くエネルギーにかわるからだ。おやつにジュースやキャンディをもとめるのは、自然の理にかなっている。

おやつをやるからには、楽しみとして与えたい。いつも、その前に、ごはんをもっと食べておけ、というお説教をやられては、子どももたまらないだろう。

毎食ごはんが1ぱいで足りない子は大食だ。おやつも菓子パン、ホットケーキ、インスタントラーメンをよろこぶ。こんな子におやつを好きなだけ与えていると肥満になる。ごはんをよく食べる子には、おやつを制限する。果実も糖分があるからひかえる。

母親とスーパーにいくたび、テレビでみた菓子の袋をみつけて手にとってしまう子がおおい。袋を子どもにもたすと、自分のものときめて、いくらでも食べる。そういう習慣をつけないことだ。

むし歯の予防には、あめ、キャラメル、キャンディはできるだけ敬遠する。歯をみがく約束で与える。

ピーナツやピーナツの入った食品を食べると1～2分で唇がしびれ、やがて腹痛をおこす子がある。アレルギーだ。いっぺんにたくさん食べると、ショックをおこすこともある。ピーナツを口にしないようにするしかない。はじめて食べるクッキーや、外食店の肉のしゃぶしゃぶのたれには警戒がいる。

416　夜のねかしつけ

「ねむくなったから、おふとんを敷いてちょうだい」と子どもがいったとき、ふとんを敷いてやると、そこへはいって、ひとりでねむってしまう子どももいないではない。だが、たいていの子は、そう簡単に、うつつの世界と別れてくれない。現実の世界が楽しいのに、睡魔によってつれていかれるのがいやで抵抗するかのようだ。

ある子どもは、指しゃぶりの快感を楽しむ。ほかの子は、長年つれそった毛のぬけた毛布をしっかり抱いて、その感触にすがりつく。また、ミルクびんを吸っている子もある。むかしの日本の子どもなら、下に赤ちゃんがいないかぎり、母親の乳を吸っていた。

お祈りをして、1日の終了を神に感謝し、親と別の部屋で夢の天国にいく西洋式からみると、現世に愛着をもちつつねむる日本式のねむり方は、未練たらしくみえるだろう。子どもを夫婦と別の部屋にねかせる習慣の国にすれば、子どもが母親からはなれてくれないと困るにちがいない。

けれども、深夜に目がさめても、いつも母親が近くにいてくれるということで精神の安定している日本の子どもでは、未練がましいねむり方を苦にすることはない。指しゃぶりも、毛布も、ミルクびんも、すべて母親の代用品である。子どもは母親にすがりついているという感触を、唯一の、最後のうつつとして睡魔とたたかっているのだ。

母親としては、母親への身体的な依存を精神的な依存にきりかえたほうが、格好がいいことは事実だ。それには、子どもがねむる前、そばにいて、歌をうたってやったり、お話をしてやったりする。母親の声で想像の世界にあそび、そのまま夢にとけこんでしまうのは、人生のもっとも幸福な瞬間のひとつだろう。母親にとってもそうだろう。

最近はテレビをみながらねむる子がふえた。刀おれ矢つきるまで現実にすがりついて、最後に睡魔にやられてしまうという姿だ。

テレビをつけておくことで、母親は自分と子どもとを疎遠にしている。

417　排泄のしつけ

3歳をこした子どもは、昼間は、おしっこも大便も母親におしえることができる。ひとりでおしっこにいけるかどうかは、季節による。寒くない季節で軽装にしていれば、自分で脱ぎおろして、トイレにいける。男の子だと、パンツの横からだして、立っておしっこをする。寒くなると、たくさん着ているので、自分では脱げない。なるべく自分でズボンが脱げるように、ズボンつりでなく、ゴムいりのズボンにしてやる。

大便のあとしまつは、できない子のほうがおおい。母親に脱がしてもらってトイレにいき、すむまで外で待っていてもらって、あとしまつを母親にしてもらう。自分でするよう、はげまして、4歳ちかくなると、ひとりでしまつさせるようにする。女の子では、前から後ろにむかってふくようにおしえる。あとの「検閲」はしばらく必要だ。

幼稚園のトイレがきれいでないと、きたながる子は幼稚園ではトイレにいかない。幼稚園のかえり、がまんできなくなって、ぬらしてくることも、やむをえない。

表であそびに熱中していて、家へおしっこをしにかえる途中、まにあわなくなって、ぬらしてしまうことも少なくない。これは家へかえってしようという意志を尊重したい。ぬらしたことをしかると、急いで家へかえる意志を失ってしまう。どうせしかられるのだから、急いでも仕方がないと思ってしまう。

　夜は、まだ、おもらしをしても仕方がない。もらすかもらさぬかは、本人の心がけによるのではなく、母親に産んでもらったからだの仕組みによる。おしっこの遠い子はもらさないし、近い子はもらす。冬は、おしっこが近くなる子がおおい。またいったんねむると熟睡してしまって、排泄感がぜんぜんない子もよくもらす。

　おしっこの間隔のながい子は、8時半ごろねるまえにしておけば、朝7時におきるまで、おしっこをしない。こういう子は、むしろ例外である。たいていは、夜ねるときにさせて、もういちど母親のねるころにさせておく。それで朝までもつ。女の子には、こういう子がおおい。男の子は、おしっこが近い。夜中に1回自分で泣いておきたときか、母親が1度おきるかして、おしっこをさせ、朝までもたせる。

　おしっこのひどく近い子は、ぼうこうがあまり張らないのに出てしまうので、自分では尿意を感じない。8時半ごろねむると、もう9時すぎには、ぬらしている。夜中も、2～3回ぬらす。きちょうめんな母親だと、夜中に3～4回おきて、ぬれないうちにおしっこをさせる。それでも1度ぐらいは、おしっこに先をこされる。おしっこの近い子では、夜にぬらすかぬらさぬかは、おしっこと母親との競争である。夜に3度おきて子どもにおしっこをさせる母親は、近所の母親から、「あなたんとこ、おねしょなさらない」ときかれたとき、「うちはおねしょしません」とこたえる。そうすると、就寝前の排泄を忘れたときだけしくじる子の母親は、うちの子は夜尿症だと思ってしまう。

この年齢では、おしっこの間隔のみじかい子では、まだ、夜にしくじるのは生理的である。病気だと思わないことだ。母親としては、自分の健康のゆるす範囲で防戦すればよい。ふとんを干す労力をいとわないにしても、においの残るのを好まない人は、子どもがねむってからおむつをさせる。子どものプライドをきずつけないためには、パンツにおむつがぬいこんである「おねしょパンツ」をつかうのもいいだろう。深夜の奮闘より、夜6時からあと、なるべく水分をとらさないよう、夕食にも汁けのものを少なくするようにつとめるのがいい。子どもに精神安定剤をのませたりしない。おねしょを病気のように意識させるから、かえってよくない。

418　自分のことは自分でさせる

子どもは、しょせん母親から自立させねばならぬ。子どもの自立をさまたげるのは、子どものあまえたい気持よりも、むしろ母親の子どもとの一体感にある。親子は別の人格なのだという気持をもたねばならぬのは、むしろ母親である。

子どものときから、人形に服を着せたり、脱がせたりすることが、よろこびであった女性にとっては、母親として子どもの衣服の着脱をたすけてやることは、楽しいことにちがいない。おおくの母親は、子どもに服を着せたり、脱がせたりすることを労働とは感じない。それは愛情である。子どもにやらせるより、自分がしてやったほうが、時間もとらないし、姿もよくしてやれるとなると、母親は子どもに、自分で自分のことをさせるのが、ついおそくなってしまう。

けれども、子どもは自分とは別の人格であるという感じをもつために、母親は3歳をすぎた子には、自分にできる身のまわりのことを、自分でさせるようにしたほうがいい。

3歳から4歳までのあいだに、子どもは、朝おきてパジャマを脱げるようにしたい。いちばん上のボタンだけはずしてやれば、ひとりで上着は脱げる。衣服も夏ならひとりで着られる。背中のボタンのある服を着せておくと、自分ではめられないので、ボタンは人にはめてもらうものと思ってしまう。なるべく前ボタンの服を着せる。

洗面もひとりでやらせる。歯をみがくのは、上手にはできないが、習慣をつくるため、なるべく自分でさせる。むし歯の予防に3〜4カ月に1回歯科医につれていく（〈388　むし歯とその予防〉）。

食事のとき箸《はし》をどうにかつかえる。食前の手洗いと食後のうがいは、母親がやる家庭ならやれる。

排泄にいくときも、冬は無理だが、夏はひとりで脱いでいける。

入浴のとき、からだに石けんをつけて、手のとどくところはどうにか洗える。あとで母親なり父親が、ぬけたところを洗う。髪はまだ洗えない。

外へいくとき、靴は自分ではけるようにする。サンダルは危険だから、つかわせない。

オモチャや本は、きめたところにしまう習慣をつける。

1年ちがいの下の子がいるところでは、下の子の着脱をたすけてやるようにさせる。

419　からだをきたえよう

3歳をすぎた子の鍛練は、じっさいには困難になってきている。乾布摩擦《かんぷまさつ》と深呼吸では、子どもをきたえられない。

からだをきたえるためには、子どもは、外気のなかで、かけまわり、とびはね、歓声をあげて突進せねばならぬ。そのためには、自動車やダンプカーのいきしない、安全な広場がなくてはならぬ。母親とばかり、かけっこをするわけにはいかぬ。楽しくあそべる仲間がいなければ、1時間も2時間も外気のなかで、かけたり、とびはねたりはできない。

家のまわりに安全な空地がなくなってしまったので、子どもは家のなかに閉じこめられている。閉じこめられた幼児は、ありあまるエネルギーのやり場にこまって、家のなかで食卓の上からとんだり、椅子をたおして自動車にしたりする。それは、みずからをきたえたい自然の欲求だが、母親にはききわけのない子としかみえない。

子どものお守《も》りをテレビにさせておくと、よく食べる子はコマーシャルに誘惑されて、ジュースやカルピスやチョコレートやポテトチップスやラーメンを要求し、それに母親がまけると肥満児になっていく。子どもを戸外であそばせるのは母親の義務だとかんがえたい。

外へつれていくときには、子どもの皮膚を露出するように、つとめる。すこし風がつめたくても、真冬でなければ、長いズボンや、タイツをはかせないほうがよい。うす着のほうを子どもはよろこぶ。厚着だと汗がでて気持わるくなるからだ。

ふつうの家庭では、ひろい庭がないところがおおくなった。子どものからだをきたえるためには、家庭はせまくなりすぎた。3歳をこした子どもは、できるだけ3年保育の幼稚園にいれたい。母親からある時間はなれて、集団のなかで自立と協力とをまなぶためだけでなく、からだをきたえるために、そうさせたい。幼稚園には、安全にあそべる庭と、遊具と、楽しい仲間がいる。幼稚園でどんなにして幼児をきたえているか、〈*457* つよい子どもにきたえよう〉をみてほしい。

父親も、幼児の運動不足をよく頭にいれておいてほしい。夏の休暇には、泳げる父親は、子どもを海につれていって泳がせてほしい。冬はスキーのできる父親は、子どもをスキーにつれていってほしい。

420　家庭で何をおしえればいいか

教育熱心な母親がおおくなった。3〜4歳の子どもに、字をおぼえさせようとしたり、数をかぞえられるようにさせたりするために、幼児の「学習」の本を買いこんだりしている。また、オルガン教室や絵画教室にかよわしている母親もある。

何をおしえるかというまえに、何のためにおしえるのかということを、かんがえないといけない。3〜4歳のころから字をおしえたり、数をかぞえさせたりしておけば、子どもが学校へいってからよくできると思って「教育」するのだったら、まちがっている。子どもの天分は、すでにきまっているのだ。はやく「教育」をはじめたからといって、子どものもっていない天分をつけくわえることはできない。国語とか算数の天分の発掘は、その専門家にたのんだほうがいい。

子どもにひそんでいる天分の発掘は一生の無限の事業であり、成年期までに、さまざまの機会を与え、いろいろの教師や師匠にであわせねばならぬ。それからあとは、自分の力で掘りすすまねばならぬ。いまの日本の教育は、受験第一主義だし、生徒との人間的なつながりも少ないので、教師がほんとうに身をいれて才能を掘りおこせない。生徒は生徒で学校をでてしまったら、自分で自分の才能を掘りおこしていく自発性がとぼしい。自分で自分の才能を開発していくよろこびを、おおくの人間は知らずにすんでいる。教育はまわりからつめこんでもらうものだという、教師への依頼心がつよすぎる。母親が子どもにおしえることができるものがあるとすれば、自分で自分の能力を開発する、創造のよろこびを感じさせることである。

小学校1年生を目標にして、字をおしえたり、数をかぞえさせたりすると、ある程度はやく1年生の「学力」を身につけられる。だが、それが、子どもの一生にまなばねばならぬものを、どれだけ少なくするだろうか。1年生だけ優等生であることは、人生に何の意味があるだろうか。

母親が子どもにおしえねばならぬのは、楽しい家庭のつくり方である。家庭の楽しさをささえているのは、家族のめいめいが、いきいきしていること、おたがいにものわかりのいいことである。

人間がいきいきとするのは、創造のよろこびにあふれているときである。子どもに創造のよろこびを与えるには、子どもの天分にあった創造活動をさせることである。外をかけまわることの好きな子には、かけまわる場所を与えたい。絵の好きな子には絵をかかせたい。この年齢の子は、興味をもってかきはじめると、6カ月ほどのあいだに急に絵が成長する。はじめ、顔と胴(それはボタンがならんでついている)しか、かかなかった子が、やがて手をかくようになり、スカートや足がくわわり、つぎに主人公のそばに咲く花や太陽がかきそえられる。そのころには色彩も1色でなくなる。このように進歩させるには、子どもが集中できるよう、1枚かいたらそれでおしまいといわず、何枚も画用紙をやる。本をみることの好きな子には本をみせたい。工作の好きな子にはプラモデルや積木をやらせたい。歌の好きな子には楽しい歌をきかせたい。子どもの能力が、創造のよろこびのなかで、その「年齢相当」の限界をこえることがあっても、それを恐れるまい。能力がたえる持続と集中をそだてよう。

3歳半の子が字をよみたがるのなら、たずねる字はおしえてやるべきだ。だが、その子の能力が創造のよろこびを感じないのに、外から押しつけるのは、害があって益がない。

ものわかりのよさというものは、「学力」とは関係がない。だが、これがないと集団生活は楽しくない。それは心のコミュニケーションだ。人と人とのつきあいになれないと、これがよくわからぬ。それには、独立した人間として他人とつきあわねばならぬ。

友人が必要だ。子どもを友人とつきあわせることだ。こまかいことで、がみがみいい合わないようにして、父親と母親とが、ものわかりのよさの見本をたえず子どもに示さねばならぬ。

ものわかりは心にかんすることだから、子どもの気持がたえずいらいらしていてはだめだ。子どもは家のなかに閉じこめられて、エネルギーをどこにも発散できないと、落ちつかない。母親と1対1で家のなかにいる時間がながいと、母親もおなじ状態になり、子どもに小言ばかりいっていて、親子でいらいらしてしまう。子どもを1日のうち何時間か母親と分離するためにも、保育園か幼稚園にやりたい。テレビに子どものお守りをさせるのは、子どもを受動的にし、創造性をつみとる。

421　体罰について

罰とは悪をおこなったものに、その責任を問うことである。それなら、3歳の子どもが悪をおこなえるかと、開きなおられると、責任を追及するのは無理だとみとめざるをえない。

危険なことを二度としないように、痛い目をさせて記憶させるというのが、体罰の理屈だ。3歳の子に危険なことをさせるような環境をつくっておくことは、親の責任である。責任をおうべき親が子どもに体罰をくわえるとなると、体罰は子どもにとって災難である。

だが、現実に私たちの住んでいる環境は、子どもに一切の危険をなくすほど整備できない。子どもが、禁止している窓へのぼったり、父親の大事にしている本をやぶいたりすることが、たえない。親も凡夫や凡婦であるから、大事なものをきずつけられたりすると逆上して、体罰をくわえてしまうことはある。

逆上して体罰をくわえることは、熟慮してくわえるよりは、ゆるされることと思う。子どもが「わるい」ことをしたその場で、それは親にとってこまることだというのを知らせるのに、体罰は3歳の子には有効な警告であるからだ。熟慮する余裕があったら、子どもの「わるい」ことをした原因は、親の防備不足ということがわかる。それを、あえて子どもに体罰で禁止しようというのは、むごいことだ。

逆上して、はたいてしまった親は、あとで、あんなにまでしなくてもよかったと思いなおして、サービスするから、子どもも体罰をくわえたときの親のこわさを忘れる。逆上してたんだなと思う。あとでパパにしかってもらうといって、子どもの忘れてしまったころに、父親がひどくしかりつけるのは、有害無益だ。

逆上するのはやむをえないが、子どもが、その生理的なもちまえからやってしまったことに罰をくわえるのは、絶対にいけない。

夜におしっこをしてしまったとき。昼間そとであそんでいて、おしっこがまにあわなくてぬらしたとき。ごはんを食べない子に無理にすすめたところ、子どもが茶わんをひっくりかえしたとき。夕方、おねしょをするから水をのんではいけないといっておいたのに、かくれて水をのんでしまったときなど。

422　お手伝いをさせる

子どもに、母親が洗濯ものを干すとき、かごから洗ったものをもってこさせるとか、父親の日曜大工の手伝いをさせるとかいった「労働」をやらせるのはいい。「労働」をすることで、子どもは自分も一人前の家族の一員であるという気持になり、人間としての自立にちかづく。

ただし、「労働」は子どもにとっておもしろいもの、その目的が理解できるものでなくてはならない。罰として「労働」させるのはいけない。おねしょをした罰に、洗濯を手伝わせるなどというのは、いちばんよくない。「労働」は楽しいものでなければならないことを、幼い心にふかくきざみつけたい。子どもに手伝わせたとき、おとなは子どもの労力によって仕事がうまくできたよろこびを十分に表現すべきだ。

お手伝いをさせるときは、母親もいっしょにおなじ「労働」をするのがよい。母親と共同で仕事をするという気持が大切だ。母親が何もしないでいて命令だけするのはよくない。「労働」は誇りでなければならない。

下の子ができたとき、上の子がよくお手伝いするようになるのは、自分は独立した人間であるという誇りをもつようになったからである。家庭ではなかなかお手伝いしない子が、幼稚園でよろこんでお当番をしたりするのは、幼稚園では独立した人間であるという誇りがあるからだ。

仕事をさせたら報酬として、おだちんを与えるのは感心しない。何か与えないと手伝わなくなるだけでなく、家庭は資本家と賃金労働者とが同居している所でないからである。

423　友だちとあそべない

家庭でそだっている子どもは、3歳では、まだお隣の同年齢の子とうまくあそべない。子ども同士だと、オモチャのとりあいになる。家庭から外へでたことのない子だと、はじめてきた友だちに、オモチャを貸すことを知らない。友だちが、自分のオモチャのどれかを手にとると、すぐとりかえしにいく。せっかくあそびにきてくれた友だちは、おもしろくないので帰るという。友だちが帰るとなると、帰っちゃいやだと泣く。よそにでたことのない3歳の子どもでは、むこうが幼稚園へいっている子でも、うまくあそべない。はじめは母親があいだにはいって、うまくかじをとらなければならない。何度かそういうことをくりかえしているうちに4歳ちかくなると、子ども同士であそべるようになる。母親は、友だちを自分の家によぶだけでなしに、友だちの家にあそびにやるようにしたほうがいい。

どちらも家から外にでない子ども同士だと、けんかになるにきまっている。けんかをすれば、はたいたり、ひっかいたりする。どちらかが負ける。不幸にして負けた子の母親は、むこうの子は乱暴な子だといって、あそばせない。それで子どもは、友だちとあそぶことを知らずに大きくなる。孤独な日がつづき、エネルギーがあまるので、母親につっかかる。

最初に母親が、子どもはあそび方を知らないからけんかになったのだということを知っていれば、お隣の母親とも話しあって、おたがいに寛容になり、けんか時代をのりきることもできる。3歳の子どものけんかから親同士も仲がわるくなったなどというのは、市民として失格だ。

近所の小学校へいっている女の子どもたちのなかに3歳の子をいれるのはかんがえも

のだ。子どもはママゴトの部分品のペットとしてもちあげられて、対等のつきあいをまなべない。それでは自立ができない。

隣同士でいて、おなじくらいの年齢の子があそべないときは、親同士が仲よくなることが先だ。日曜日の2家族連合のピクニックにいってから、子どもがあそべるようになったのを知っている。

424　3年保育にやったほうがいいか

幼稚園で3年保育をやるところがふえてきた。子どもを3年保育にやるべきかどうかがよく問題になる。

以前のように道路で子どもが安全にあそべた時代には、この年齢の子どもでも、かなり遠い空地にあそびにいって、あつまってくる子どものなかから、適当な友人をえらべた。いまは、車で道路が危険になったので、3〜4歳の子どもは、遠くへあそびにいけない。お向いかお隣の子どもとあそぶしかない。それも年齢があまりちがうとあそべない。ひとりっ子で友だちがないとなると、子どもは母親とあそぶだけだ。子どもと母親とでは、友人とあそぶようにはあそべない。

おなじ力をもっているものが、平等の立場で、あるいは仲よくし、あるいは争うなかに人と人とのつきあいをおぼえさせるのが友人である。

子どもには友人が必要である。幼稚園にはたくさん友人がいる。道路のように車を心配しないでもあそべる。家庭の外へでるから自立もすすむ。ひとりっ子で、近所に友人のない子どもは、楽しくあそぶために、また自立した人間になるために、幼稚園の3年保育にいれたい。

3年保育には反対する人もある。3年も幼稚園のようなところへいれると、学校にいくまでにあきてしまうという。そういう反対をする人たちは、いまの幼稚園を知らない人がおおい。幼稚園というところは、折り紙をして、「お手々つないで」をうたうところと思っていれば、3年もつづけたらあきるというのも無理はない。

だが、いまの幼稚園の3年保育は、3～4歳の子にちょうど合うような保育をやっている。それは来年になれば、もっとちがった保育にすすむ。3年間おなじことをくりかえすのではない。集団保育が家庭の育児とどれほどちがった教育をしているかは、集団保育の実際をみてほしい。

それでは、どんな犠牲をはらっても3年保育にいれねばならぬかということだが、かならずしもそうではない。近所に安全なあそび場所があり、友人たちと楽しくあそべるという子は、あぶない道路を母親が送り迎えしてまで、通園するにはおよばない。

下に1年ちがいのきょうだいがいて、いつも仲よくあそんでいるときは、幼稚園に一方をいれると、のこった子がさびしくなる。これは1年待って、いっしょに幼稚園にいけばよい。

425　絵本はどんなのがいいか

はじめて与えられた本が、その人間の生涯をどんなに左右するかという統計的な調査はない。3〜4歳のころに、かならずしもいいとはいえない本しか与えられなかった子どもや、全然本を与えられなかった子どもから、あとになって立派な人間がでていることも事実である。

立派な人間になるために、幼児期に与えるべき本の「処方」を私たちはもっていない。おそらくどの子にもあう「処方」というものはないだろう。どんな人間が立派かということも、判断する人によってちがう。親としては自分の尺度できめなければならぬ問題だ。

3歳をすぎた子に絵本を与えるべきかという質問にたいしては、私は与えてみなさいといいたい。絵本をみたり、よんでもらったりするのを楽しそうにする子どもがいるからだ。どんな本を与えるかは、親の感じでえらぶべきだ。絵だけかいてあって、文のない本もある。だが、子どもはお話をきくことが好きなのだから、お話をききながら絵をみる本のほうが、子どもの想像の世界をゆたかにするだろう。

文をよんでやるのは親の仕事だ。よむ身になってみると、感じのいい絵、感じのいい文のついている絵本のほうが楽しい。親が自分の幼年時代の夢を追いたくなるような気持でよめば、よむ声もよむ調子も、子どもの世界に近づく。それは子どもに魅力のあるよみ方になるだろう。

子どもに絵本をよむたびに、この本を出している出版屋は悪どい会社だ、うすぎたない週刊誌をだしてもうけているなどと思うのでは、内容が子どもっぽくかいてあっても、何ほどか偽善者の手先になっているような感じでよまねばならない。それは子どもにたいして純粋になれないだろう。話の調子も本ものでなくなる。

親が清潔な感じでよんでやれるためには、清潔な感じにできている絵本がいい。それには金もうけ仕事としてではなしに、ほんとうに子どものことを思っている人たちでつくった絵本がいい。そういう本は清潔にできている。町の本屋の店頭は、金もうけ主義の出版屋のだす品のよくない書物が占領しているので、清潔な子どもの絵本はならんでいないことがおおい。おおくの親は、清潔な本がでているのを知らずにいる。さいわい清潔な絵本は何度も再版して、くりかえしてつくられるので、出版元にはいつもある。

そういう本の若干を紹介しておこう。それをつてに感じのいい本をもっと買えるだろう。

「しょうぼうじどうしゃじぷた」(こどものとも傑作集)　渡辺茂男作　山本忠敬絵　福音館書店

「ふるやのもり」(こどものとも傑作集)　瀬田貞二再話　田島征三絵　福音館書店

「ももたろう」(日本傑作絵本シリーズ)　松居直文　赤羽末吉絵　福音館書店

「かにむかし」(岩波の子どもの本・大型絵本)　木下順二文　清水崑絵　岩波書店

「きかんしゃ　やえもん」(岩波の子どもの本)　阿川弘之文　岡部冬彦絵　岩波書店

「かもさんおとおり」(世界傑作絵本シリーズ)　マックロスキー文・絵　渡辺茂男訳　福音館書店

「おおきなかぶ」　内田莉莎子再話　佐藤忠良絵　福音館書店

「ちいさいおうち」(岩波の子どもの本・大型絵本)　バートン文・絵　石井桃子訳　岩波書店

「ひとまねこざる」(岩波の子どもの本・大型絵本)　レイ文・絵　光吉夏弥訳　岩波書店

「赤ずきん」(岩波の子どもの本・大型絵本)　ワッツ絵　生野幸吉訳　岩波書店

「ねむりひめ」(世界傑作絵本シリーズ)　グリム童話　ホフマン絵　瀬田貞二訳　福音

館書店

「あいうえおの本」（日本傑作絵本シリーズ）　安野光雅絵　福音館書店

子どものなかには、絵本に異常な興味をしめす子とそうでない子とがいる。お話のほんとうに好きな子は、3歳をすぎると、自分で字をひろってよみだす。そういう子が字をたずねてきたときは、もちろんおしえてやるべきだ。

しかし、字を無理におしえて本を好きにしてやろうと思うのは、まちがいだ。字がおぼえられることと、お話が好きなこととは別だ。早く字をおぼえさせたからといって、一生その差をたもてるものではない。

絵本のようなフィクションのきらいな子もある。自動車の写真集や動物図鑑ばかりみている子もある。そんな子は自然科学者になると早合点してはいけない。図鑑しかみなかった子が、青年になって文学にいいセンスをしめすようになる例もある。

子どもの天分は掘ってみないとわからない。最初与えた絵本に興味をしめさないでも、いろいろ与えてみるべきだ。

生活絵本と称して、おとなに都合のいいことばかりかいた本があるが、どんな小さい子でも芸術のなかに道徳をまぜたものは好まない。こういう本ばかり与えると、子どもは本がきらいになってしまう。本は、子どもにとって楽しみでなくてはならない。

る。

426　「なぜなの」「どうしてなの」

この年齢の子どもは、朝から晩まで「なぜ」と「どうして」の質問を母親にしつづける。

「なぜ雨がふるの」「どうしてお砂糖あまいの」。

幼児にとって、この現実の世界は、すべてが新鮮で驚異にみちている。彼らはその発見をことばであらわそうとするが、どういっていいのかわからない。それで母親にたすけをもとめる。母親は子どもの世界探検をはげまさねばならない。そのとき絶対に、うそをいわないことだ。母親はうそをつくことのない人だという信頼感を、子どもの心にきざみこむためだ。

子どもはかならずしも、すべての質問を知識欲ばかりでたずねているのではない。自分であるところまでかんがえて、ゆきづまると、母親にたずねることをくりかえしているうちに、何でも母親がこたえてくれると、自分でかんがえるかわりに母親にかんがえてもらえばいいという安易な気持で質問するようになる。それだから、母親は子どもの質問に、すべて生きた百科事典みたいに、機械的にこたえるべきではない。子ども自身にもかんがえさせるようにこたえたほうがいい。

知らない問題をたずねられたとき、どうするか。子どもは、かならずしも自然科学的な解答ばかりを求めているのではない。母親は、詩人のようにこたえてもさしつかえない。2つ3つきかれて、即答できないとき、「知らない」とか「わすれた」とかいって、投げやりにしてしまわないほうがいい。そうでないと、こんど子どもが何かたずねられると、かんがえる努力をしないで、「知らない」とか「わすれた」とかいう。そうこたえると、もう追及されずにすむとわかると、しじゅう連発する。

母親が幼児の質問にゆきづまったら、字引ひいてみようねといって、いっしょにかんたんな百科事典をみて、探求の道を明らかにしたい。子どもが、当然自分でかんがえるべきことを質問したときは、逆に「よっちゃんはどう思ってるの」と逆襲したほうがいい。どんな場合にも、「いまいそがしいから、そんなことをきかないで」というように、質問そのものを禁じないことだ。

子どもがよく記憶するからといって、子どもを物知りにしようとしてはいけない。知識は生活をしていくために必要な消耗品である。生活がいきいきしていない人間だけが、知識をためこむ。

子どもにおしえなければならないのは、生活をしていくことである。テレビばかりみている子どもは、あまり「なぜなの」「どうしてなの」とたずねない。疑問がうかんでも、すぐ解答がテレビにでてくる。テレビの作者は、子どもに疑問をのこさないような作品ばかりつくる。子どもはそれになれて、解答は与えられるにきまっていると思ってしまう。

「なぜなの」「どうしてなの」という疑問がおこってくるような、いきいきした日々を子どもに与えるべきだ。

むし歯とその予防　〈388むし歯とその予防〉参照

環境

427 オモチャ

この年齢の子どもは、あまりたくさんのオモチャをもっていない。男の子なら自動車、ロボット、積木、女の子ならお人形、ママゴト一式ぐらいである。めずらしいオモチャを買ってやっても、すぐこわしてしまうので、経済がもたないので買わないのが実状だろう。

子どもがオモチャをこわしてしまうのを、子どもの好奇心のせいだけにしてしまうことはできぬ。もともと、オモチャというものは、仲間とあそぶための道具である。キャッチボールをやる相手がないのにグローブだけ買ってもらっても仕方がないのとおなじだ。仲間とあそぶ道具としては十分にながもちするオモチャも、ひとりであそぶとなると、すぐあきる。ぜんまいを何度まいてみてもおなじだ。かわったことをしようと思えば「分解」でもするよりほかはない。

子どもがオモチャをこわすのは、オモチャであそぶべき仲間が与えられていないからである。オモチャはこわすからもったいないといって買ってもらえず、といって仲間もつくってもらえない幼児は、何であそべばいいのか。絵をかかせるとか、粘土細工をさせるとかいっても、これもひとりぼっちでは、そうつづくものではない。子どもの創造力は、おなじような仲間のしげきがないと、開発されない。

自動車の洪水のなかに孤島のように浮かぶ家庭に「軟禁」された幼児が、どんなにかわいそうかは、幼稚園や保育園で仲間と楽しくあそんでいる子どもたちをみれば、誰にでもわかる。家庭は、幼児を楽しくあそばせるには、不適当な場所になってきたのだ。どんなおもしろいオモチャを買っても、それは、楽しい仲間の代用にはならない。

子どもをよろこばせようと思って、高価できゃしゃなオモチャを買うのは、子どもにとっていいことではない。せっかく友人がきても、それを貸す気にならない。子どもが貸そうとしても、親のほうでこわされては困ると思って、「それであそぶのはおよし」などという。せっかくきた友人は、あそべないでかえってしまう。仲間とあそぶためのオモチャが、仲間をしりぞけるためのオモチャになってしまう。

ひとりであそぶと、どんなめずらしいオモチャでもあきてしまう。そこをねらって、テレビのコマーシャルは、新しいめずらしいオモチャをつぎつぎと売りつける。

自由にかけまわれる広い場所で、好きな友だちとあそべるときは、棒きれでも石ころでも一本の綱でも、いいオモチャになる。オモチャが単純であるほど、あそびのなかで友情は大きい役割をしめられる。

428　テレビをみせていいか

このごろの子どもにとって、テレビは生活の一部分になっている。以前のように、子どもが好きなときに表の戸をあけて道路にでられた時代では、子どもは自分の目と耳でじかに現実にあたって、見聞をひろめることができた。いまの子どもは、道路があぶないから、自由に外にだしてもらえない。子どもは「軟禁」されている。

そういう子にとって、テレビは現実への窓である。この窓をしめて、それにかわるものを親が与えるのには、よほどの決心がいる。まず親がテレビをみない決心をせねばならぬ。テレビを家庭から追放するのだ。それだけの力を親たちがもっていたら、その家庭はみごとなものだ。

日に4時間も子どもにテレビを見せるのは、家庭教育の放棄だ。テレビは子どもが安易にうけいれる既成品ばかりを流す。子どもは自分の頭で考えることがない。創造力のない、積極性のない人間になる。押し売りを押し売りらしくなく見せるタレントと称する人間の大げさ、へつらい、くすぐり、売名ばかり見ていると、まともな人間の持つべきつつましさと恥じらいを知らない人間になる。

テレビをつけるほかに楽しみを知らない親を見てそだった子どもは、家庭の楽しみは家族でつくりだすものだということを知らない人間になる。

小学校にいくまでテレビをみせないでそだてるとそれからあとは、あまりテレビに依存しない人間になる。

たいていの父親と母親とは、それほど創造的でありえない。テレビ局に楽しみを配給してもらう。そうなると、子どもにテレビをみせないわけにいかない。子どもにいったんテレビをみせると、子どもはチャンネルスイッチの支配権をにぎってしまう。テレビをはずさないでおいて、子どもに「チャンネル権」を与えないようにすることはできない。子どもがチャンネルをかえようとするのは、おもしろくない現在を変更しようという積極性のあらわれだからだ。だがスイッチひとつで目の前がかわると思ってしまうと、子どもは忍耐を知らない人間になる。

テレビがいかに文化をかえるかを、もっと真剣にかんがえる必要がある。学校の教育で、心と心とをつなぐよりも情報を与えることを主にしている現在、情報源としてテレビは学校よりずっと強力だ。いまの社会は子どもから老人までテレビに教育されている。

その教育をスポンサーであるメーカーの勝手にまかせていいか。

親がテレビを追放できなかったら仕方がない。テレビは子どもの見聞をひろげてくれる、友だちとの共通の話題をもてるというようなことで、みずからなぐさめるよりほかはない。そして目の前で子どもが俗悪になっていくのを見送るしかない。自由世界の支払っているもっとも高価な代価というべきだ。

商品をつくって売ることでなりたっている社会では子どものために放映時間を制限することはできない。子ども番組を改良するよりも、親が自衛として子どもにテレビをみせないようにしたい。テレビという虚像は知識を与えるが、知恵は与えない。知恵は子どもが生《なま》の生活のなかで学びとるものだ。

429　事故をふせごう

この年齢でいちばんこわい事故は交通事故である。子どもが道路でボールを追っていって車にはねられるのがおおい。車のとおる道路のそばで、ボールあそびは厳禁せねばならない。

三輪車にあきて、二輪車をほしがる子どももいるが、スピードのでる二輪車は、ほかの車のとおる道では危険である。子どもだけで三輪車グループをつくって、遠くにでかけることも禁止せねばならない。三輪車や二輪車は、ほかの車のとおらない空地か、児童公園でしか乗らせない。

農村では、子どもづれで魚をすくいにいって川に落ちたり、用水池に転落したりすることがおおい。監督者なしに、この年齢の子どもだけで、魚すくいや水あそびにだしてはならない。

赤ちゃんを入浴させたベビーバス(水深20チ)に、上の3歳の子がのぞきこんでいて、落ちて水死した例がある。お母さんが隣室で授乳していたわずかのすきだった。ベビーバスは不必要(〈上巻104ページ〉)なだけでなく、上の子のいるところでは危険でもある。

こうのべてくると、3～4歳の子どもは、首輪でもつけて家につないでおかねばならぬことになる。それほど、いまの子は、安全なあそび場をおとなにうばわれてしまっているのだ。

家のなかでの事故も少なくない。いちばんいやなのは、やけどである。やけどの原因の半分以上が熱湯である。やかんやポットには、とくべつの注意がいる。熱湯のつぎにおおいのは、電気がま、アイロン、トースター、ストーブの順である。

浴室に自由に出入りできるようになると、浴槽《よくそう》でやけどするのがおおくなる。ビニールのふたをした浴槽では、過熱してふたがやわらかくなり、それにあがって熱湯のなかに転落する。

子どもがせまい家のなかをかけてあるいて、階段から落ちたり、ものにぶつかったりして、けがをすることもおおい。

父親が買ってかえったホットドックを、そのままもたせたので、のどにつめて窒息した子がある。

母親が子どもの手をひいて街路を歩いていておこる事故は、ひじの関節の故障である。急に車があらわれて、おどろいた母親が子どもの手をつよく引きつけると、その力で「肩がぬける」のである（〈403「肩がぬけた」〉）。いちどこれをやると、何度もやる。外出して手をひいて歩くときは、注意して急に引っぱらないようにする。

鼻の穴にものをつめたり（〈450異物が鼻にはいった〉）、ものをくわえていて泣いて、のどにつめることも、まだこの年齢ではよくある。

農村ではハチの巣にいたずらをしてさされることがある。都市で動物による事故は、よその飼犬にかまれることである。犬にかまれたら、かんだ犬をにがしてはならぬ。どこの誰の犬かをつきとめる。損害賠償をとるためではない。犬が狂犬病の予防注射がすんでいるかどうかをたしかめるためである。

この年齢になると、自分でやれることがふえるので、思わぬことがおこる。ヨーグルトを自分でふたをあけてのめるようになった子が、びんの口をおおってあるビニールのキャップをすいこんで、気管につめて窒息した例がある。ビニールや風船はよほど注意しないとあぶない。

430 三種混合の追加免疫

百日ぜきとジフテリアと破傷風の予防ワクチンは、生後2歳ですることがおおいから、3歳と4歳とのあいだに追加免疫(1回でいい)をしなければならない。たまたま、きめられた日に、かぜをひいたとか、下痢をしたとかだったら、のばしたほうがいい。

万一、注射のあと熱がでたというのだと、まず注射の部位をよくみる。そこがまっかになって、はれているのだったら、副作用としての熱だ。たいてい数時間後におこる。頭をひやして、十分に水分を与えていれば、翌日には、注射部位のはれがなおるのといっしょに熱もひく。

431 双生児と幼稚園

1卵性の双生児は仲がいい。いつも楽しそうにふたりであそんでいる。ほかの家庭の子は、友人がなくてこまっているのに、わが家は春のごとしだと母親は得意である。ほかの母親の倍の苦労をしたのだから、双生児の母親が、ここでむくいられたように思うのも、むりはない。

しかし、これは手放しで安心できない。ふたりの心がよく通じあうために、ことばの必要がない。そして、ふたりだけのあいだで通じる簡略語がつくりだされる。それは、ふつうのことばの発達をさまたげる。ほかの子どもがはいってきても、ことばが通じないのでけんかになってしまう。そこに双生児のふたりだけの閉鎖世界ができあがる。この閉鎖の程度はかなりつよく、双生児の上にきょうだいがいても、これをうけつけないで、けんかになる。

3歳をすぎるころは、ことばの発達がさかんな時期である。この時期をふたりだけの閉鎖した世界で生活させるのは、よろしくない。双生児は、けんかをせずに楽しくあそぶからというので、幼稚園にやらない母親がおおいが、いれたほうがいい。

幼稚園でも、3歳の子の組をふたつ以上つくっているところでは、別の組にいれたほうがいい。1卵性の双生児は、無責任な第三者には、見世物的興味をひきおこすものだから、ちやほやされたり、ふつうの子以上に注視されたりする。それは当人たちにとっては、めいわくなことである。

おなじ組にいれるときは、おなじ服装をさせない。それぞれが別個の人格であるという意識を、まわりももち、当人たちももたねばならない。いつも、もうひとりのきょうだいと混同されていては、当人は自分は自分としてみとめられていないという気持になる。うけもちの教師は、つねにふたりを見分け、それぞれの成長をみまもらねばならない。先生までも区別してくれないのでは、当人たちは努力のしがいがない。

また教師は、ひとりの子どもをしかるときに、ほかのきょうだいをひきあいにだしてはいけない。きょうだいが、よかろうが、わるかろうが、当人のわるいことは当人だけの責任である。組のほかの子は、きょうだいをひきあいにだされないのに、なぜ自分だけそうなのかと思うようになる。双生児であることの「異常」を気にさせてはいけない。

432　共ばたらき家庭

父親も母親も、家庭の外で仕事をしているところで、母親が家庭にいるところとちがう問題がおこる。だが、母親が子どもを十分にみてやれないので、いろいろな故障がおこるのは少なくて、十分にみてやれないというコンプレックスを母親がもっているからおこる問題がおおい。母親が家庭にいようが、いまいが、おなじようにおこってくる子どもの「かわった行動」を、共ばたらき家庭の母親は、自分がついていないからおこってきたのだと、かってに悩むのである。

たとえば、3～4歳の子どもは、夜ねるときに、ふとんにはいったら、天井をむいて、しずかに目をつぶってねむりにはいるものではない。かならず、何かをしながらでないと、ねむらない（〈416夜のねかしつけ〉）。指を吸う子がたいへんおおいが、それは、この年齢では生理的といっていい。生理的という理由は、どの子もやり、放っておけば子どもの成長とともに、いつのまにかなおってしまうからである。母親が終日子どもといっしょにくらしている家庭でも、指吸いはいくらでもある。ところが、母親が外ではたらいていると、子どもの指吸いが、家をるすにするからおこったように思えてくる。

まして子どもが自慰などをやりだすと、母親は仕事をやめることまでかんがえる。幼児の「かわった行動」を大きな目でみて、こんなことは気にするにおよばないといってくれる人ばかりではない。これは病気だ、治療しなければいけないとか、これは母親の愛情にうえている欲求不満のあらわれだとかいう医者や心理学者がでてくると、母親はおどおどしてしまう。これは罪なことだ。

しかし、外ではたらいている母親のすべてが、子どもにすまないと、心にあやまりながら、かせぎを治療代にまわしているわけではない。自分の仕事に誇りをもってはたらいている母親は、指吸いや自慰がやまなくても、おねしょがつづいても、あまり気にしない。そんなものは、母親がそばにいてもおこるものだという説明をよく理解してくれる。

社会人として独立している母親は、家庭にだけいる母親の与えられないものを、子どもに与えていると信じている。いま幼くて理解しえないことも、やがて理解する日のあることを疑わない。

共ばたらきが、子どもにとって有害なのではない。はたらくことに自信をもたないで、家にいたほうがいいのではなかろうかという疑惑の態度で、子どもをそだてることがよくないのだ。

共ばたらき家庭でも父親と母親とが力をあわせて、保母さんと協力してやっていけば、子どもは立派にそだつ。

両親が昼間はたらきにでている家庭で、いちばん気をつけなければならないのは、親と子とがいっしょになって、家庭の団欒《だんらん》を楽しむ時間をつくることだ。

団欒は家族全体が現在楽しいだけでない。子どもに家庭はどうあるべきかをおしえる。将来子どもが性を異にする相手と共同の生活をするとき、どうふるまうかをおしえるのは家庭しかない。やさしさや寛容がどんなに人生に必要であるかを、目の前でおしえられるのも家庭だ。

親が家庭に仕事をもってかえってきて、子どもを早くねかすことばかりかんがえていては、いけない。たとえ短い時間でも、みんながそろって楽しめば、子どもは親とのつながりを失わない。自分は両親に心から愛されているという自信が、子どもを保育園でもさびしがらせず、自立へのはげましとなる。

子どもをつきはなすだけが、子どもをつよくすることではない。ふたりの子を保育園にあずけているとき、下の子が母親といっしょにねているのをみて、上の3歳の子が、自分は父親のそばにねたいといったら、ねかせてやるのがいい。子どもは安心してねむり、父親への信頼感をそだてる。形式だけの自立をまもろうとして、子どもの「求愛」をしりぞけないことだ。

子ども部屋にねかされている子が、親にそばにいてもらいたい気持から、かぜのなったあと、いつまでも、せきを無理にしていることがある。これはせき止めをのんでもなおらない。別室にねかすことについて、かんがえてみるべきだ。

433　きょうだい

子どもは、せめてふたりほしい。小児科医がひとりっ子でないほうがいいというのは、ひとりっ子の母親と、ふたり以上の子どもをもった母親とのちがいを毎日みせられているからである。

子どもひとりのときは、母親は、このそだて方でいいのだろうかという不安に、いつもつきまとわれている。離乳もこわごわだし、子どもを幼稚園にやるときも、びくびくしている。いつも、はじめてのことをしているという気持である。

ところが、ふたりの子持になると、母親は育児に自信をもってくる。育児は、いろいろのやり方があることを知り、大胆なやり方のほうをえらぶようになる。母親の気持がおちついてくると、子どもにもそれが反映して、子どももいらいらしない。

親の側からだけ都合がいいのではない。子どもの側からいっても、ひとりっ子よりも、きょうだいがいたほうがいい。人間が肉親とくらす楽しさは、生きがいのひとつである。子どもにとって親の愛情は、ひとりじめするには惜しい。かぎりない親の愛を、わかちあい、かたりあえる分身をもちたい。成長の途中にも、成長ののちにも、何の遠慮もなしに、たずね、おしえ、非難し、たすけ、あらそう相手をもつことは、ひとりぼっちでいては、できない。

ひとりっ子がふえた。女の結婚年齢が高くなったために、ひとりしか産めなかったり、ふたりそだてる体力に自信がなかったりすることもあろう。しかし2DKが4DKだったら、もうひとりほしいというような経済的な理由も少なくない。だが先のことをかんがえると、ひとりっ子は不便なこともある。親が子どもと密着しすぎるのだ。男の子だと、結婚してから母親と息子の配偶者がうまくいかない。女の子だと、父親の娘の配偶者への信頼が十分でない。

子どもは、せめてふたりほしい。ひとりしかそだてられないような生活は、外見はゆたかにみえてもまずしい。経済的にひとりの子しかそだてることをゆるさぬような月給は、「健康で文化的な生活」をおくるのにふさわしくない月給だ。この憲法のことばが、単なるおかざりでなければ、もっとたくさんの月給がはらわれるべきだ。

ふたりの子どもの年齢差は、どれくらいがよいかは、子どもたちの性格にもよるだろうが、あまり間があかないほうがいい。年齢差の少ないほうが、あそび相手、はなし相手としていい。いままで子どもをひとりでとめていた両親は、ここいらでかんがえていい。

きょうだいの性についていえば、男と女とがいたほうがいい。自分と性を異にするものの考え方や、生き方を知っているほうが、あとで配偶者を選択するときに、とほうもない幻想をもたずにすむ。

いくら子どもはふたり以上がいいといっても、生理的な条件でひとり以上の子どもをもてない母親もいる。そういう家庭では、親がひとりっ子コンプレックスになる。だが親の都合ばかりかんがえていてはいけない。上の子にしてみれば、下の子は母親の愛情のライバルの出現だ。ちょっとしたことで泣いたり、かんしゃくを起こしたりするようになる。今までのように抱いてやったり、愛撫したりしていれば、1年までには下の子に寛大になる。

434　春夏秋冬

あたたかくなってきたら、子どもに自分のことは自分でするように、いろいろしつける。いままで朝に洗顔や歯みがきをしていなかった子は、4月からやらせる。幼稚園へいくということで、子ども自身も緊張していると、やりいい。

冬のあいだ、衣服を重ねていて、自分でうまく脱げないので、「お母さん、おしっこ」といってつれていってもらった排泄を、ひとりでいけるようにする。食前の手洗いも、夏になる前に、ひとりでできるようにしたい。

夏には、せいぜいはだかにして、水あそびをさせる。できれば、親といっしょにプールか海水浴につれていきたい。この年齢になれば、海水浴も十分にやれる。ただし、水にはいるまえの準備運動をおこたらぬようにする。食後1時間以上たってからにする。水温25度前後なら、最初は1回に5分以上つからない。なれれば10分間はいっていていい(〈178ページ参照〉)。湿疹《しっしん》のある子は晩夏のプールはさける。「とびひ」がうつって化《か》膿《のう》するおそれがある(〈524湿疹〉)。

秋は鍛練にいちばんいい季節である。幼稚園にいっている子どもは、遠足だの運動会だのでからだをきたえる。幼稚園にいかないで家庭にだけいる子どもも、できるだけ郊外につれてでる。「ぜんそく」のせきがでても、子どもが元気なら部屋に閉じこめない。

冬になると、男の子では、いままで夜におしっこをもらさなかったのが、しくじるようになるのがおおい。これは病気ではないから、薬をのませたり注射したりしない。おしっこにひとりでいけるが、冬の夜などはトイレまでいかないで、部屋で便器にすることがおおい。母親が朝になって便器の内容をすてにいったとき、おしっこがまっ白ににごっているのに気がつく。さては腎臓《じんぞう》でもわるくなったかとおどろく。しかし、冬に冷たいところでおしっこをさせると、尿酸が沈でんして白くにごるのは、病気ではない。体温まであたためれば、またとけて、透明な尿になる。

正月のおぞうにの餅《もち》は、おとなのと同じ大きさでは、まだあぶない。1.5チセン《チセン》角ぐらいにする。

かわったこと

435　急に高い熱がでる

この年齢の子どもには、急に高い熱のでることがある。たいてい、はじめは「ポンポンがいたい」という。なかには、からだをぶるぶるふるわせたり、額や鼻に汗をにじませ、にぎった手も汗ばむ子もある。ときには、それにつづいて、ひきつけをおこすこともある。意地わるく、高い熱は夜がおおい。

医者にみてもらうと、「ねびえ」「かぜ」「へんとうせん炎」などといわれる。注射をうってもらって翌日になると、熱がさがって元気になってしまう。母親は、注射したから翌日に熱がさがったと思いがちだが、実は、病気の自然の経過でそうなるのがおおい。注射しないと熱がさがらないというのではない。

年に3〜4回そんな熱をだすのは、この年齢では、あたりまえといっていい。ある季節では、毎月熱がでることもある。その度におどろかされる親は、うちの子は、どこかにわるいところがあるのではないかと心配する。そういう子どもを、おとなになるまでみていると、大きくなるにしたがって熱をだすことが少なくなり、小学校の2〜3年以後は、ほとんど熱で休むことがなくなり、おとなになって、いたって健全になる。

いままで家でばかりあそんでいて友人とあそばなかったのが、友人ができて交際範囲がひろくなり、かぜのウイルスをもらう機会がおおくなったのが原因である。幼稚園にいきだしてから、よく熱をだすというのがおおい。

かぜの原因になるウイルスは何十種類とある。ひとつのウイルスで熱をだし、免疫をつくるとしても、いくつものウイルスを順番に卒業せねばならぬ。それに、全部が免疫をのこすわけではないから、何度もかぜにかかってもふしぎではない。ただし、かかりやすい子と、そうでない子とはある。扁桃《へんとう》を手術してとったら、かかりにくくなるということはない。

何か常備薬をのんでいて防げるということもない。ふだんから外気によくあて、厚着をしないようにして皮膚をきたえる。皮膚をきたえてもかぜにはかかるが、抵抗力はつよくなる。ウイルスは目や鼻からもはいるから、うがいで予防できるとはいえない。

ひきつけるくせのある子は、十分に頭を冷したほうがいい(かぜのひきつけで死ぬことはない)。脳波でてんかんの特徴のでていた子だと、なるべくひきつけないほうがいい。解熱剤をもらっておいて、熱がでそうだという気配があったらのませる。

ウイルスによるかぜの症状は、似たりよったりだ。母親は、かぜの症状をよくおぼえておかないといけない。熱の高さにおどろいてうろうろしないで、これは、この前のかぜの症状とおなじかちがうかを見分けてほしい。かぜは何度もやる病気だから、その子の母親がいちばんよく症状をみているはずだ。これはいつものかぜとちがうと感づいたら、医者にそのことをいうべきだ。

436 かぜの手当

かぜというのは、ほとんどみなウイルスでおこる病気である。昔はよく、かぜがこじれて肺炎になったが、これは栄養が不足していて(ビタミンA不足)、気道の粘膜がよわっていたのと、細菌をころす薬がなかったためだった。かぜのウイルスでは、死ぬようなことはないが、肺炎菌などが混合感染をおこして、肺炎をおこし、栄養のわるい子を死なせた。肺炎をおこすと呼吸が異常にせわしく、息を吸うたび胸がひっこむから、母親にもただごとでないとわかった。

いまは、子どもの栄養もよくなり、細菌によくきく薬ができたので、ウイルスによるかぜから肺炎をおこして死ぬことはない。かぜには特別にきく薬はないのだから、ふだん元気な子では、熱が39度あっても、氷枕をさせ、冬なら足のほうに電気あんかをいれるだけでよい。

38度ぐらいの熱では、ねていない子もある。ねていないということは、熱がかぜだけであるということをしめしている。そういうとき、しかりつけてでもねかせておかねばならぬと思わぬことだ。活動的な子どもにとっては、じっとしているようにいわれることは、非常な苦痛である。

すわってあそんでいるほうが、起きたいのをむりにねかされて、おこって泣いているよりも、エネルギー消費が少なさそうなら、起こしておくほうがいい。子どもが、庭や街路がみたくて、ワアワア泣くようなら、あたたかい季節ならもちろんだが、寒いときでも十分にくるんであれば、子どもの気をまぎらわす程度に外気にあてていい。ただ近所の子どもに近づいてうつさないようにする。

冬の嘔吐《おうと》や下痢をともなうウイルスの病気だと、1日は流動食にするが、ふつうのかぜで、鼻やせきがでているときは、食事は何を食べてもいい。熱があるからといって、かゆと梅干にすることはない。

下痢のないかぎり、熱があっても食事は、子どもの口にあうものということでいい。熱があると食欲がないから、ごはんにしてもそう食べない。あぶらっこいものは食べたがらぬ。したがって、ごはんのおかずも、淡白なものになる。ふだんから魚の好きな子には魚を与える。ホットケーキの好きな子にはホットケーキをつくってやる。かぜの食事は、寒いときは、なるべくあたたまるようなものがいい。うどんとか、雑炊のようなものが適当だ。あたたかい季節はアイスクリームがよろこばれる。

熱のあるときは、汗で水分がでていくから、お茶、ジュース、果実などを十分に与える。

かぜのときは、入浴はさせない。入浴すると血のめぐりがよくなって、安静ということに反する。たんのよくたまる子は、たしかに入浴によって分泌がふえる。だが、かぜをひいてから1週間以上たって、まだ少し鼻がでるとか、朝だけ多少せきがでるという程度のものは、子どもの食欲がよく、元気であそび、熱もない場合は、就寝前にいちど入れてみる。入浴したほうが夜によくねむったのなら、その後は隔日に入れはじめる。

子どもが熱をだす2～3日前、家族の誰かがかぜをひいていたとか、かぜが流行しているときデパートにつれていき、その翌々日から熱をだしたとかの場合は、病気がかぜであることは、ほぼたしかだ。

そんな場合、最初に熱がでたとき、冬の寒い日に医者につれていくべきかどうか迷う。ウイルスが原因だから、医者の薬をもらったからといって、早くなおるわけではない。

2時間も待合室でこしかけて待たねばならないのだったら、家であたたかくしてねているほうが、かぜの経過には、いいにきまっている。そのうえ医院の待合室には、うつる病気の患者がいる。

熱がでるとひきつける子には、解熱剤が必要だが、熱だけで他に症状のないかぜでは、解熱剤をつかうと病気のなおりぐあいがわからなくなる。

薬を与えないで自然になおる経過を、母親はよく記憶しないといけない。つぎに熱がでたとき、この様子はまえのかぜとおなじだと思って、おちついていられる。熱のたびに医者にいっていると、自然になおる姿を知らないので、いつもあわてる。

437　子どもの腹痛

幼稚園から小学校の低学年にかけて母親をなやませる子どもの常習的な腹痛は、4歳近くからはじまることがおおい。

朝、食事のさいちゅうか、または食事のすんだころ、「ポンポンがいたい」という。どこが痛いのかとたずねると、へそのあたりをさす。熱もないし、下痢もない。痛いというが、それほどはげしくもないようだ。10分か20分でなおってしまって、あとは何ごともなかったように、元気であそぶ。母親が腹痛のことを忘れてしまった翌朝、またおなじころ「ポンポンがいたい」という。医者にいってみてもらうと、どこにも故障らしいものがみつからない。念のために検便もしてもらうが、虫卵はない。神経性のものだろうということになる。この年齢では、虫垂炎はまずないといっていい。こういう幼児の腹痛は、じつにおおい。赤ちゃんのときから小学校卒業まで子どもをみていると、幼児期に腹痛をうったえてくるのは、1/3以上ある。どの子も、おとなになって何の異常もない。

腹痛は朝におおいが、夕食のときにおこる子もある。幼児期では、それほどでもないが、小学校1年生ぐらいだと、涙をこぼす程度に痛いのもある。

ふだんから小食の子だと、少したくさん食べたあとおなかが痛いといってねころぶ。原因はよくわからない。内臓の感覚が敏感でふつうの腸のうごきを痛みとして感じるのかもしれない。便が出てしまうと楽になる子もおおい。痛いといったら便にいかせる。ふだんから3日に1度ぐらいしか便のでない子は、便のでる前しばらく、へそのあたりが痛いということがよくある。

最近牛乳をのむようになってから腹痛がはじまったような場合は、牛乳をやめるととまる。そういうきっかけのわかっている場合以外は、とくべつの治療法はない。なるべく便秘しないように、果実やヨーグルトを与える。

幼稚園にいきはじめた子だと、ちょうど幼稚園にでかけようというときに痛くなるので、仮病のようにみえる。しかし、仮病だろうなどといってしかってはいけない。なおったらいくということにしておく。「ちょっと横になってごらん、すぐなおるから」といって、あまり重大そうにあつかわぬほうがいい。奇応丸、梅肉エキス、ビオフェルミンなどのありあわせの薬をのませて、「これでなおるよ」というのもいい。

病人あつかいにしないほうがよろしい。毎日医者にかよって薬をもらいながら、なお、腹痛がなおらないと、医者は自分の名誉のために麻薬をいれたりする。それは便秘をおこして、ますますわるくする。ふつうの健康な子どもとして、運動もさせ、食事もいままでどおり与える。

以上は常習的にくりかえす腹痛だが、そうでない腹痛もある。いままで元気であそんでいた子が、ごろごろするようになり、腹痛をうったえる。このときは、子どものからだによくさわってみる。熱がありそうなら体温をはかる。そこで熱が38度もあったら、腹痛は熱の症状とかんがえたほうがいい。幼児は、からだがあついというかわりに「ポンポンがいたい」というのだ。〈435急に高い熱がでる〉を参照。

しょっちゅう腹痛のある子だと、母親もまた例のがおこったとみくびってしまうが、腹痛のあと何度も下痢をするのだと、これは細菌性の腸の病気(赤痢、大腸炎)かもしれないから、すぐ医者にみてもらわないといけない。

子どもの腹痛は大部分たいした病気でないが、もし母親がみて、こんなにひどく痛がったことはないと思ったら、医者にみてもらうほうがいい。それも小児科より外科のほうがいい。腸重積《ちょうじゅうせき》がこの年齢では絶無とはいえない。

438　寝　汗

夜、子どもがねついてまもなく、頭、額、胸、背などにたくさん汗をかいて、枕カバーやパジャマがぬれることがある。もともと子どもは、ねついてしばらくしたときに体温が高くなる。このとき汗をかきやすいたちの子だと、寝汗が目立つ。それは生理的である。ふだんから割に汗をよくかく子を、3〜4月ごろ、また11月ごろに、寝汗がでるといって、母親が心配して医者につれてくる。よくきいてみると、冬からいれていた電気毛布を3月になってもまだとらないとか、11月になって寒くなったので、あんかを入れはじめたとかいうのがおおい。

母親が寝汗をおそれるのは、寝汗は結核の初期の症状だときかされているからである。しかし、子どもの結核が寝汗ではじまることはない。子どもにBCGがきちんとしてあれば、結核の心配をしないでいい。じっさい、寝汗でやってきた子どもで、結核をみたことがない。しかし、結核と誤診される危険はつねにある。ＢＣＧをした子で、ツベルクリン反応が陽性にでるのは当然である。

寝汗が、あたためすぎによるときは、電気毛布やあんかを取ったり、ふとんの枚数を少なくしたりすればよい。夕食後に水分をとりすぎないようにする。パジャマがあまりぬれたときは、とりかえねばならない。ねる前に背中と胸にタオルをいれておいて、寝汗でぬれたころ引きだしてしまうことを、母親はよくやっている。

439　おしっこが近くなった

これという思いあたることもなしに、急に子どものおしっこが近くなることがある。いま、おしっこにつれていったかと思うと、10分もたたぬうちにまたおしっこという。おしっこは、ほんのわずかしかでない。ときには、まにあわないで衣服をぬらす。子どもは熱もなく、おしっこのときに、痛そうにもしない。元気もよく食欲もあり、ただ、おしっこが近いというだけである。医者で検尿してもらっても異常はない。夜ねている時はもらさないから神経だろうといわれる。何か薬をもらってのむが、２日たっても３日たってもかわらない。それでまた、ちがう医者にいくことになる。

これは「神経性頻尿《ひんにょう》」といわれるが、何か子どもの神経をたかぶらせる事件が思いあたることがおおい。下に赤ちゃんが生まれたとき、幼稚園にかよいはじめたとき、などによくおこる。いったんおこると、今度は、子どものおしっこが近いことを気にする母親の態度が、子どもの緊張をたかめる。おしっこをしくじられてはこまると思う母親が、「まだ、おしっこいきたくないの」「はやくおしえてね」「もうすこしがまんしなさい」などということが、子どものすべての注意を排泄に集中させる。それが子どものおしっこを、さらに近くする。子どもが夜ねむっていて、排泄を意識しないと、おしっこはでない。昼間だけおしっこが近いというのが特徴だ。

自分でおしっこにいけるというのは、子どもには大きな誇りだった。それが、おもらしをして、母親にしかられてパンツをはずされ、時にはおしりをピシャリとやられることは、たいへんな侮辱だ。断じておしっこをもらすまいと決心する。そうなると、ちょっとでもおしっこがたまるとトイレにいきたくなってしまう。子どもの精神は、おしっこに集中する。ひどくなると、10分ごとにトイレにいく。それだから「治療」は、子どもの注意を、おしっこからよそにそらすことにある。おしっこをもらさないことよりも、もっと重大で、楽しいことが人生にはあることをおしえるのだ。

あたらしいオモチャを与えて熱中させるのもいい。童話の好きな子なら、童話の本を買ってきて、母親が情熱をこめてよんでやることだ。友だちをよんできて、あたらしくつくった砂場で、楽しくあそばせることである。子どもがあそびや童話に熱中して、おしっこをすこしもらしても、とがめないことだ。そのうちに、おしっこ中心的人生から脱却する。うまくいくと1週間以内でなおる。

たいていの母親は、これと逆のことをする。子どもを毎日病院につれていって、「精神安定剤」を注射してもらう。これは子どもの注意をおしっこに集中するのをたすけるだけだ。子どもにおむつをさせる母親もある。おむつをされることは、子どもの屈辱感をつよめる。ぬれたおむつの不快感を子どもは十分に知っている。ぬらすまいとして、さらにたびたびトイレにいく。水分を制限するのも意味がない。子どもは水分をとりすぎて、おしっこが近くなったのではないからだ。

「神経性頻尿」は、まわりがさわがなければ半月以内でなおる。どんなへたな治療をしていても、1カ月ぐらいで自然になおる。子どもの精神が緊張に適応してくるからだ。幼稚園にいっているときは、先生にも事情をはなして、おもらししたとき、知らん顔していてもらう。パンツをかえるなら、みんなのみていないところでやってもらうよう、かわりのものをあずけておく。この病気は、男の子にも女の子にも、おなじようにおこる。なおれば、あとに何の支障ものこさない。

「神経性頻尿」とよく似て、おしっこが近くなる病気で、「特発性ぼうこう出血」がある。これはおしっこに血がまじって、排尿の終りにとくに痛がる。男の子におおい(〈440 おしっこのとき痛がる〉)。

440 おしっこのとき痛がる

男の子がおしっこのとき、「いたいいたい」というときは、まずペニスをみないといけない。ペニスの先がまっかになって、ちょうちんみたいにふくれていたら、亀頭炎《きとうえん》だ。きたない手でさわって、炎症をおこしているのがおおい。パンツにきいろいしみがつくこともある。医者にいけば、薬をつけてくれるだろう。2〜3日でなおるから心配ない。ペニスの先に全然異常がなく、排尿のとき痛がる病気がある。おしっこの回数もおおくなる。いましたかと思うと、すぐにまたしたくなる。おしっこには血がまじって赤い。おしっこのあと、ペニスの先から、血がぽたぽた落ちて、そのときがひどく痛い。パンツにも血がつく。こういう症状は2日目あたりで最高に達し3日目からしだいに楽になり、5日ぐらいでなおってしまう。後部尿道のきずらしいが、原因はよくわからない。「特発性ぼうこう出血」などという名もある。三輪車に乗りだしたときにおこることがあるので、外傷でおこるのだろうという説もあったが、アデノウイルスによる病気だとわかった。いちどっきりしかやらないのは、免疫ができるためだろう。

あとに故障をのこすことはない。手当としては、ひどいときは、なるべくしずかにさせる。ねかせて絵本でもよんでやるのがいい。とくにたくさんやらないほうがいい。おしっこの回数がおおくなるとこまる。塩からいものは、のどがかわくから、なるべくやらない。肉や魚はかまわない。

この病気は3歳にいちばんおおいというのではない。3歳あたりからはじまって、学校へいくまでの子におおい。

腎炎《じんえん》では血尿がでるが、痛むことはない。「神経性頻尿《ひんにょう》」(〈439　おしっこが近くなった〉)では血はでない。

441　指しゃぶり(爪かみ)

夜ねつくまえに指しゃぶり(指吸い)をする子どものなかには、昼間も指をしゃぶる子がいる。テレビをみながらしゃぶっているのがおおい。指しゃぶりは欲求不満という説がひろがっているので、母親は自分の子が欲求不満と思われては、かっこうがわるいので、やっきになってやめさせようとする。なめる指は、たいていどちらかの親指だが、人さし指と中指をいっしょにしゃぶる二刀流もいる。歯のよくあたるところにはタコができている。

指しゃぶりは、子どもの失業状態のときにおこる。友人とあそんでいるとき、三輪車に乗っているときは、指をしゃぶるひまがない。子どもの指しゃぶりをやめさせようとすれば、子どもをひとりぼっちにしないこと、子どもにその創造性を発揮させるような場を与えることである。

団地住宅の4階以上の子に指しゃぶりがよくみられるのは、密室に閉じこめられて、好きなことをしてあそべないからだ。家庭だけでそだてられている子より、保育園にいっている子のほうが指しゃぶりは少ない。しかし、保育園で、有能な保母さんが活気のある組をつくっていても、指しゃぶりの子がある。そういうのをみると指しゃぶりは、ある子には趣味なのだと思わざるをえない。じつに楽しそうにしゃぶっている。おとなで、パイプをくわえたり、チューインガムをかんだりしている人とおなじだ。禁煙がおとなにむずかしいように、指しゃぶりをやめることは、子どもにもむずかしい。指に苦いものをぬったり、ばんそうこうをはったりするくらいでは、やめられない。体罰をくわえたりするのは、いちばんわるい。

家庭にいた子が幼稚園にいくと、なおることがおおい。また幼稚園で「ぼくは大学へいくまでぜったい指しゃぶりをやめない」と先生に宣言した子が、小学校にいったら、ぴたりとやめた例もある。どうせなおることだから、がみがみいわないほうがいい。指しゃぶりをした子の永久歯の歯ならびがわるくなったという例は知らない。乳歯の歯列の変化をきたした例もない。指しゃぶりは、歯でこするのではなく、舌で指を愛撫《あいぶ》するのである。性格的には、しずかで内省的な子に指しゃぶりがおおい。だが、子どもが元気で毎日が楽しそうだったら、指しゃぶりなんかに、こだわらないほうがいい。母親が指しゃぶりについてとやかくいうことが、なおるものをなおりにくくする。アルコール綿をもって子どものあとを追いかけて、指を消毒したりしないほうがいい。

爪かみも、指しゃぶりとまったくおなじにかんがえていい。子どもに適当なあそびの場が与えられていないためにおこる。爪かみだけをとりあげてしかっても、なおるものではない。

指しゃぶりや、爪かみのくせのある子は、ぎょう虫の検査をしておいたほうがよい。自分のおしりから輸入することもあるが、友人にぎょう虫がいて、その子と手をつないで輸入する可能性もおおいからである。

442 自 慰

この年齢の自慰(オナニー)は、指しゃぶりとまったくおなじにかんがえればよい。指しゃぶりにたいして、気にせずにおきなさいというのには、母親は納得する。しかし、自慰にたいしては、いくら気にしなさるなといっても、母親は容易に納得しない。ことセックスにかんすると、おとなは平静ではありえないようだ。だが、この年齢の自慰は、おとなのいうセックスとは無関係なのだ。それが容易に理解できないのは、子どものやっているのは自慰だと知ったときのショックが大きかったからでもあろう。

女の子のほうがはるかによくやる。はじめ、ふとんのなかで両脚をくみあわせて、力を入れて、まっかな顔をしているときは、母親は何のことかわからぬ。だが、腰をうごかしていたりすると、何であるかがわかる。また、人のいない部屋で椅子の角の部分に、前を押しつけて、息をとめてまっかな顔をしているのをみつけると、自慰だとわかる。子どもが自慰をしている、それも、こんな小さな子がやっていると知ったとき、母親は非常なショックをうける。子どものからだに害になるのではないか。頭がわるくならないか。変態者になるのではないか。いろいろなかんがえが一度におこってきて、子どもをひどくしかりつける。

しかし、自慰は幼児にとっては、指しゃぶりとかわらない。それが性的であるとしたら、指しゃぶりが性的である(フロイト流のかんがえだと口唇は性的地帯)のとおなじ程度である。どちらも、子どもに適当なエネルギー発散の場が与えられていないためにおこったものである。どちらも、子どもが友人とあそんだり、戸外で元気よくあそぶようになれば、いつのまにか自然になおってしまう。どちらも将来に何の害ものこさない。

自分の指しゃぶりについて子どもは、あるはずかしさを感じているが、自慰についても、多少はずかしいという意識はある。人の目につくところではしない。子どもの自慰をみつけたら、自慰そのものを禁止しようとしてもだめだ。自慰をさせるようになった子どもの環境をあらためていくことが先である。

団地の4階にすんでいて、子どもを友人とあそばせていないのだったら、子どもを地上におろして、仲間とあそべるようにすることが必要だ。近くに幼稚園があれば、幼稚園にいくようにすることだ。庭にでてあそぶように、犬を飼うのもいいし、ブランコをつくるのもいいだろう。何か熱中してあそべるものを、あたらしく与えることで、環境をあらためるのだ。いつもその椅子の角を利用してやることがわかっていたら、その椅子を一時しまってしまうのはいい。

手にお灸《きゅう》をすえたり、おしりをたたいたりすることは、効果がうすい。そこがくさってしまうよとか、ばかになるよとかいって、おどかすのはいけない。

手をいつもきれいに洗わせておくことが、性器の感染の予防になる。

ぎょう虫がいて、肛門や性器がむずむずすることが、自慰への動機となることもあるから、ぎょう虫を駆除しておく。

4歳ぐらいからはじまった自慰が、学校へあがるまでつづくこともあるが、学校へいくとまったく忘れてしまって、その後は正常の子どもになるものだ。

443　どもり

どもりについては、2〜3歳でかいたこと（〈402どもり〉）を、もういちどよんでほしい。3歳から4歳は、子どもの会話の能力がいちじるしくすすむときである。この話をしたいという意欲を何かではばむと、子どもは、話すことにためらいを感じる。そのためらいが、どもりとなってあらわれる。ねむいとき、疲れたときは、とくによくどもる。

たとえば、小学校1年生の姉がいて、その子が人にすぐれた雄弁家であると、弟が何か話しはじめるのを先取りしてしゃべってしまう。これがたびかさなると、弟のほうは、また姉に先にしゃべられてしまいはせぬかと、話す前にいらだち、ためらう。それがどもりになる。また、いろんなことが知りたくて、「なぜ」をしつこくくりかえすのに、母親がうるさがって、「もうおだまり」とか、「男の子はそんなにおしゃべりをしちゃいけません」というのは、子どもの話す気をなくする。子どものどもりに無関心をよそおうことが、祖父母と同居していると困難だ。

3歳をすぎた子は、かなり長い話ができる。どもりになると、途中で何度も話がエンコしてしまうので、終りまで話すのに相当の努力がいる。親がいらいらした顔でみつめると、最後まで話す自信がなくなって、途中で話すのをやめる。矯正などすると、なおさらいやがって、話そうとしない。

いちばん大事なのは、子どもがどもって難渋しているときの親の態度である。ゆうゆうせまらずで、子どもに緊張感を与えないことである。子どもの顔をみつめもしないが、といってうわのそらみたいでもいけない。子どもの話を寛大にきいて、それに応じて返事をする。子どもが、どうしてもゆきづまっていえないことばは、何気ない態度で応援してやる。それで子どもの話を先にすすめる。親が話をする番になったら、不自然にならぬ程度にゆっくりと話す。会話はいそがないでいいものだという気持にさせるのだ。

子どもがどもりを気にして、しばらく何も話をしないような事態になったら、親子で子どもの好きな歌をうたうのもいい。音楽の好きな子では、これが成功する。子どもは、また発語するようになる。

子どもが緊張するのは、ほとんど全部、親がいらいらして、子どもにたいして平常心をもてないためである。母親が医者とゆっくり話をして、いいたいだけのことをいったあと、医者の説得で安心すると、子どものどもりがなおる例はじつにおおい。

子どものどもりにたいして無関心をよそおうのが治療なのだから、大きい子やおとなのかよう「吃音矯正《きつおんきょうせい》学校」などに小さい子をつれていくのには賛成でない。どもりを意識させるからだ。

444　自家中毒

この「病気」のおこり方や、なおり方については、〈369自家中毒症という病気〉をよんでほしい。ただ、この年齢になると、子どもは、まわりのおとなが「自家中毒」といって大さわぎをするので、自分が疲労のなかでおちいるある状況を自家中毒だと意識しはじめる。親たちが、自分がゲロゲロやりはじめると、いつも医者をよんできて点滴して下さいとたのむのをきいていると、自分でも、なおるのにはそれしかないのだと観念して、ゲロゲロをやると、子どものほうから「点滴して」などと注文するようになる。

これは感心しない。自分は「自家中毒」という病気をもっている人間だという意識を子どもがもってしまうと、子どもの生活態度に積極性が欠けてくる。これくらい平気だ、ちょっと眠ればなおると激励しただけでよくなるものを、いつも、1日断食して点滴だけで水分をいれるものだから、衰弱する。衰弱からたちなおるのに、3～4日かかる。たいへん不経済ななおり方が常習的になってしまう。

これをふせぐには、子どもが嘔吐《おうと》したとき、熱も下痢もなく、前日に何か興奮することがあったことがわかっていたら、おとなは、大げさにさわがないことだ。大家族の家庭では、おじいちゃん、おばあちゃん総出で介抱にかかることをつつしまねばならぬ。「自家中毒」と「ぜんそく」とがよくかさなってくるのは、まわりで大げさにして、子どもに依頼心をおこさせ、自分で立ちあがる気力をなくさせる環境が、共通しているからだ。

「自家中毒」は脱水さえおこさなければ、こわくない。脱水をふせぐには、水分を不足させないことだ。本人がのどをかわかせてほしがったら、番茶でもジュースでもカルピスでも、少しずつのませる。水分は点滴より口からのませるほうがよくきく。

445　「ぜんそく」

「ぜんそく」のおこり方は、〈370「小児ぜんそく」〉にかいたとおりだが、3～4歳でとくに注意しなければならないことは、子どもが「ぜんそく」という「病気」をつくるチームにくわわってくるのを、ふせぐことだ。夜に「ぜんそく」の「発作」をおこしてくるのは、4歳ちかくになってからである。家中のみんながおきてきて、すわって「ぜんそく」をおこしている子どもを囲む姿こそ、「発作」である。

おとなたちは、幼い受難者のまわりでおろおろする。子どもは汗をいっぱいかき、肩をあげて息を吸い、うめきながらやっと空気を吐きだす。のどにわきあがってくるたんとつばとを、せきでたえず吐きださねばならぬ。子どもはこの受難に怒り、泣く。子どもに受難を遺伝せしめた責任者たちは、罪ほろぼしでもするように子どもの背中をさすったり、たんをふいてやったりする。

だが、冷酷な第三者からみると、子どもはおとなたちに君臨する王者みたいだ。たんのふき方がわるいといって祖母におこり、もっとさすれと親をののしる。自分にはもう力がない、たよりにしているのに、おまえたちは、どうして自分を救えないのかと、無能の臣下をとがめてばかりいて、自分で立ちあがろうとしない敗残の王者。これは、すべて、子どもをあまやかし、王さまにしてしまった結果だ。自分のたんは自分で吐きだすより仕方がないと、子どもに思わせるようにしなければだめだ。

「ぜんそく」の子は、たいてい利発だ。理解が早いから、まわりが自分をこんなに大事にするのは、自分の病気が大病だからだと思ってしまう。大病だから、自分はもうだめだという、あきらめみたいな気持になる。利発な子にたいしては、おとなは、すこしぐらい夜にゼロゼロいっても、たいしたことはないよ、しっかりたんを吐いてしまいなさいという態度で、のぞまなければならない(手当は〈71ページ〉)。

3～4歳のころに、子どもに自主独立の気概をやしなわないと、5歳6歳と大きくなるにしたがって「ぜんそく」はますますひどくなる。子どもをぜんそくに仕立てるかどうかは、3〜4歳のころのあつかい方による。たんがたまるぐらいは、たいしたことでないと思わせねばならぬ。せきのひどいときは、主治医からもらった頓服《とんぷく》をのませて、少しおさまったところで、はげましてねかせる。医者は頓服として副腎皮質《ふくじんひしつ》ホルモンの薬をだすだろうが、「これは発作の前兆だ」と母親が診断したときすぐ与えて、1服で予防に成功するよう熟練してほしい。

冬は部屋をあたためたほうが楽だったら、あたためてもよい。噴霧用の気管支拡張剤をわたしておく医師もあるが、これは発作がおこったと思ったときにつかうと発作をおさえる効果がある。この年齢になると子どももその効果に気づいて、噴霧剤を請求するようになる。しかしこの薬は、翌朝医者にいくまでのあいだしか使ってはいけない。

ぜんそくの発作は何度おこしても死なないのが、ふつうだが、例外的に死ぬこともある。今までになかった症状(顔が土色にかわり、ものがいえない)で弱り方がひどかったら、救急車をよぶべきだ。

「ぜんそく」が楽になったら、なるべく戸外にだしてからだをきたえる。温水プールできたえるのがいちばんいい。友人とあそばせて、自分は正常人だという意識をやしなう。

446　いぼ(みずいぼ)

幼児のわきの下の近く、胸、横腹などに米粒からアズキ位の大きさの、やわらかい、桃色または真珠色のいぼができることがある。まんなかがへそみたいに、くぼんでいることもある。「みずいぼ」といわれているが、大きい子にできる固いいぼとちがって、これは伝染性軟属腫《なんぞくしゅ》というものである。ポックスウイルスでおこり、ときとして他人にもうつる。免疫ができてくれれば自然になおる。

いたいので泣きわめく子どもをおさえつけて、ピンセットでひとつひとついぼをつぶす医者もある。だが2〜3週たたないうちに、またあたらしいのができる。つぶしたところが一部化膿《かのう》することもある。それなら、放っておいたらどうか。かならず自然になおる。それに、たとえ2年かかっても自然になおったいぼは、あとをのこさない。つぶしてうんだところは、あとがのこる。幼児のいぼは、放っておくのがいちばんいい。爪をいつもよく切って、かきこわして細菌のはいらぬようにする。

447　便のなかに小さい虫がいる

子どもが何かで下痢をしたとき、たまたま便器にとった便のなかに、長さ1㌢《チセン》ぐらいの白い糸くずみたいな虫が動いているのをみつけることがある。これはぎょう虫で、回虫の子ではない。ぎょう虫はふだんは盲腸のあたりに住んでいて便のなかにはでてこない。たまたま下痢で腸のうごきが急になったので、押し流されてでてきたのである。

ぎょう虫は、腸の出口のところにでてきて産卵するので、子どもがその部分をかゆがることもある。しかし、かゆいことのほかに全然、害らしい害をおこさない。子どもが、おしりのところをかゆがって、手でかくと指先や爪のあいだに卵が付着し、それが食べものについて口にはいると、自分にも他人にも、うつす。爪をのばさないようにし、食前によく手を洗っていれば大丈夫だ。

駆虫もかんたんだから、おろしたほうがいい。ふつう便を顕微鏡でみても、虫卵はみつからない。

448　夜におしりをかゆがる(ぎょう虫)

夜ふとんにはいって少しあたたまったころに、子どもがもじもじうごいて、腸の出口のところをかゆがることがある。これは、昼間は盲腸に住んでいるぎょう虫が、夜に出口のところにでてきて産卵するためであることもある。たしかめるのには、そこのところにセロテープを押しつけて卵を付着させ、顕微鏡でみる。その部分をかゆがってかいた子どもの爪のあいだにも、ぎょう虫卵がみつかることがある。この手を朝に十分洗わないでパンを食べると、虫卵はまた体内にはいって、ぎょう虫になる。

子どもの指についたぎょう虫の卵は、ほかの子と手をつないでうつるし、衣服についたものがかわいてちりになって器具や床につく。外気のなかで2〜3週間生きている。これが口からはいると2〜4週間で成虫になり、成虫の生命は3〜6週間でおわる。駆虫剤がよくきくから、かんたんに退治できる。だが幼児は友だちと手をつないだりしてうつるし、保育園の器具やちりからも、また卵をもらう。

神経質な母親が、子どもの肛門に押しつけたテープを医師にもっていくと、2カ月後にはまた陽性といわれ、家族全員の虫卵検査を命じられる。家族にみつかると、全員が駆虫剤をのまされ、居間の大掃除をする。これを年に何回かくりかえすと、家族がぎょう虫ノイローゼになる。

だが、ぎょう虫がいたところで、からだには無害だ。ぎょう虫のほかにも無害な寄生虫をおおくの人がもっているが、卵の検査がめんどうなので、寄生していても知らない。つづけて虫卵を口にしなければ、虫は寿命がきていなくなる。子どもが夜におしりがかゆくて目がさめるようなことがなければ、便に虫卵があるといわれても、ぎょう虫と平和共存するほうが賢明だろう。

449　夜中におきて泣きさけぶ(こわい夢)

3歳から4歳ぐらいの子が、夜にねついて1時間ほどすると、とつぜん大きい声で泣く。そばにいくと、ひどくおびえている様子で、ときに「お母さんたすけて」という。こわい夢をみたのである。ことばの話せる子だと、おそろしかった夢のことをいう。

これはもうすこし大きい5〜10歳におこる「夜驚症」とはちがう。「夜驚症」は眠りのふかい段階でおこるもので、ねむっていたのが、急に大声をあげるところは似ているけれども、あとで全然おぼえていない。おびえ方もひどく、びっくりするほど大声をあげ、息もせわしく、動悸《どうき》もはげしく、目をみすえ、冷や汗をかいている。なかには起きて歩きまわるのもある(〈525夜におきて歩く〉)。

こわい夢で起きるのは2〜3カ月でなおる。おびえて起きたときは、しっかり抱きかかえて、「お母さんはここにいるから大丈夫」と安心させる。

ひるねをしない夜には必ずおこるという子があるから、疲労と関係があるようだ。いっぱんに子どもは、あまり疲れるとかえって夢をみる。だから夢をみさせないように、母親が調節せねばならぬ。こわい夢をみた日の昼間の子どもの運動量、ひるねの様子をよく思い出して、ひるねをさせたり、適度の運動をさせる。おびえているのは恐ろしい夢をみるのだから、悪夢をさそうような、こわいテレビはみさせない。

医者にいけば、てんかんと同じ薬をくれるが、てんかんではない。自然になおるものには薬はつかいたくない。

450　異物が鼻にはいった

この年齢の子どもは、豆、どんぐり、チョコレート・ボールなどであそんでいて、鼻の穴につめてしまうことがある。穴につまったとき、子どもは自分の指でとろうとして、かえって中のほうにおしこんでしまう。「はいっちゃった」といって子どもが母親のところにきたときは、入口から見えはするが、外からは簡単につかめない。ピンセットでうまくやればとれそうにみえても、家庭では絶対に手をつけてはいけない。豆やどんぐりやチョコレート・ボールのようにつるつるしたものは、ふつうのピンセットでは、つまめない。そういうものをつまむようにできた特別のピンセットをもっているのは耳鼻科医だけである。しげきして、はれあがったまわりの粘膜に薬をつけて、鼻の穴をとおりよくしてでないとうまくとれない。家庭でへたにいじると異物は、ますますとりにくくなる。

また、何度もやってしくじると子どもは痛がり、不安になり、しまいには泣いてあばれはじめる。こうなると、耳鼻科へいっても、全身麻酔をかけてでないと、とりだせない。ふだんから注射で医者恐怖症にしておかなければ、おとなしくとらせる。

子どもがそばにくるとひどくくさいときは、鼻の穴をよくしらべる。一方の穴だけがくさいのだと、鼻腔に布や、紙や、ビニールがはいっていることがおおい。3歳では異物がはいっても親にいわない。

451　じんましん

幼児にもじんましんがある。でかたは、おとなとかわらない。子どもがかゆがるので、衣服をぬがせると、胸、背、腹などに赤い地図状のもりあがった疹《しん》があるのに気がつく。まぶたにできると、ひどくはれて目がふさがる。くちびるにできると、口がまがったようにみえる。かゆいだけで熱はでない。

かに、さば、えび、ソーセージ、貝類、そば、ピーナツなどを食べたあと数時間ででたときは、それが原因だろうと想像がつくが、原因のわからないことがおおい。

ものにさわって、じんましんのできることもある。草むらであそんでいて何かの草にさわったとか、山へいってうるしの葉にさわったとか、新しくおろした塗りのおわんにさわったとかで、じんましんのできることもある。虫にさされてできることもある。

冬に冷たい風にあたったためにおこる、寒冷じんましんというのもある。かぜ薬をのんでまもなく、じんましんのでてきたときは、一応それが原因とかんがえ、つづいてのむのをひかえる。

食べものが原因と思われるときは、浣腸《かんちょう》をして、腸のなかに残っているものをだしてしまう。原因のわからないときも一応浣腸する。皮膚のかゆいところにはかゆみどめをつける。

ハッカのはいった塗り薬(たとえばメンソレータム)をつけたり、抗ヒスタミン剤のはいった塗り薬(たとえばレスタミン軟膏《なんこう》)をつけると、いくらか気がまぎれる。寒冷じんましん以外は、氷枕で冷すと気持がいい。逆に、入浴してあたたまるとひどくなる。

子どもがかきこわさぬよう、爪をよく切っておく。

じんましんは数時間できえてしまうこともあるし、でたり、ひいたり、ところがかわったりして1〜2週間ぐらいつづくのもある。おとなほど、ながくつづくのはまれである。

子どもがどんな物質にたいして過敏であるかをみつけて、その物質をアレルゲンとし、アレルゲンを少量ずつ長期にわたって注射し、子どもを過敏でなくしようとする「減感《げんかん》作《さ》療法」なるものがある。じんましんや、ぜんそくによくおこなわれた。原因になるもののエキスを微量に何度も注射して、過敏をなおす「療法」である。

しかし、原因をさがすために、卵、魚、野菜、昆虫など森羅万象のエキスをつくって皮膚に注射して反応をしらべねばならぬ。1度や2度じんましんがでたからといって、子どもにそういう検査をやるかどうかは、医者でなく母親に決定の権利があることを忘れてはならぬ。

この不確実な療法(アレルゲンの分量と治療期間をきめられない)は、とうとうイギリスでは外来患者にしてはいけないことになった。まれではあるがショック死があるので、集中治療室をそなえた病院以外では危険だと判定されたからである。

卵を食べると、じんましんのでることのわかっている子は、卵をつかってつくったワクチン(インフルエンザ、はしか)をするときは、そのことを医者にいわないといけない。卵でじんましんのでる子でも、永久に卵が食べられないというのではない。半年ぐらいたって、ごく微量からはじめていけば、また、食べられるようになる。

ふつうじんましんは、1週か2週ででなくなるが、ときとして慢性化する。そうなると1年半くらいくりかえすのもある。

慢性じんましんは、かゆいときはこまるが、無害な病気だということを認識しないといけない。そうでないと母親はノイローゼになる。一生つづくということはない。

かならずなおるのだから、楽観していないといけない。子どもより母親のほうがやっきになって、医者から医者へ子どもをつれまわっているのがある。

寒冷によっておこるのは、寒い季節が去ればなおる。化繊《かせん》が原因とわかったときは、とりかえればよくなる。寄生虫がみつかって、駆虫したらなおるというのもある。しかしどうしても原因のわからぬことのほうがおおい。副腎皮質《ふくじんひしつ》ホルモンはつかわない。勝手に特定の食品を原因ときめてしまうのは、よほど根拠がないかぎりやらない。「減感作療法」は、子どもが注射をいやがるからしないほうがいい。

やけど　〈266赤ちゃんのやけど〉参照

異物をのんだ　〈284異物をのみこんだとき〉参照

熱がでてひきつけた　〈348ひきつけ〉参照

高い所から落ちた　〈366事故をふせごう〉参照

嘔吐　〈398子どもの嘔吐〉参照

下痢　〈399下痢〉参照

鼻血　〈400夜の鼻血〉参照

集団保育

452　きげんのいい子どもに

3歳から4歳になる子どもは、なにごとも自分ですすんでやるという気持がつよくなる。あまりよくない保育条件で子どもをそだてていると、そだってくる子どもの自立性を、おとなの手助けという方向にばかり向けたくなるものだ。

3～4歳の子どもにエネルギーの自由な発散をさせて、楽しませかつ安全であるためには、子どもをひろい場所にだしてやるのが、いちばんいい。3～4歳の子どもでは、まだ学校式の課業は、それほど持続できないのだから、できるだけ大気のなかで、大地の上で自由にあそばせたい。保育というと、せまい部屋のなかに30人もつめこんで、何かいっせいにおしえなければならないというかんがえを、打ちくだかねばならない。それは、幼稚園や保育園の敷地と建物とがせまいところに、少数の教師で多数の子どもをあずからねばならぬ日本に、やむをえず発生した、非常事態にすぎない。

3～4歳の子どもをつねにきげんよく、生きるよろこびにあふれさせるためには、子どもをなるべく戸外であそばせたい。夏はプールに入れたい。事故がおこるとこまるというので、園外保育をすることが、ますますへった。ある時間、園のまわりを自動車通行禁止区域にしてでも園外保育をやりたい。

園庭がせまくて、子どもをすし詰めの保育室につめこんで、廊下を走ってはいけない、窓にあがってはいけない、椅子からとんではいけない、と禁制ずくめの生活をさせるのでは、子どもは強制収容所にいれられたような気持だろう。

子どもを窮屈なところへ押しこめておいて、おとなのきめた禁制をまもらせるために、自由にあそびたい欲求をおさえる「自制心」をそだてようというのは、おとなの利己主義だ。子どもが、楽しくあそぶために協力しようとして、自分のわがままをおさえるところに、「自制心」が自然にそだつ。そして、その「自制心」は、あとに心にしこりをのこさない。

疲れてくると子どもは、積極性を失い、きげんがわるくなる。子どもをいきいきとさせておくためには、午後1時間か1時間半ねむらせる午睡室を用意したい。

453　自分のことを自分でする子に

教師は押しつけにならぬよう、子どもの基礎習慣が何か「楽しい目標」をもてるように、場をつくっていかねばならぬ。

食事のまえには、順番に手を洗い、いわれないでも自分の席にすわり、まえかけをかけ、スプーンや箸《はし》をつかって給食を食べられるようにならなければならぬ。

このとき給食がおいしいということが「楽しい目標」になる。給食をくばる教師は、食品によってそれぞれの食べられる量をよくおぼえていて、ほぼどの子もおなじ時間で食べおわれるように調節する。平等に給食すると、小食の子はいつもおくれるので、食事をいやがるようになる。給食は「偏食」を矯正するよりも、楽しく食べるほうが教育上よろしい。食後には、うがいをするくせをつけよう。

衣服の着脱は、それぞれの子どもの能力を顧慮して、あまりボタンの小さいものや、むすびひものついたものは、母親に話してつけかえてもらう。なるべくみんなといっしょに着たり脱いだりできないと、子どもは不当な劣等感をもつ。下のボタンははずせるが、いちばん上のボタンは、はずせない子がおおい。できないところは手伝ってやる。4歳ちかくなると、自分ではめにくいボタンを、子ども同士たすけあって、はめるようにさせるといい。

自分のものを自分のロッカーにいれることも、4歳になるとちゃんとできる。オモチャや教材の置き場もおぼえて、すんだらそこへかたづけるようにしつける。夏にはプールあそびをしたとき、自分でからだをふくようにはげます。

午睡のとき、どうしてもねむれない子は、隣の子のじゃまをしないように、おとなしくしていることもできるようにする。別室があってそこでお話をきかせられるといい。

排泄については、どの子も排泄を教師にうったえるようにさせる。あたたかい季節だと、自分で脱いでトイレにいける。時間をきめて(9時半、11時、1時、3時)、排泄をさせている園がおおい。子どもが、ひとりで安心して排泄できるように便器の構造、トイレの扉、トイレへいく通路に工夫が必要である。家庭で洋式トイレになれていて、またいでするトイレの経験のない子には、はじめ保母さんがそばについて、こわがらないでいいことをおしえてなれさせる。大便のあとは、まだひとりで始末できないでも仕方がない。「検閲」が必要である。

454 子どもの創造性をのばそう

子どもは内部にわきたつエネルギーを外にむかって発散する。発散させる仕方は、めいめいの子どもでちがっている。それぞれの個性に応じたエネルギーの発散ということが、3歳の子どものあそびにも、60歳の巨匠の制作にも共通する創造のよろこびである。

教師は3歳の子どもに、作品として形の完成をのぞむ必要はない。気が散らないように、ながつづきするように、エネルギーを発散させる場を用意するのが教師の仕事である。教師は何よりも子どもの個性を、しっかりとらえねばならぬ。

3歳児は「ごっこあそび」しかできないと思うのは偏見である。3歳児のさまざまの創造的活動のなかで、母親の生活のまねとか、テレビのコマーシャルのまねとかは、おとなに了解できる。だが、おとなにわからない幼児の世界がある。生活につかれ、慣習にながされているおとなよりも、3歳の子どものほうが、はるかに新鮮な感覚で世界をとらえている。幼児の世界がすっかりわからなくても、おとなは幼児の想像の世界をながつづきするようにさせることはできる。

童話は、子どもの想像の世界に、おとながさしのべた謙虚な手のひとつである。子どもがそれにつかまってくれることもあろうし、そうでないこともあろう。童話は好まないが歌は好きだという子どもは、その想像の世界にあふれる力をリズムにのせられる子である。鼻歌のようなものをうたいながら、クレヨンやマジックでなぐりがきをしている子どもは、その想像の世界から色彩と線とにのせてエネルギーを放出しているのだ。おなじエネルギーをからだの動きによって放出する子は、おどりが好きだ。

3歳児には、とりあいしないですむように適当の数のオモチャが与えられねばならぬ。

自動車、電車、ジェット機、スクーター、お人形、動物のぬいぐるみ、ママゴトの道具など、どの家庭の子どものオモチャ箱にもあるものを欠かすことはできない。

絵本も十分の数を与えねばならぬ。絵本の数が少ないとみあきてしまって、破りでもしなければ、ほかにあそびようがなくなる。

だが、以上のような室内でのいとなみは、子どもの創造力をのばすためには、3歳児ではむしろ第二におくべきものだ。この年齢の子どもが、その創造力をフルに発揮できるのは、戸外での活動においてである。戸外での活動こそ彼らのエネルギーを、彼らの個性に応じて、集中的にながく発散させる。日本の幼稚園も保育園も、子どもを戸外で活動させることに力をいれられない。園庭がせますぎる。

「ごっこあそび」にしても、外でやるほうが内容がゆたかになる。「このお茶わんに、ごはんはいってんのよ」と、からっぽのお茶わんであそぶより、砂がはいっていたほうが、ごはんらしい。室内のダンボールの箱の自動車より、戸外で2〜3人がのれる木製自動車のほうがおもしろい。

冬をのぞけば、砂あそびは、3歳の子どもでも30分ぐらい集中してあそべる。夏は水あそびをやる。3〜4歳の子どもなら、ひざまで水をはったプールを用意したい。園庭には、すべり台と球形ジャングルとだけではたりない。小山、ロクボク、丸太、ベビーカー、ボール、雲梯《うんてい》、平均台、ブランコなどが必要だ。戸外の活動のほうが、舞台がひろく、遊具が大きくなるから、子どもは楽しくあそぶためには、仲間同士協力せざるをえない。

3歳児と4歳児とを「混合」して部屋のなかで童話をきかせたり、歌をうたわせたり、絵をかかせたりする一斉保育だと、3歳児は脱落することもある。だが、戸外で活動させるなら、3歳児は4歳児といっしょになって砂あそびもやり、水あそびもできる。彼らの創意による「分業」もあらわれる。混合保育がさけられないとすれば、なるべく戸外での活動を主にすべきだ。それには設備がなくてはならぬ。

設備のない園で、子どものひとりひとりの個性を把握していない教師に、「カリキュラム」だけ与えても、子どもの創造性はのばしようがない。もちろん保育には計画がなければならない。3歳から4歳までのあいだに、およそどれくらいのことをできるようにしたいという心づもりが、教師の側にあってしかるべきだ。

そういう計画をきめるためには、教師たちがあつまって、前年の成果を土台にして、めいめいの園の設備を、あらためて検討しなければならない。よそでつくった「カリキュラム」をみて、自分の園でどれを採用できるかを論じあわねばならない。どういう資材と設備があれば、「カリキュラム」にかかれている目標が実現できるかをかんがえねばならぬ。保育の月刊雑誌にでている「この月のカリキュラム」をうつして壁にはっておくのは、意味がない。

既成品の保育の計画は、毎日ただあそんでいるだけではないということを、上司に感じさせるようにつくってあるのがおおいから、年間、月間、週間、「デイリー」プログラムと身動きのできないようになっている。役所に報告するのにはいいかもしれぬが、子どもには、めいわくのことがおおい。天候や、その地域の産業や風習、さらにクラスをつくっている子どもの年齢構成、子どもの疲労度などに応じて、かなり自由にいれかえのできるような計画のほうがいい。

園庭にみたことのない鳥がとんできて、子どもたちの注意が鳥に集中したときは、子どもたちをしかるのでなく、カリキュラムが即興的に、めずらしい鳥に対応しなければならぬ。そういうことがなくては創造はおしえられない。

また、教師の得意なものが何かということもかんがえにいれたい。教師もまた創造性を発揮できるときに、いちばんいきいきとし、魅力的だからである。

現実の保育の条件を無視して、保育の計画を「系統化」するのは、子どもと教師との創造性をおしころすことになろう。

子どもを教育することは、教師が自分を変革していくことである。その意識がないから、教師の人間としての生き方と無関係の教授法が独走する。

455　人間的なつながりを

3歳から4歳になるあいだに、子どもは自分のことを自分でできる範囲がひろくなる。それだけ、子どもは独立した人格としてふるまう基盤ができる。子どもの独立を完全にするためには、子どもが自分の思うことを、ほかの人につたえられるようにしなければならない。

それは、ことばをおおくおぼえることではない。自分を発表することをためらわない人間をつくることである。

あれをしてはいけない、これをしてはいけないと禁制でがんじがらめにすると、子どもは、すすんで意見を発表しない。クラスのなかにボスがいて、教師以上に子どもににらみをきかせていると、子どもは発表をさしひかえる。

子どもが自由に自分の思っていることを発表できるようにするのには、教師にたいして子どもが百パーセントの信頼をもっていなければならない。好きな先生にきいてほしいので話すのが発表だ。子どもに体罰をくわえる教師は恐れられはするが、信頼はされない。教師と接するのが楽しいので、子どもが園にいきたがるというのでありたい。

子どもと教師とがおたがいに信じあう関係になるためには、子どものひとりひとりのいうことを教師がよくきいてやらねばならぬ。そのためには、教師は20人をこすクラスの集団のなかから適時6〜7人の小グループをつくって、話をきかせたり、話をさせたりする機会をつくらねばならぬ。本をよんでたずねたり、紙芝居をかこんで子どもに話させたりするのには、ほかの子から離れた小さい部屋がほしい。かぎられた空間での小グループが、信頼と親密のムードをつくる。そういう「授業」のあいだ、のこりのクラスの子に自由あそびをさせる、もうひとりの教師がいなければならぬ。

教師と子どもとのつながりとならんで、3歳児では、子ども同士のつながりもつよくなる。生活のなかで協力がうまれてくるからだ。子ども同士の話では幼児語がでてくる。教師は幼児語がでてくるたびに訂正するのはよくない。子どもは、話す自由を失うからだ。教師がその会話に参加して、幼児語でないことばで話していれば、子どもたちは教師のまねをして幼児語を自然につかわなくなる。

3歳をすぎると子ども同士で、おたがいの思っていることをつたえあえるようになる。子どもたちは、激してくると相手のいうことをきかなくなるから、あいだに教師がはいって「ヒロシくんのいうことを、もっとききましょうよ」「ヒロシくん、もっとおはなししてちょうだい」と、人の話をきくけいこもさせる。子どもだけが大勢で話していると、いつもつよい子にさえぎられて、人の話を最後まできくけいこができない。

どうしても教師と面とむかって、話せない子どもも最初はいる。そういう子には戸外であそぶとき、絵をかいているとき、その子の創造的なエネルギーが、どっと流れだすのをみはからって、話をさせると、うまく話す。子どもの制作は作品の芸術的まとまりよりも、子どものエネルギーの表現として意味があるというのは、こういうことである。教師と子どもとのコミュニケーションは、ことばだけではない。

456　楽しい仲間をつくろう

3歳から4歳になるあいだに、子どもは協力をおぼえる。自由あそびのなかで自然に2〜3人のグループをつくる。これをもっとひろげられるか、ひろげられないかは、子どもの活気、子どもが自分のことを自分でできる能力、子どもの自分を表現できる能力におおいに関係する。子どもを楽しい仲間に組織するのには、子どもを創造の楽しみのなかでとらえねばならない。みんなでいっしょに、砂あそびをするなかで、水あそびをやるなかで、子どもをむすびつける。子どもたちのむすびつきの一部が、ことばの発達としてあらわれる。粘土細工や絵などの制作のなかで、子どもをむすびつけることも不可能ではないが、表現能力がつたないから、作品を通じての相互理解は、この年齢では十分でない。子どもたちを人間としてむすびあわさないでおいて、ことばだけおしえるのは、セリフの暗記にすぎない。偽善的な人間をつくる。

おたがいに仲間としてむすびつく程度に応じて、仲間のためにという共同目標をもつこともできるようになる。集団のために当番をすることがはじまるが、まだ先生にほめられるのがうれしいという気持が大きい。それはそれでよろしい。教師への信頼が、教師からの信頼でこたえてもらえるというのは、立派な人間的むすびつきだ。あそびのルールや約束がだんだんまもれるようになり、順番とか交替とかを理解しはじめるが、それらをみんな集団意識の成長のためだとして、子どもには生まれつき民主主義があるのだというと、すこしほめすぎになる。威圧によっても、ある程度それらはできるからだ。

子どもが楽しく、みずからすすんでやっている場合でも、この時期では、まだ教師の演ずる役割は、非常に大きい。子どもの民主主義をそぼくに信じている教師は、往々自分の人間的魅力を勘定にいれていない献身的人物であることがおおい。しかしすべてを教師の人間的魅力にたよるわけにはいかない。3歳から4歳の子を1人で20人以上もうけもっていては、子どものひとりひとりに魅力がおよばない。できれば20人のクラスに2人の教師がつけるといい。はじめから子どもをいちどに1つの集団として組織することは困難である。絵、粘土、おはなし、歌のけいこ、リズムあそびなどで、小さなグループのなかで「授業」をやることをつみかさねて、自然にクラスのまとまりができる。この年齢では、「授業」は、せいぜい1日に15分までである。あとは自由あそびをさせる。自由あそびで、子どもはいちばん創造的だ。

457　つよい子どもにきたえよう

日本の保育園は、母親のはたらいているあいだ、けがをさせないようにあずかればよいという一時預りの場所として出発したために、子どものからだをきたえるというところまで、かんがえなかった。この伝統がまだのこっていて、「健康」といえば病気にさせないこと、けがをさせないことなど、消極的な面が主になっている。これからは、家庭ではできないような鍛練をやって、もっと丈夫な子どもにする積極的な面をとりあげたい。

幼稚園でも3年保育では、仲よく室内であそばせるということに力がいれられて、戸外できたえるということは、あまりかんがえられていない。3〜4歳の子どもの鍛練で、いちばん基本になるのは、戸外を散歩させることである。旧ソ連の「就学前教育要綱」では、3歳をすぎた子には毎日3〜4時間、散歩をさせることをきめている(雨の日と厳寒には中止)。わが国でも園外散歩を日課にとりいれたいのは山々だが、農村でも道路は自動車やトラックの専用みたいになって、幼児の集団散歩はほとんどできない。それに都会では、幼稚園では通園バスをつかうから、子どもは歩く機会がなくなった。それだけ園庭での運動に力をいれねばならない。この年齢の子どもの保育は、なるべく戸外でやりたい。初夏や初秋は生活全体を部屋の外にうつしたい。

夏は危険でないようにして、プールであそばせたい。3歳の子では水深が30センチをこえないほうがいい。水温は25度以上がよい。プールに入れるときの注意は、〈178ページ〉を参照してほしい。プールのない園では、気温が20度以上のときは、シャワーによる水浴をやりたい。気温が高いほど水温は低くてよいが、子どもに鳥肌がたつようではいけない。

外気がつめたくなると、自由あそびは室内に移動せねばならぬが、室内の暖房をあたたかくしすぎてはいけない。20度をこさぬようにする。

子どもの運動機能をたかめるために、歩行、走り、平衡運動、跳躍、ボール投げ、よじのぼりの訓練をする。訓練をするときは、4〜5人ずつのグループをつくって、仲間のやるのをよくみられるようにする。あまり人数がおおいと順番がまわってくるまでにあきてしまって、仲間がやるのをみていない。教師も、同じ運動を30人もの子がやるのをみていると、ひとりひとりの個性がみきわめられない。

歩行では、なるべく一直線の上を歩けるように、はじめは幅25センチの、地上に引いた2本の線をはみださぬように歩かせる。やがてそこを走るけいこをする。上手に走れるようになったら、幅25センチの板を地上において、その上を歩かせる。上達したら高さ10〜15センチの幅25センチの平均台の上を歩かせる。4歳までに、たいてい歩けるようになる。ひとりひとりでうまく歩けるようになったら、つぎつぎと列をつくって歩かせる。

3歳の子はまだ、とびあがることはできないが、とびおりることはできる。はじめ10センチの高さからとびおりをさせ、やがて15センチからとびおりるようにさせる。上達すると4歳になるころは、30センチの高さからとべる。

3〜4歳の子に25メートル走らせると、男の子も女の子も9秒前後かかる。立ち幅とびは、男の子も女の子も50〜70センチとべる。ソフトボールは、男の子も女の子も2〜3メートルなげる。

はいのぼりのけいこには、すべり台をつかう。階段をのぼって、すべるけいこがすんだら、逆にすべり台を下からのぼるけいこをさせる。上についたら、またすべらせる。これは、ひとりひとりについてやらせる。ロクボクのあるところでは、ロクボクをのぼらせる。

こういう運動機能の訓練は、できるだけ毎日やりたい。週1度では訓練にならない。訓練は子どもには、多少、忍耐を要求する。教師は、苦役を課するような態度で接してはいけない。たえずほがらかに、子どもがいきいきするようにはげます。

458　事故をおこさないように

3歳をこした子どもが、保育園や幼稚園でよくやる事故は、「脱園」である。1人の保母さんが30人ちかくの3～4歳児混合をうけもっていたりすると、「脱園」がすぐ発見できない。「脱園」した子が道路で車にでもはねられたりしたら大問題だから、「脱園」があると保育は一時中止になって、園全体が総動員してさがしにでなければならぬ。「脱園」はどの子もやるのではない。「脱園」の常習児というのがいる。そういう子は、家庭でも迷子の「前科」がある。3歳をこえた子が入園してくるときは、迷子になったことがないか、よくきいておかねばならぬ。いちど「脱園」した子は、つねにマークしていなければならぬ。そういう子は積極的な子なのだから、何か役割を与えて楽しい園の生活のなかにとけこむようにする。

3歳をこすと高い所へあがって落ちたり、ブランコをふりすぎて落ちたりする事故がおおくなる。ブランコをしているときは、ほかの子にボールあそびをさせない。ころがったボールをひろいにきて、ブランコにぶつかる事故がおおいからだ。1人の教師がたくさんの子どもをもたねばならぬ現在、こういう事故の予防に教師の神経がすりへらされる。1人で30人以上の幼児をうけもつという現在のやり方では、教育の仕事よりも見張番の仕事が主にならざるをえない。

事故のおこるのは、退園時刻まぢかにおおい。とくに保育園のように子どもがばらばらに帰るところでは、退園時によほど注意していないといけない。4時からあとパートで手伝いにくる保母さんは、子どもの名と顔とをおぼえることを、第一の仕事とせねばならない。退園まぢかの子どもは、一室にいれて本をよんでやるか、お話をきかせる。園庭で自由あそびをさせておくと、事故をおこしやすい。帰り仕度にカバンを首にかけておいたのが、すべり台であそんでいて手すりにひっかかったつりひもで首がしめられて窒息した子がある。また、園庭からぬけだして防火用のプールに落ちた子もある。

4歳ちかくなると当番ができるようになるが、給食のとき、あついものがはいった大きな容器を子どもにはこばせてはならない。

給食をつくる人は保健所の協力をえて、定期的に検便をして、腸管伝染病を予防する。

459　幼稚園と保育園の「一元化」

幼児の教育の場として幼稚園がいいか、保育園がいいかという問いには、こたえられない。幼稚園にやってもいいし、保育園にやってもいいと選択できる母親が少なくなったからだ。

午前中の3時間しかたのめない幼稚園には、1日8時間はたらかねばならぬ母親は、子どもをあずけられない。歴史からいえば、幼稚園は裕福な家の子のあそび場、保育園はまずしい人たちの託児所として出発したが、いまは幼稚園と保育園とを建物や設備によって区別できない。

はたらく母親の要求が、自治体や経営者に、保育園を子どもの保育にふさわしい環境にあらためさせたのだ。だが改善はまだ十分とはいえない。幼稚園にくらべて保育園のほうが、幼児を長時間あずかるのだから、幼稚園のように教育に必要な環境だけではたりない。家庭からはなれている子に、家庭環境が与える安息と団欒《だんらん》とを感じさせねばならぬ。

保育園は強制収容所のように、だだっぴろい部屋で作業と食事と睡眠とをかねるのであってはならない。あそぶ部屋とちがう食堂があってはじめて、食事を楽しむことができる。あそびにつかれて別の午睡室にいくから眠りたい気になる。食事と睡眠との前後に、暗転した舞台の道具方のようにうごきまわらねばならぬのでは、リラックスするときがない。

クラスの人数がおおすぎると、保母さんは号令ばかりかけていなければならないので、子どもとのつながりに情がこもらず、団欒からとおくなる。

保育園も幼稚園も、以前の幼児たちが安全な道路や空地で体験したものが、いまの都市化で失われたことを思いださねばならぬ。自由にかけまわれる空間にかわる運動場を与えねばならない。冒険をおしえた年長のガキ大将にかわる、たくましい指導がなければならぬ。最近、保育学をまなんだ男性が、幼稚園や保育園に勤務するようになったのはよろこばしい。彼らはこれまでの女性保育者の与えられなかった、たくましい保育ができるだけでなく、子育ては女の仕事という偏見をあらためさせている。

また障害児の保育で男性たちのみせる力は、障害児保育が女性の保育者にどんなに肉体的な負担であるかを、あらためて知らせるものである。

保育園と幼稚園との「一元化」が必要だという議論は、役所と関係のある仕事をしている人がいうときは、保育園を厚生省が管理し、幼稚園を文部省が管理していることから生じる不都合に反対しているのである。

保育園ではたらいている人が「一元化」をいうときは、おなじ保育の仕事をしていながら、幼稚園の教諭と保育園の保母との待遇がちがうのに不満であるからだ。これはもっともと思う。保母さんは午前8時から午後5時まで、ほとんど休みなしに保育をしなければならないのに、幼稚園の保育はたいてい昼食のあとに終ってしまう。それから午後4時までは翌日の保育の準備をしたり、研究会をしたりする余裕がある。さらに夏と冬とには休暇がある。幼稚園より保育園の保育のほうが、労働もはげしいし、精神の緊張もながい。その負担に給料は見合っていない。

これは保育園の保母さんの給料をあげるだけではたりない。保母さんにも保育者として勉強できるだけの時間をもっと与えねばならない。学会や研究会に出席し、研究の発表もできるようにしなければならない。保育は子守りでなく、教育である。教育はたずさわる人が、いつも勉強してくれないとこまる。この問題は、地方自治体で保育園を管理している役人がもっとかんがえてくれないといけない。幼稚園のほうは教育委員会があるが、保育園のほうは社会福祉の役所に管理されているうえ、その役所の長になる人が、このあいだまで水道課長をしていた人であるというように教育に経験のないことがあって、保母さんが教育者であることを理解しない。少なくとも教育委員会が幼稚園のことをかんがえる程度に、教育上の配慮を保育園にしてほしいという希望が、保育の「一元化」論という形をとる。

幼稚園や保育園のよくないところを、少なくとも同じ水準にまで高めようとする運動を「一元化」論というのはいいが、保育園がもっている福祉施設としての面を忘れてはならない。

両親ともに家の外ではたらかなければならない家庭や、母子または父子家庭で、小さい子をひとりにするわけにはいかない場合、福祉事務所が子どもを「措置児《そちじ》」として保育園に委託する。保育料は役所が支払う。こういう事情がなくならないかぎり、保育園と幼稚園との子どもの年齢、保育時間、設備(午睡室や浴室)をかんたんに「一元化」できない。

4歳から5歳まで

この年の子ども

460　4歳から5歳まで

4歳の子どもは、日に日にあたらしい世界の創造者である。彼らが創造者になれるほど、運動の能力と知恵をそなえるようになったからである。4歳の子どもは、もう三輪車では、あきたらない。ある子どもは二輪車にのれるようになる。ボールも遠くまで投げることができる。すべり台もすべるだけでなく、1《メートル》ぐらいの高さならとびおりる(〈*491* つよい子どもにきたえよう〉)。片足とびはできるし、床の上で、でんぐりがえりもやれる。おしえ方さえうまければ、4歳から5歳の子どもは泳げるようになる。

自動車の好きな子は、車種をみんなおぼえる。本の好きな子のなかには字のよめる子がでてくる。新聞広告のトレードマークをみて、デパートの名がいえるようになる。きのう、あすという時間の観念もはっきりしてくる。色の名まえも赤、白、緑、黄などいえるようになる。

テレビをはずさなかった家庭では、子どもはもうテレビっ子になっているだろう。テレビっ子というのは、テレビにしばりつけられた子だ。

自由に動かせる手足があるのだから、4歳から5歳の子どもには、めいめいの知恵をはたらかせて、夢の天国を地上に創造させなければならない。親と教師とは、子どもの創造をたすけてやらねばならない。よい保育園や幼稚園では、子どもの創造力は大事にされ(〈*488*子どもの創造性をのばそう〉)、のばされている。

子どもの夢の世界の創造は、保育園や幼稚園でいう「自由保育」の時間に、自然にできあがることがおおい。けれども、子どもたちの生活をよく知っている教師が、意識してそこにもっていくこともできる。油粘土をくばって、みんなに、何かをつくらせるして、子どもたちを夢の世界にはいっていかせる。それは、家庭でひとりの子どもがやっているママゴトという密室にくらべて、何と壮大な世界だろう。そこには、ひとつの「一斉保育」から、そこでできた「ミカン」や「オサカナ」や「ジェット機」を材料に市場、ひとつの都市が創造されたのだ。おおくのおとなたちは、この子どもだけの夢の世界をみたことがない。それだから彼らおとなは、子どもたちの創造力を大事にすることを知らない。おとなの世界のちゃちな模造品を、テレビ業者が子どもに配給して、子どもの創造力をマヒさせているのに腹をたてない。

子どもを2年も幼稚園にやったら、学校へいくまでにあきてしまうといっている母親は、家庭でどうやって子どもの「育児」をやっているのだろうか。

子どもはジェット機をつくるのには、機体になる椅子がいる。椅子をたおして機体をつくったと思うとたん、母親がしかりつける。「また、この椅子であそぶ。そんなことしたら、こわれちゃいます。椅子は、おこしかけするものです。たおすものじゃありません」。

創造者としての子どもに、十分に創造力をのばしてやれないのは、家庭の母親だけではない。幼稚園もすし詰めだと、子どもの創造力をのばせない。幼稚園の運動場は、自動車におびやかされている子どもにとっては、どんなに走っても、どれだけ土いじりに熱中していても、ひかれることのない安全な場所だ。朝早くきた子どもは、そこに大平原を夢みる。だが、9時すぎになって、園の子どもが全部やってくると、運動場は盛り場のように混雑する。誰にも衝突せずに走りまわることはできない。

保育室もせまい。ひと組が40人というクラスでは、遊具がたりない。先生の目がいきとどかないから、自由あそびになると、遊具のとりあいがはじまる。気のやさしい子は、いつも失業者だ。自由あそびになると混乱し、さわがしいので、隣の組の「お話の時間」のじゃまになる。それで、先生はなるべく「一斉保育」をやることになる。先生がオルガンをひいて、みんながそれについて歌をうたう。先生が紙芝居をしてみんなおとなしく、おひざに手をおいてきいている。画用紙がくばられて、絵をかくことになる。いつも画題がだされる。そのほうが先生は比較しやすいからだ。

子どもが集団のルールによくしたがって、勝手な行動をしないのを、先生は「いい子」になったように思う。だが集団のなかだけの「いい子」は、いい人間になるためには不十分だ。いい人間は道徳的でなければならぬ。道徳はおしえられたルールを守るだけでなく、自由な個人の意志で行為を選ばねばならぬ。すし詰めクラスで子どもは自由人でない。行儀のいい子をつくる工場の規格製品みたいだ。そんな園にかぎって、母親と先生との話しあう機会をつくらない。園から子どもにもたす連絡簿は、保育料だの後援会費だのの金銭出納簿みたいになっている。こんな幼稚園だと、9時から12時までの3時間でも、子どもは疲れてかえってくる。疲れがなおっても、家の近くに走りまわる広場はない。

いまの4歳から5歳までの子どもは、ほんとうにかわいそうだ。彼らにその創造力を発揮させるためには、どうしても、いい集団教育の場をつくってやらなければならない。だが、幼稚園や保育園に入れさえすればいいというのではない。ほんとうに、集団保育のできるような幼稚園や保育園をつくることが必要である。

この年齢の子どもの睡眠は、その子の生活の仕方でずいぶんかわってくる。幼稚園や保育園にいっている子は、朝きまった時間に家を出なければならないので、自然に夜も早くねるようになる。それでも最近は、幼稚園にいく子も、9時にねて朝8時ちかくにおきる型の子がおおい。幼稚園の先生のすすめる8時にねる子は、むしろ少ない。けれども、毎晩10時にねて朝7時すぎにおきる型の睡眠で、元気にやっている子もたくさんいる。睡眠によって疲労が回復するのには、ずいぶん個人差があるのだ。

ひるねをすると、たしかに宵っぱりになる。だが、ひるねをすると、子どもがしゃんとして、夜ねるまでの時間を楽しくおくれるのだったら、幼稚園で8時にねかすようにいわれたからといって、それを守らねばならぬことはない。子どもを教育するのは、幼稚園だけではない。家庭での教育が、10時までおきていたほうが万事うまくいくのだったら、ひるねをさせていい。とくに夏季は、ひるねをさせるべきだ。8時には、ねているというのだと、父親と家庭生活をする時間がなくなってしまう。

幼稚園にいかず、家庭だけにいる子どもは、睡眠が不規則になりやすい。冬季だと11時ごろにねて、朝は9時すぎにおきるようなことになる。だが、それなりに規律があって、鍛練の時間もあり、食事の回数もその年齢に必要なものを与えるに十分なら、早寝早起きにこだわることはない。

食事は、小食の子と、そうでない子との差がはっきりしてくる。小食の子は、とくにごはんを食べない。1日に子ども茶わん1ぱいがやっとというのがおおい。それでも、牛乳を2本のむとか、つとめて魚、卵、ソーセージ、肉などを食べていれば、栄養上に支障をきたすことはない。野菜を食べない子がおおいが、果物を食べていれば栄養としてはかわらない。

家にいては、ごはんもあまり食べないし、野菜も口にしない子どもが、幼稚園にいくようになって、おべんとうをもたせてやると、ごはんもきれいに食べるし、トマトやほうれん草も食べるということは、よくある。

ごはんを食べなかったり、野菜をきらったりするのには、心理的な原因も手伝っていることがわかる。子どもが終日、家で母親と顔をあわせていると、母親に依存したい気持と母親から独立したい気持とが、ごっちゃになって、母親のすすめることには、一応反対するという精神状態になる。これが食事のときにあらわれて、ごはんをいやがり、野菜を食べない。ごはんが少ないので、つぎの食事が待てない。お菓子をくれといって、ごねはじめる。

間食として、おおくの家庭で与えているのは、ビスケット、おかき、ポテトチップスの類であるから、ごはんとおなじ糖質である。ごはんを$\frac{1}{3}$ぱいしか食べず、あとでダイジェスティブ・ビスケット3枚食べるというのでも、カロリーは1ぱいのごはんとおなじだ。

ごはんのときに、いいかげんに食べて、あとで何度もおやつを食べるのは、栄養学的には害はないだろうが、教育上は感心しない。幼稚園にいかない場合でも、食事の時刻は一定し、間食もせいぜい2回ぐらいにきめたほうがよろしい。間食の量は、その子どもの食欲によってかなりちがうが、三度三度の食事をよく食べる子には、なるべく季節の果物を与える。魚や肉類をあまり好まない子には、牛乳かヨーグルトを与えたい。あまいものは、歯をわるくする(〈462子どものおやつ〉)。

排泄も、この年齢になると、夏の軽装のときは、ひとりでおしっこも大便もいけるようになる。きれい好きの母親は、衣服や便所のよごれることをおそれて、いつまでも子どもにひとりでいかせない。だが、そうすることで、ひとりで始末できるようになるのを妨げているのだ。この年齢では便器でさせないで、トイレへいってするようにみちびいたほうがよい。

夜、親たちがねる時に、ねている子どもをおこしておしっこをさせれば、朝までもつ子がおおい。もっとも、親戚の子がきて1日はしゃいであそんだとか、遊園地へあそびにいったとかした日の夜に、おもらしをすることはある。男の子だと、いくら母親が夜中2度おきて、おしっこをさせても、まだぬらすというのは、ざらにある。その子にはそれが生理的なのだ。この年齢では、夜尿症などという病気はないと思うほうがいい。

生活習慣では、3〜4歳にくらべて自立性がたかまっただけ、自分でやれることがおおくなる。衣服を脱いだり着たりすることは、かなり上手になる。もっとも、これこそしつけ次第で、時間を惜しむ生活合理化主義の母親は、自分でやったほうが早いので、子どもに衣服の着脱をやらさない。こうしていては5歳をすぎても、ひとりで着られない。

食事の前、おやつの前には、手を洗えるようになる子がある。これは、母親自身も食事と間食の前に手を洗う習慣のある家庭の子どもである。

朝の洗面と歯みがきも、この年齢では、やらせている家庭のほうがおおい。歯をみがくことが、むし歯をふせぐということに歯科医の意見が一致した現在、子どもにはできるだけ歯をみがかせるようにしたい。自分からすすんで歯をみがくようにするには、家族が朝いっせいにおきて歯をみがくのがよい。ほんとうは朝食後に本格的にみがき、起床後は形式的でいい。歯は夜ねる前にみがくほうが合理的だ。自分で歯をみがくことが習慣になれば、ねる前にみがかせるのも容易になる。

たくさん鼻汁のでる子では、そででふかせないで、鼻をかむ習慣をつける。この年齢では、まだひとりで爪を切ることはできない。

入浴のときは、ひとりで洗えるところはひとりで洗わせる。浴場は子どもにとって、楽しいあそび場でもある。この年齢の子では、まだ洗ってすぐでるというようにしつけなくてもよい。とくに父親といっしょに入浴するというようなときは、あそびながら、父親といろいろの会話をするのは、勤めで子どもと接触の少ない家庭では、むしろ必要なことである。

朝おきたとき、夜ねる前に、それぞれ「おはようございます」「おやすみなさい」は、いえるようにする。父親の出勤には「いってらっしゃい」、帰宅には「おかえりなさい」をいう。虚礼としてではなく、人間同士のつきあいにデリカシーが必要なことをおぼえさせるのだ。

交通事故の危険が日に日に大きくなっていくから、母親は、一日じゅう、子どもが今どこにいるかをいつでもいえるのでないといけない。子どもが外へ出るときは、かならず、どこへいくということをいわせるようにする。帰ってきたら、かならず「ただいま」というようにしておく。

からだの鍛練ということになると、戸外の安全なところで、友だちと走ったり、とんだり、場合によっては遊具をつかったり、音楽の伴奏でおどったりすることが必要である。これは、現在の家庭では、まずのぞめない。その意味でも、2年保育の幼稚園で、からだをきたえることは、子どもにとって生理的に必要である。

幼稚園や保育園にいっているこの年齢の子どもは、からだの鍛練をするから、いろいろのことができる(〈491つよい子どもにきたえよう〉)。家庭でできることは、子どもを歩かせることとである。お天気のいい日には、かならず家の外につれてでる。児童公園があれば、そこであそばせる。

からだの鍛練とならんで、家庭だけでそだてている場合は、子どもに知恵の発達程度にふさわしい精神の栄養を与えねばならない。絵の好きな子には、絵をかかせる。人物がどうにかかける。細工の好きな子には、プラモデルや積木、ときには油粘土を与える。音楽の好きな子には、テープレコーダーをうまくつかってきかせる。お話の好きな子には絵本を与え、母親自身がよんで、お話をしてやる(〈471本の好きな子〉)。ひとりで熱中できる子には、なるべく干渉しないで自分の時間をもたせる。

幼稚園へいくようになると、子どもは幼稚園でいろいろの病気をもらってくる。はしか、風疹《ふうしん》(三日ばしか)、水痘《すいとう》、おたふくかぜのどれかは、入園した年にかかるものと覚悟しなければならない。百日ぜき、ジフテリア、ポリオ(流行性小児マヒ)は、ワクチンが有効なので、最近はほとんどみられなくなった。百日ぜき、ジフテリア、破傷風のワクチンの第一期がすんでいる子どもも、1年から1年半後に第二期をうけねばならない。忘れていたら、間がどれだけあいていてもいいのだから、保健所に集団接種の日をきいておいて、その日にうける。

運動がはげしくなって、疲れることもおおいから、自家中毒（〈444自家中毒〉）をおこす子もかなりある。疲れたあと、食事をさせてからねかせる。

「小児ぜんそく」といわれて、胸のなかにゼロゼロとたんをためる子（〈481「ぜんそく」〉）は、たくさんいる。幼稚園へいくようになったら一転機とかんがえて、子どもをさらにきたえる。

「はやり目」も園でもらってくることがおおい病気である。園でプールにはいると、プール結膜炎というのにかかることがある。

赤ちゃんのときから手術をのばしていたヘルニアも、幼稚園にはいる前には手術しなおしておく。

この年齢でよく鼻血（〈482子どもの鼻血〉）をだすが、こわがることはない。どの子にもあることだ。

寄生虫ではぎょう虫がおおい。かんたんに駆虫できる。

どの子にもよくある、いちばんおおい故障は、朝の腹痛である。もう一度〈*437*子どもの腹痛〉をよんでほしい。

そだてかた

461　子どもの食事

4歳から5歳というころも、体重のふえ方は赤ちゃんの時代にくらべると遅々たるものである。1年を通じて1.5《キログラム》から2《キログラム》ふえればいいのだから、月割りにすると、牛乳びん1本の分量の重さぐらいしかふえない。食事の前後をかんがえてはかったのでないと、1カ月間に体重が全然かわらないこともめずらしくない。それに夏には、子どもでも夏やせがある。体重がふえないと母親は、子どもの食事の分量がたりないのではないかと不安になる。

もうひとつ、母親に子どもの食事について神経質にさせるのは、食卓をかこむ家族のなかで、子どもの「食欲不振」を目の前でみせられることである。母親にしてみると、せっかくつくった副食だから、子どもにきれいに食べてもらいたい。ごはんだっておかわりしてほしい。ところが、副食のほうは半分以上ものこすし、ごはんときたら、1ぱいを食べかねる。

「食欲不振」の原因を育児雑誌でよむと、「離乳が遅れたため」とか「調理法の片寄り」などとかいてある。さては、6カ月をすぎて、夜に母乳をのませたのがわるかったかとか、高校時代に家庭科をさぼったためかとか、親としてのいたらなさの悔恨にとらわれる。だが、それは思いすごしである。1カ月に牛乳1本分の体重しか、ふえないでいい子どもは、そんなにたくさん食べる必要がないのである。この年齢の子どもで、いちばんよくみられる食事の見本をかかげてみよう。

7時　起床

7時半　牛乳200《ミリリットル》　食パン1きれ　チーズまたはソーセージ少々

昼の弁当　ごはん1ぱい分を5個のおにぎりにする。卵1個半とほうれん草、またはソーセージと野菜サラダ

3時半　りんご　牛乳200《ミリリットル》

6時半　ごはん1ぱい　魚(おとなとほぼ同じ量)　果実

8時　りんご1個またはヨーグルト100《ミリリットル》

この子は幼稚園にいっているので、週4回おべんとうをもっていく。おべんとうにいれてやると、野菜も食べるが、夕食のときは野菜を食べない。果実は、そのおぎないで

ある。夏はごはんの量がこの半分ぐらいになってしまうので、牛乳をのどがかわいたときに、200《ミリリットル》ずつ2度のませていた。したがって夏には、牛乳を日に4回のませることになって、ごはんは1日1回の日もある。牛乳も冷たくしたり、アイスクリームで与えたりしないと、小食の子はうけつけないことがある。おやつとデザートのりんごは、季節によって、いちごになったり、みかんになったりする。この程度の食事の量で、この子は4歳から5歳までに、2《キログラム》体重がふえている。もちろんこの子の母親も、1年間、うちの子はごはんを食べてくれないで困ります、どこかに病気がかくれているのではないでしょうかといって、何度かやってきた(体重が年に1.5《キログラム》しかふえない子だと、ごはんの量はこの半分になる)。

この年齢では、子どもはすすんで手を洗って食卓につくのは例外である。それを毎日とがめて、一悶着《もんちゃく》するのは賢明でない。食事は楽しく食べることがいちばんいい。食事の前にいつもしかられるというのでは、子どもの食欲は、毎回マイナスになる。手は幼稚園からかえってきたときに洗うことにきめておく。

テレビがあると、夕食のとき子どもは番組に気がとられて、母親のつくってくれた食品に注意しない。母親の愛情が子どもにつたわるのをテレビが妨げているいい例だ。

462　子どものおやつ

この年齢の子どもで、ごはんを十分に食べて、つぎの食事まで間食を全然しないでいいという子は、例外である。たいていの子どもは、おやつを食べる。そして、ごはんよりも楽しそうに食べる。

子どものおやつへの欲求は、生活の様式と関係がある。以前は近所の子どもと、道路であそぶことがおおかったから、子どもが集団になって駄菓子屋で買いぐいをした。仲間がみんなお金をもらってきているのだから、自分だけもっていないと、肩身がせまくて、あそべない。泣いてかえって、お金をせがむことになった。それを与えないと子ども同士あそべないから、親は青空保育園の保育料のつもりで、駄菓子代を与えた。内心では駄菓子の不潔をおそれながら。

だがいまは、幼児の集団は道路であそべない。幼児はひとりひとり、家の中に軟禁されている。子どもは友人とあそんだ経験がないから、何でも自分のいうことを通すくせになっている。母親のいうことも容易にきかない。テレビのコマーシャルにチョコレートやあめがでてくるたびに、おやつをねだる。10時と3時とにかぎるということに、なかなかしつけられない。

子どもを午前中幼稚園にいかせている母親は、おやつの菓子を子どもの留守のあいだに買っておく。そうすれば3時に、母親のきめたものを与えられる。

子どもが家にいるかぎり母親はスーパーに買いものにいくとき、いっしょにつれていかねばならない。スーパーでは、子どもの手のとどくところにスナック菓子をおいておく。子どもはコマーシャルで見おぼえのある菓子の袋をとって、だきかかえる。母親は買わざるをえない。いったん自分がえらんだ菓子は、子どもには「私有物」に思えるので、母親にわたそうとしない。もってかえって、おなかいっぱい食べる。自分ひとりで食べるときは、無制限に食べたいおやつも、友人といっしょだと、与えられた量でがまんする。友人とあそぶ楽しさをふやす意味で、おやつは友人といっしょに食べさせるようにしたい。仲よしの友人の母親ともよく協定して、あそび場になった家庭で、かわるがわるに、どんなものを与えるかをきめておくのがいい。

おやつを食べたあとで歯をみがかせたいが、これも協定しておいて、おたがいに歯ブラシをあずかっておいて、いっしょにみがかせる。それができなければ、おやつやジュースのあとに番茶か湯ざましをのませる。

夜おそくまでおきている子がふえたので、夕食のあと、ねるまでに何かを食べることがおおくなった。これは、なるべくヨーグルトか果実ぐらいですませたい。お菓子を食べながらねかせるのはいけない。

夕食のあと歯をみがかせる習慣をつけておくと、夕食後におやつをねだられても、「もう歯をみがいたでしょ」といって撃退できる。

463　夜のねかしつけ

夜ふとんにはいってからのねつきは、母親のしつけ方よりも、子どものねつき方の生理によるものである。ふとんにはいるとすぐねつける型の子どもだと、おやすみなさいをいって、ふとんにはいると、5分以内でねてしまう。母親がすぐ隣の部屋にいるという安心感があるときは、あかりをうすぐらくしてもこわがらない。いままでは、そばにしばらくついていてもらったのが、5歳ちかくなると、ふすまごしに母親と話をしながら、ねむってしまう子もでてくる。

だが、ねつくまでに時間のかかる子どもは、そういかぬ。とくにねむくなると、きげんのわるくなるタイプの子だと、毎晩ねむるまでに、いちどは泣かねばならぬ。そういう子を、できそこないと思ってはいけない。ねつきに時間がかかるだけのことで、ほかに問題はない。

ねつきに時間のかかる子は、ねむるまでをいろいろなことをして時間つぶしをする。

指しゃぶり、ペットのお人形の愛撫《あいぶ》、毛布しゃぶりなどがおおい。ミルクびんを吸う子もめずらしくない。母親にそばにいてもらって、手をつかんでいる子もある。どれも母親がそばにいてくれることで、安心しているのだ。

もう5つになるんだから、ひとりでねなさいといわれて、指しゃぶりしてひとりでねむらせるより、お話をしてあげようといって、何か本をよんできかせるほうがいい。母親の声によって、楽しい童話の世界をあそんでいるうちに、ねむりにつくほうが、夢も楽しかろう。

よくあるのは、毎晩ねむるとき、きまった本をよんでくれという場合だ。条件反射なのかもしれぬ、きいているうちにねむくなる。母親がうっかりしてよみちがえると、まるおぼえしている子どもから、まちがってると訂正される。それがつづくと、今度はまちがえてくれないと気がすまなくなって、ちがえてよんでという注文をだしてくることもある。

どうしてもねつきがわるくて1時間以上もかかるのは、昼間の運動がたりないか、早くふとんに入れすぎるかである。

464　排泄のしつけ

4歳から5歳になるあいだに、たいていの子どもは、おしっこも便もひとりでいき、ひとりで始末できるようになる。しかし寒い季節でたくさん服や下着をつけているときは、一部を手伝ってやらないと脱衣ができない。

男の子は、戸外であそびに熱中していると、おしっこをしてしまってから、家にかけこんでくることもめずらしくない。なかには、家にかえってこないでそのまま蒸発させてしまうのもいる。ふだん家庭のなかでは、ひとりで排泄にいける子だったら、そんなことがあっても、気にすることはない。もうすこし大きくなれば、自然に卒業する。寒いので便器をつかっていた子どもでは、あたたかくなるにしたがって、トイレでするようにしむける。子ども用のかわいいスリッパをトイレにそなえてやると、よろこんでトイレにいくのがおおい。

男の子では、夜にどうしてもぬらしてしまう子が、この年齢ではたくさんいる。からだは大きくなったが、夜のおしっこにかんしては、3〜4歳の子とおなじなのだ〈417 排泄のしつけ〉。

夜のおもらしがいつやむかは、子どものめいめいによってちがう。6歳になってやむ子もあるし、小学校4年生までつづく子もある。小言をいうと、かえってながびく。

もう5つになるというのに、おねしょじゃだめですなどと、朝に現場で小言をいうと、夜尿症になる。夜尿症というのは、子どもが、自分は夜尿をするだめな子だという劣等感によって緊張しておこる病気だ〈511夜尿症〉。

しじゅう便秘する子では、知らぬまにパンツに便をもらしてしまうことがある。

465　子どもの偏食

子どもが偏食するのを、気ままをいうわるい子だときめつけるべきでない。また、母親として子どものしつけをあやまったと、自分をとがめるべきでもない。人間には、食物について好ききらいのある人のほうがおおい。ある特定の食べものがきらいだということは、おとなにとっては、あまり問題でない。玉ねぎのきらいな夫は、妻が玉ねぎを煮ても、食べずにのこすだけだ。玉ねぎのきらいな妻は、玉ねぎを煮ないだろう。人間は、よそのめいわくにならぬかぎり、自分の好きなものを選んで生きていけばよい。

子どもにかぎって、食物の好ききらいが偏食などといって、とがめられねばならぬのはなぜか。これは母親の「栄養学」と、その道徳的信念による。よその子の食べるものは、なんでも食べないと栄養不良になると思っている母親がいる。そんな母親が、戸別訪問をして幼児の嗜好《しこう》調査をしたかというと、そうでない。うちの子は、なんでもいただきます、という近所の母親のことばを信じているだけだ。たしかにそういう子もいる。いもだろうが、にんじんだろうが、魚だろうが、およそ皿に盛られたものはなんでも食べる。それはいいことだ、と母親は思っているので(たしかに調理者の立場としてはいいことだ)、ほかの母親に話す。じまん話をきかされた母親も、偏食は悪だという思想があるので、自分の子の偏食を気にする。しかし、なんでも食べるということが、はたして善であろうか。それは善悪をこえた、子どもの生理の問題だ。玉ねぎがきらい、にんじんがきらい、いもがきらいということは、その子のいまの持ち前なのだ。

音楽や文学や絵画では、人の好みがみとめられるのに、どうして食物については好みがゆるされないのか。にんじんのきらいな子に、にんじんを桜の花の形に切って無理に食べさせるのは、浪曲のきらいな人間に、洋装をさせた浪曲師の浪曲をきかせて、好きにしようとするのとおなじだ。

もちろん、好ききらいのなかには、年齢とともにかわるものもある。3歳まで牛乳がきらいだった子が、5歳になってから好きになることはある。だが、どうしてもかわらないものもある。一生、くわいはきらいという人もある。子どもの性格にもよる。ある程度きらいなものでも、無理にといわれれば、がまんして食べられる子もあれば、味については、どうしてもがまんできないという子もある。

「偏食の矯正」に成功したという「美談」は、子どものきらいの程度がそれほどでなかったか、次第に成長して好みがかわったか、または、子どもが耐えがたきを耐えているかだ。おおくの偏食の矯正は、子どもが食べられるようになったということを成功としている。けれども、20年も30年もたってからしらべると、矯正された偏食のあるものは、その人間が自由意志で食べられるようになると、もとにもどっている。

人間は忍耐をまなぶべきである。しかし、食事というような基礎的な生理でそれを訓練することは、賢明とはおもえない。食事は、生きる楽しみとして、楽しくおいしく食べるほうがいい。そのほうが消化もいい。

14〜15歳になって、からだのどんどんそだつ時代には、好きでなくても腹のたしになるものは食べる。この時代は満腹が食欲の充足だ。だが、4〜5歳のころは、成長のスピードがおそく、そんなに食欲のないときだ。あまりたくさん食べないのだから、質的に食欲をみたしてやりたい。栄養学的にみて不足がなければ、子どもの好ききらいにたいして、あまりつよい干渉をしたくない。

野菜のきらいな子には、野菜をこまかく切って、焼き飯にまぜるとか、シチューにするとかで形をかえたり、味をかくしたりして与える。それでもだめなら、野菜のかわりに果実を与えておけば、栄養上はさしつかえない。魚も、煮たり焼いたりしては食べないのならフライにする。それがつづいてもいい。それでも食べなければ、他の動物性タンパクでおぎなえばよい。魚もきらい、肉もきらい、卵もきらいという子には、牛乳をたくさんのませればいい。

幼稚園にいくようになって、おべんとうのおかずにいれると、きらいな野菜も食べることがおおい。先生にほめられると、好きでない魚も食べる。だが、それはがまんしているのであって、好きになったとはいえない。もし「偏食の矯正」が、食卓につく子どものきげんをわるくし、食欲全体に影響があるのなら、偏食の矯正も、家庭平和のため、ほどほどにすべきだ。また、幼稚園のおべんとうを偏食矯正に利用しようとして、幼稚園そのものをきらいにするようなのは、本末転倒である。偏食矯正がじまんの先生にぶつかって、子どもが困っているときは、母親は「母親の会」のとき、みんなの前で偏食についての自分の意見をのべるべきだ。

母親が食事のたびに偏食をなおそうとして、がみがみいうと、子どものほうで、母親の最大関心は食卓にあると感じる。そうなると母親に反抗するのには、食卓でやるのがいいと思うようになる。子どもは、ある食べものが好きでないから偏食するのではなく、母親にたてつくためにハンストをする。偏食にたいしては、あまりむきにならないほうがいい。食卓を母親と子どもとがけんかをする土俵にしないことだ。

子どもがよろこんで食べるものを与え、いつも楽しい話をしながら親子で食卓にむかうようにすれば、ほかで親子がうまくいかないことがあっても、食事の楽しみのなかで忘れてしまう。家庭は、人間がはだかで争うこともあるところだから、心のしこりをときほぐすクッションをいくつも用意すべきだ。

「偏食矯正」の目的が、体重をおもくしようというのだったらまちがいだ。食品の質と量とが「向上」したために、文明社会で糖尿病や心臓病や結石がふえたのだ。いまの平均体重は、肥満にかたむきつつある。

466　自分のことは自分でさせる

子どもが、自分の身のまわりのことを自分でできるようになってくれると、母親はたすかる。しかし、母親の都合だけでかんがえないほうがいい。自分の身のまわりのことを自分でできるという自信は、子どもに、人間として、独立した感じを与える。子どもにとっては、手早くやることより、人格の独立の意識のほうが大事である。だから、子どもが上着のボタンをはめるのにひまがかかって、ぐずぐずしていても、母親がじれったく思って手をかさぬほうがよい。何でも手早くやることの得意な母親は、つい手がでてしまうので、子どもはいつまでたっても、自分のことができない。まわりで手伝わぬようにすると、4歳から5歳までのあいだに、子どもは、いろいろのことが自分でできるようになる。

排泄は、母親の手をかりないですむようになる。もっとも、はじめはしばらく母親が「検閲」しなければならない。

朝、歯をみがいたり、顔を洗ったりすることも、上手ではないが、どうにかやれる。入浴のとき、男の子は髪を自分で洗う子もでてくる。手のとどくからだの部分は一応洗える。もっとも、いっしょに入浴したおとなが、ところどころ手伝ってやらねばならぬ。

衣服を着ることも、夏は容易だが、冬はボタンの小さいものをはめるのはむずかしい。少し手伝えば、どうにかできる。脱ぐほうが容易である。靴下は、まずはける。ひもをむすぶことは、できる子もできない子もある。

食事の前に手を洗うことは、親がそれをやっている家庭では、子どももやれる。食事もひとりで完全にできる。食事の作法もおしえはじめるべきだ。

鼻をかんだり、うがいをしたりすることも、4歳から5歳になるあいだにできるようになる。

幼稚園にいくようになると、ジャンパーを脱いだり、おべんとうの包みをほどいたり、包んだりしなければならぬ。そういうものは、子どもが自分でできるように、親のほうで工夫する。ジャンパーのファスナーは、かんたんにかけられるものにする。背中にファスナーのある服は着せないようにする。おべんとうの包みもファスナーにする。

オモチャであそんだあと、本をよんだあとは、かならずもとあったところに、しまうようにする。それには、オモチャ箱をおく場所、本の棚を、子どものために一定しておいてやらねばならぬ。もっとも、後かたづけのできるできないは、子どもの性格によるところが大きい。あまりやかましくいうと、子どもは反発して、よけいかたづけなくなる。

いっぱんにいって、子どもがどれだけ自分のことがやれるかは、親がどれだけ子どもをつきはなしておけるかという親の忍耐による。

子どもが幼稚園へいくようになって、いやでも、つきはなさねばならぬことになると、子どもは急に成長する。

467　からだをきたえよう

いまの家庭で、子どもを幼稚園にも保育園にもいれないで、からだの鍛練をすることは容易ではない。4〜5歳の子どもの鍛練をやろうとすると、ある程度のひろい場所と、大きな遊具とをそなえねばならぬ。町のなかの住宅の密集したところでは、子ども用の広場がない。遊具を買えたにしても、おく場所がない。

遊具をつかわないで、子どもを歩かせても鍛練にはなる。だが毎日、2〜3キロメートルを歩かせるとなると、母親がついて歩かねばならぬ。それだけ、時間と体力にゆとりのある母親は少ない。それに歩くだけという鍛練は、4〜5歳の子どもではあきてしまうので、日課にすることはむずかしい。

母親にできる鍛練といえば、買物にいくときいっしょにつれていき、厚着をさせないようにするくらいのことだ。この年齢の子の鍛練には、父親のたすけが必要だ。規則正しいことの好きな父親（それは全体としてみれば、母親や子どもの精神的負担になることもおおいが）だと、毎朝、ラジオ体操をしたり、冷水摩擦をするから、子どもにそのまねをさせられる。ふつうの父親にできることといえば、休日にボール投げをしたり、近くの山につれていったりすることだ。しかし、それも休日ごとにやるわけにはいかない。

むかしの幼児は、両親のたすけなどいらなかった。近所の空地で、友人と終日、犬をおいかけたり、チョウチョウやセミをとったり、タコをあげたりして、食事のときしか家にかえらなかった。友人と楽しくあそぶことが、からだの鍛練になった。ひどくしかられても、街路ににげだせば友人がいたから、2〜3時間あそんで家にかえってくるころは、親も子も先刻の叱責《しっせき》を忘れていた。安全な街路はからだの鍛練の場であるだけでなく、親子関係のクッションでもあった。

いまは、道路があぶなくて幼児だけであそぶことはできない。チョウチョウもセミもいなくなった。街路が自由空間(おとなに管理されない世界)でなくなったから、親にひどくしかられると、密室でいつまでも冷戦がつづく。1日のうち何時間か親からはなれられる幼稚園や保育園は、精神衛生からいっても必要だ。

468　感じやすい子

なにごとにも感じやすい子どもがいる。ちょっとしたことで泣くので、母親は、気のよわい子だと思っている。童話をきいていても、かわいそうな子どもがでてくるところでは、目に涙をためる。おもてにでて友人とあそんでいても、少しきつくいわれると、べそをかいて帰ってくる。

幼稚園にいくようになると、幼稚園の先生からは意気地なしのように思われる。油粘土で人形をつくる課業をやっていて、ほかの子がみんなできてしまう。早く仕上げないと通園バスにいっせいに乗せられないので先生は気がせく。「あなたは、どうしてそんなにおそいの」などと注意する。ほかの子ならちょっと恥ずかしそうにしたり、頭をかいたりするくらいのところを、涙をぽろぽろ流してうつむく。

感情的に感じやすいだけではなく、感覚的にも過敏である。もののにおいをひどく気にする。石油ストーブをたくといやがる。ねぎや玉ねぎのような、においのつよい食品を好まない。電車やバスのなかのにおいもきらいだ。バスに少しながく乗っていると、吐きそうになる。遠足などで、たまたまバスのなかの誰かがゲロゲロをやると、たちまち同調して、おなじことをやる。音にも敏感で、保育園にいく子だと午睡ができない。夜もなかなかねつけない、あまりおそくなると「ねむれない、あしたおくれる」といって泣く。

こういう感じやすい子どものあつかいには、注意しなければならぬ。母親もおなじように感じやすいタイプの人だと、自分の子どもの時もそうだったと思い出して、子どもに同情的だ。しかし子どもが父親似で、母親はいたって神経のふといタイプの人だと、子どもの気持がわからない。こういう子どもを、劣った子どもだと思ってはいけない。意気地なしとか、小心ものとかいって、きめつけないほうがいい。

いちばんいけないのは、生まれつきの性格として感じやすいのを、「君のそだて方がわるい」といって父親が母親をとがめることだ。そういう父親はスパルタ教育の信者で、子どもはきたえればつよくなると信じて、体罰をくわえたりすることがよくある。そうなると、子どもはいじけてしまって、のびられない。人間のなかには、そういうデリケートな性質の人がいるのだ。世界を美しくしてくれるのは、そういう人だ。その子のもっている感じやすい心は大事にして、おとなになっても、もちつづけられるようにそだてたい。

もちろん、きたえなければならぬ。バスに酔う子はバスに乗せて、乗る距離をだんだんふやしていけばよい。保育園の午睡では先生にいちばん近いところにねかせて、安心させておけばよい。ねつけないことをしからず、童話のつづきをかんがえさせておく。よそから泣いて帰ってきたときは、たたきかえしておいでなどといわずに、楽しい話をしてやる。人生には、悲しいことばかりでなく、楽しいこともいっぱいあることを感じさせる。

幼稚園や保育園が定員超過だと、こういう感じやすい子どものいいところを十分にそだてる保育がやりにくい。子どもは、すし詰め教室のなかでボスにこづきまわされて、つらい思いをしている。それを、家庭に帰ってから、また母親が、がみがみいっては、子どもは救われない。

かばいすぎるのはよくないが、感じやすいという点で子どもを非難しないことだ。人間は一生、団体旅行をするわけではない。自分の性格をみとめてくれる人と家庭をつくって、楽しく生きればよい。おうような人も、感じやすい人も、それぞれの持ち前を生かして、みんなが楽しく生きられる社会をつくっていけばよい。

469　うそをつく子

子どものうそを、うそは悪であるという道徳観だけで、とがめてはいけない。

子どもが、おもしろかったことを親に話すとき、よくうそがまじる。子どもの楽しい記憶のなかで、現実と空想とがいりまじっているのだ。おとなは想像力が低下しているので、現実は現実としてしか、うけとれない。子どもの絵をみればわかる。おとなからみると、ずいぶんかわった色がつかってあるが、子どもの心のなかでは、それが真実なのだ。子どもの記憶のなかの美しい世界は、絵そらごとでしか表現できないのだ。「そんなうそをついてはいけません」ととがめると、子どもは表現の出ばなをくじかれて、だんだん空想力を失っていく。

しかし、責任のがれのうそもある。それはたいてい、「こんなことをしたのは誰です」と母親にするどくたずねられたときだ。もし以前に、そういう場合、母親が体罰をくわえたことがあると、子どもは体罰からのがれたいために、自分のやったことをやらないといいはる。子どもの恐怖心が責任感をうわまわっても、それは仕方がない。子どもが責任のがれに、うそをついたときは、これも第一発のときに、母親はだまされるものでないことを子どもに知らせる。そうでないと、かさねてうそをつく。おとながうそをつくから、子どもはうそのつき方をおぼえるのだ。家庭にうそがないようにしなければならない。

470　字をおしえるべきか

いまの子どもは、学校にいく前に、平がなや数字のよめる子がおおい。これは、母親が教育熱心になったためではない。子どもの生活が字を必要とするようになったのだ。いまの子はむかしの子のように、食事以外は一日じゅう戸外であそべない。あぶなくて家のなかに閉じこめられているので、テレビをみたり絵本をみたりしている。テレビや絵本がおもしろいと、母親にたのまないでチャンネルをまわしたいし、絵本のお話を知りたい。子どもはテレビや絵本をおもしろいと思うから、数字や平がなを自分からすすんで母親やきょうだいにたずねて、おぼえる。

親がおしえないでも、このように子どもはテレビや絵本で字をおぼえる。もっとも、テレビをみるようになって、早くから字がよめるようになることは、長期的にみるとプラスにならない。子どもはマンガばかりみて、本をよまない人間になる。

子どもが4歳になったから、字をおしえねばならぬという考えは、まちがいだ。4歳の子どもにふさわしい楽しい絵本を与えれば、それの好きな子は、数字や平がなを自分でおぼえようとする。子どもに絵本も与えないで、「字のかき方」という本で字をおしえるのは、おろかなやり方だ。子どももおぼえようとしない。

小学校にいくまでに、ほとんどの子どもが平がなをおぼえるのに、小学校の先生は、子どもに字をおしえてくれるなといい、幼稚園の先生は、名前のほか字をおしえない。だが、字をたずねてもおしえないのは不自然だ。幼稚園や保育園で字だけをおしえるのはいけない。絵本で十分に楽しませさえすれば、子どもは字を必要としてくる。子どもの楽しい生活に必要なものは与えるべきだ。

ただし、字をかかせることに重点をおかないほうがいい。字はよめさえすればいい。よめる字はかけるはずだといって、子どもに手紙をかかせたり、文章をかかせたりしないほうがいい。子どもは文章で自分の思っていることは、まだ表現できない。子どもの心の世界は、子どものあやつれる文章よりはるかにひろく多彩だ。文章であらわすように強制されると字がきらいになる。思っていることを十分に話のできる子にしておけばよい。

471　本の好きな子

本の好きな子には好きな本を与え、本の好きでない子には本を与える必要はない。本の好きな子と、そうでない子とは、4歳になればもうはっきりしてくる。本であればどんな本でもひらいてみて、自分のわかるところをみている子は、本の好きな子だ。本屋の店頭にいけば、熱心にあちこちひらいてみる。

そういう子には、好きなだけの本をみせてやりたい。母親はひまをつくって、本をよんでやるべきだ。想像力のゆたかな子にちがいない。自分でもお話をつくって母親に話してくれたりする。やがて、母親にむかって、いろいろ字のよみ方をたずねてくる。上に兄や姉がいれば、つかまえて字をおしえてもらう。字をおぼえると黙読をはじめる。そういう子に字をおしえずにおこうとしても、むりである。

児童図書館というものが、もっとたくさん建てられ、幼児のための蔵書をもつことが必要だ。だが、幼稚園で図書室をつくって、どの子にも図書室で本をみるように強制することは、本が好きでない子どもに有害だろう。うちの子も字をよめるようにして、図書室の本をよませようという競争が、母親におこるにちがいないからだ。本の好きな子にみせる本については、〈425絵本はどんなのがいいか〉をみてほしい。本をよませるときは照明を十分にし、姿勢に注意し、あまり目に近よせてみないようにさせる。

だが、本の好きな子のなかには、想像の世界がおもしろすぎて、現実の友人と上手にあそべない子もある。とくに「ぜんそく」といわれて、外にでず、医者がよいばかりしている子におおい。そうなったら、これは一種の異常児だ。本をよむときは、熱心によませていいが、友人とあそぶ機会をつねに用意しておくべきだ。本の好きな子は、どんな環境にいても本をよまずにはいない。それがわかったら、あえて子どもに本を与えないで、現実の友人とあそばせることに力をいれるようにするのも、ひとつの見識だ。友人とあそぶ楽しさを知らないで生きることは、字を知らないで生きることより不幸だからだ。とくに本を与えてから、友人とうまくあそべなくなったら、本を買うより、遊具を買って友人とあそばせるほうがいい。

隣の子が4歳で字がよめるのに、うちの子は5歳ちかくなっても本をよもうとしないという場合もある。そんなとき、母親はあわてて字をおしえることはない。本をみないでも、子どもが毎日楽しく、友人とあそんでいるのなら、それでよろしい。本のきらいな子をつかまえて、字をおしえこんだところで、プラスにはならない。子どもは字をおぼえる能力がないのではない。本の与える想像の世界より、友人たちと探求する現実の世界のほうが、その子には新鮮なのだ。

そういうタイプの子には、本の与え方がまちがっていて、子どもが本を好きになれないこともある。童話の世界には興味がないが、自動車、動物園にいる動物、魚類、昆虫などのどれかに特別の興味のある子がある。そんな子には、好きなもののかいてある本を与えると、むさぼるように見、やがて字をおしえてくれといいだす。ただそういう子に与える図鑑に、いいものが少ないのが残念だ。思いきっておとながつかう図鑑を与えてもいい。好きな子は動物図鑑のハチュウ類を全部おぼえてしまうこともある。だがそれだからといって生物学をやらせようと思わないほうがいい。おとなになるまでに忘れてしまう。

472　知能テスト

私立の幼稚園では、「知能テスト」と称するものをおこなって、子どもをえらぶ。しかつめらしい顔をしてやるので、いかにも信頼できるもののような錯覚をおこすが、実はあやしげなものである。もともと、知能テストというもののはじまりは、フランスの小学校で、とくに知恵づきのおくれた子どもを見わけるために案出されたもので、人間のかしこさをきめるものではない。知能テストというが、人間の知能とは何かということもはっきりしないし、それが、テストできるという証明もない。生まれつき人間がもっている天分は無限にあり、子どものなかには眠って存在している。それを3つか4つの質問で判断できるなどということが、あろうはずがない。

知能テストは、結果が数字ででるようにつくってあるので、いかにも人間の頭の値打ちがわかるみたいだが、人間の値打ちは、どの人間もとうといので、誰が値打ちがあって、誰が値打ちがないなどと、かんがえるのがまちがっている。

幼児の知能テストの不正確さは母親がいちばんよく知っている。いつもならこたえられる問題を、子どもは見知らぬおとなから質問されたのでこたえない。試験する人は、この子は知らないと思って採点するが、母親はこたえないだけだとわかっている。知っていることはすべて表現して、つたえられるというので、テストはやれるわけだ。だが、幼児は見知らぬおとなには、知っていてもこたえない。また、幼児の知能テストは、似たりよったりだから、テスト集を買って練習すれば上手にこたえられるにきまっている。猛練習をかさねるとテストの名人をつくることはできる。だが名人になったからといって、人間の値打ちが高くなったと思ってはならない。

知能テストができなくても、ちっとも悲観することはない。テストの質問は、かってにつくったものではない。どこかの町で何百人かの子どもにおなじ質問をだして、そのこたえをあつめて標準をつくったものだ。それをつくるのには2〜3年かかるから、テストは現在の子どもとは、ずれている。いま新しい創造的な生活をいとなんでいる家庭の子が、過去のどこかの町の子のありふれた知識をもたなくても、悲しむべきではない。いまつかわないものの名を知らなくても、4歳の子は知能が低いのでない。

むし歯とその予防

〈388むし歯とその予防〉参照

環境

473　近所の友だちとあそべない

4歳になったら、どの子も友人とあそべるというのではない。この年齢の子が友人同士あそべるためには、協力するけいこができていなければならない。性格的に寛容な子もいる。相手が多少むりなことをいっても、ゆるしてやり、いっしょにあそぶ。そんな子はむしろ例外で、はじめは何度かけんかをし、泣き別れをして、そのあげく、楽しくあそぶためには協力しないとだめだということをまなんで、友人同士あそべるようになる。それだから、最初にけんかをして、泣かされたり、泣いたりすることに親がこだわっていては、子どもはいつまでも友人とあそべない。

どの子も、はじめは友人の家へいくことはできない。友人が自分の家へやってきてくれて、はじめてあそべる。きてくれた子が、いままで子ども同士あそんだ経験のある子だと、あそぶための道具であるオモチャをとりだして、仲よくあそぼうとする。ところが、オモチャはただ私有物であるというかんがえしかない子は、オモチャが他人の手にあることをがまんできない。近所の子がもったオモチャを、ただちにかけていってとりもどす。近所の子は、オモチャがなくてはあそべないから、はなすまいとする。そこでとりあいになってしまう。

これが、両方とも幼稚園にいっていれば、オモチャは、友人と友人とをむすびつける道具で、誰のものであってもいい、あそぶあいだは、共有しないとあそべないことを知っている。だから、あそびにきてくれた友人が自分のオモチャを手にしても、おこらない。

たまたまきてくれた近所の子が寛容な子であると、しばらく傍観者になっていてくれる。友人がそばにいてくれるのがうれしいので、世なれぬ子は、しだいにきげんよくなり、自分のオモチャであそびはじめる。その途中で、近所の子がうまく参加するといっしょにあそべるようになる。だが、そういう寛容な隣人ばかりいるわけではない。非寛容の2人がとなりあっているときは、4歳をこしてもまだあそべない。むかしは、幼児たちは家の近所にある空地にあつまったから、そのなかで、自分の性分にあう友人をえらぶことができた。しかし、いまは幼児は自動車があぶないので遠くに出られない。すぐ近所に適当な友人がいなかったら、友人なしですごさねばならない。

子どもは友人とあそぶことがいちばん楽しい。その楽しみを味わうためには、協力をおしえねばならぬ。それは、おとなのおしえられないものである。幼児の自然にあつまる空地のなくなった現在、どうしても集団保育の場に子どもをいれて、協力をおしえねばならぬ。

近所に適当な幼稚園がないところで、ほぼ同じ年ごろの幼児がとなりあっていながら、うまくあそべないときは、両方の母親が努力しなければならぬ。いつもオモチャがけんかのもとになるのなら、母親もくわわって、オモチャなしにあそぶことからはじめる。また、あそびにいくときは、オモチャを2つもたせてやらせ、アキラちゃんに1つかしてあげなさいよといっておく。

いっしょにあそんだほうが楽しいという気持を、何度か経験すれば、仲よくあそべるようになる。いっしょにおやつを食べることも、あそびの楽しみをふやす。ときには、いっしょに食事をするのもいい。いじわるな子だからあそばさないなどというのは、おとなのほうの心のどこかに敵意がひそんでいるのである。

親同士がよくわかりあっているときは、家族ぐるみで、いっしょにピクニックにいくといい。知らない遠いところにいくことが、子どもに、仲間であるという気持をもたせるようになる。

474　幼稚園にいきたがらない子

幼稚園にかよいはじめた最初の半月は、園のほうでも気をつかい、短時間の保育できりあげる。とくに母親への依存のつよい子どもには、一時的に母親にそばにいてもらうようにしている園もある。そうして、だんだんに適応させて、うまく園にかよいだした子どもが、1カ月か2カ月して（あるいは1年たってからでも）、「きょうはいかない」ということがある。

そういう場合、病気だったらしかたがない。子どもが病気かどうかは、母親がいちばんよく知っている。朝の起床の様子、食事のしかたなどをみて、どうもふだんとちがうと思ったら、体温をはかってみる。

熱があったら、この年齢でおこりそうな熱の原因をかんがえてみる（〈479 よく熱をだす、435 急に高い熱がでる〉）。

熱がない病気ということもあろうが、どうも病気らしくないと思って問いただすと、いろいろの「理由」を子どもはあげる。その「理由」は、幼稚園が何となくなじめないというムードが根本にあっての口実であるが、何ほどかの真実をふくんでいる。

「ヒロシくんがいじめる」とカズちゃんはいう。女の子がめずらしいヒロシくんが、カズちゃんの髪にさわったり、リボンをひっぱったりするのが、カズちゃんには、親しみとしてでなく、迫害と感じられる。

「先生が、おべんとうのときおこる」とナオキくんはいう。先生は、「今月の指導」というカリキュラムによって、ごはんをのこさず食べるように指導して、みんなにきれいに食べたおべんとう箱をみせるようにいったのに、ナオキくんは食べるのがおそくて、みんなといっしょにおべんとう箱の底をみせられなかった。

そういうたぐいの、幼稚園のいやな「理由」がおおい。しかし、「ヒロシくんがいじめる」とか、「先生がおこる」とかいわれると、4歳児の母親は動揺する。うちの子はまだ小さいのだから、無理してやらなくてもいいのではないか。今年はやめさせて来年1年保育にやろうか。

とくに、家庭に祖父母が同居していて、前から2年保育にいくことを反対している場合、母親は、やっぱり早く幼稚園にいれすぎたかなと思う。だが、そんなときでも、子どもを幼稚園に送っていって、みんなの仲間にいれてしまうと、あとは何ごともなかったかのように、楽しくとけこんであそんでいるというのだったら、決心をする。

そのつぎ「きょういくのいや」といったとき、毅然《きぜん》として、「さあ、いっしょにいきましょう」と幼稚園まで送っていくか、さそいにきた友人に、「みんないっしょにいってね」と、子どもの気持が、全然わからぬような顔で送りだしてしまうのがいい。哀願したり、交換条件をつけたりしない。祖父母にも、かわいそうだ、かわいそうだといってもらわぬようにする。

子どもは、母親への依存からまさに一歩ふみだそうとしているのだ。それをさせるために集団保育にたのんだのだ。集団保育は家庭でおしえられないものをおしえるのだ。それは、この子にとくに必要なのだ。そういう気持で、子どもを送りださないとうまくいかない。いちばんいいのは、仲のいい友だちに朝さそいにきてもらうことだ。それは、友だちにも困った仲間に手をさしのべることをおしえる。

しかし、子どもが幼稚園へいって、まったく集団生活のできないという場合もないではない。幼稚園があまりよくばって子どもをとりすぎて、ひと組が40人もいて、先生の目がとどかない。子どもは内気な子で、ほかの子をおしのけて先生のまえにでることをしない。先生から存在をみとめられない。1学期かよったが、友だちができない。いつ見にいっても、ひとりで柱のところでしょんぼりしている。毎朝、幼稚園にいくまえに、ひと泣きする。こういうのは、子どもの性格が営利本位の園に適応しきれないのだ。きっとほかにもおなじような被害者がある。そういう母親たちがあつまって、園のやり方を変更するよう申し入れる。それでも実現不可能のときは、子どもの成長がそれに耐えるに至っていないとかんがえて、2年保育をやめてもいい。2年保育にはどうしても耐えなかった子が、1年保育にはうまく適応できたという例は、いくらでもある。

子どもをそだてる道はいく通りもある。この道でなければならぬと思いつめないことだ。

475　幼稚園で友だちがない

幼稚園にいきだして2～3カ月たっても、まだ幼稚園で友だちのない子がある。たいてい、おとなしい、恥ずかしがりの子である。参観日にいくと、みんながにぎやかにさわいであそんでいるのに、ひとりぽつんとはなれている。なかには、幼稚園へいくのがいやという子もあるが、ひとりぼっちのくせに、幼稚園はきらいでない子もおおい。幼稚園の先生が、20～30年もやっている人で、そんなのにおどろかないときはいいが、あまりなれていない先生だと、おたくのお子さんは社会性にかけていますなどと連絡帳にかいたりするので、母親のほうでうろたえてしまう。そんな子でも、幼稚園によろこんでいき、家庭のなかでは母親にも父親にも何でも話をし、いままでと何のかわりもない生活をしているのだったら心配しない。

それは、家庭よりも幼稚園の問題である。人間にはさまざまの性格がある。大勢の人の前でものをいうことの好きな人と、そうでない人、自分の存在を他人に意識させたい人と、なるべくかくれていたい人など、いろいろである。物欲におわれない子どもでは、そういう人間本来の性格が、なまでてくる。幼稚園が、1クラス40人ちかくもあって、いつも学校式の一斉保育をやっていると、子どもは何かをいおうとすると、40人にきこえるような大きい声でいわねばならぬ。人の前でものをいうのが恥ずかしい子は、ついものをいわない。ものをいわないと、先生がその存在に気づかない。こんな子でも、自由あそびをおおくして、おなじような性格の子どもと小さなグループをつくれば、家にいるときのように、臆せずに自分の意志を発表できる。友人とのつながりもできる。

社会性がない人間というものは、正常の子どもにはいない。その子どもの性格にふさわしいような社会をつくってやることが幼稚園の義務だ。それにはすし詰め保育を解消しなければならない。

だが幼稚園の先生のなかには「現実的」なかんがえの人もいる。そういう子にかまっていては幼稚園がうまく運営できない。社会というものは冷酷なものだから、それに適応することをまなばねばならぬ。幼稚園という小社会に適応できるように、家庭のほうで努力してほしいという。

私はそう思わない。やさしい感じやすい子もはいっていけるような社会をつくることが、いまの社会のとげとげしさと無神経をあらためることになる。やさしい感じやすい子の社会への第一歩が幼稚園だったら、幼稚園は、その子に大丈夫だからふみだしなさいといえる状況をつくるべきだ。

476 夏休み

今年から幼稚園にいきはじめた子どもには、最初の夏休みである。1カ月のお休みのあいだに、集団保育でつくられた習慣を、忘れさせてしまいたくない。

幼稚園にいくようになってから、自分のことを自分でする習慣ができた子どもには、家庭でも、自分でできることはなるべく自分でさせる。幼稚園にいくときは、時間がまにあわないので、朝に服を着るのを一部たすけてやっていた子どもには、夏休みのあいだに、ひとりで着られるようにする。食前に手を洗う習慣が幼稚園でできたのだったら、家庭でも食前にすすんで手を洗わせる。それには、母親もいっしょに洗わねばならない。

幼稚園でつくられた習慣のなかで、いちばん大切なことは、友人とあそべることだ。それまでは、オモチャのとりあいになって仲よくあそべなかった近所の友人とも、もうあそべるはずだ。お休み中は、近所の友人にきてもらったり、こちらからあそびにいったりして、子ども同士あそばせるようつとめる。親子同士でプールにいくのもよかろう。

よく、夏休みには町内のお年寄りが発起人になって、早起き会をかねてラジオ体操をやる。むかしの子どもは夜早くねついたから、6時におきることは何でもなかったが、このごろの子どもは、宵っぱりになったので、朝6時にはおきられない。都会では暑くて、夜は10時すぎないとねられない。10時すぎまでおきている幼児はたくさんいる。そういう子が、昼間あえない父親と団欒《だんらん》のひとときを宵っぱりのなかで楽しんでいるのだったら、子どもを無理に8時にねかせて6時のラジオ体操にたたきおこすことはない。子どもの早起き会に父親もいっしょにでかけることにすれば、子どもも早くねて、早起き会にまにあうようにおきられる。だがサラリーマンだったら、父親はからだをつぶしてしまうだろう。現代の市民の生活では、親も子も宵っぱりになっている。子どもだけ早起きさせることはむずかしい。宵っぱりは宵っぱりなりに規則ただしい生活をすればよい。午後に1時間か1時間半ひるねをさせ、夜10時ごろねかせ、朝7時すぎにおきるというようなことにする。

夏休みには家中でつれだって旅行にいくとか、海水浴にいくとかして、家族で楽しむ生活を心にふかくきざみつけたい。

余暇をどうすごすかということも、これからの世代は知っていないと困る。楽しみは金で買うものでなく、家族でつくりだすものであることを、子どもに体験させておかねばならない。

477　事故をふせごう

4歳をすぎた子どもの事故でいちばんこわいのは、交通事故である。ひとりであそびにでかけて、友人と道路であそんでいて、車にはねられるのがおおい。子ども同士で道路であそぶことは厳禁せねばならぬ。ことにボールをもってあそぶのは危険だ。ころげたボールをおいかけて、道のまんなかにとびだして、車とぶつかる。公園で友だちとあそんでいて、もうかえろうと思っていたところに、たまたま買物にでかけてとおりかかった母親をみつけて、かけだして車にひかれることがある。母親が先に子どもをみつけて近づいていくことだ。

三輪車も危険だ。坂道では三輪車はふまないでも走るので、よく坂であそぶ。ブレーキがないので、前にあるものをよけられないで衝突する。

ダンボールの空箱が道路にあったら、親は、すみやかにこわして捨てねばならぬ。空箱に子どもがはいっていて、車にはねられる事故がかつてあった。

古い冷蔵庫が空地に放置してある工場には、子どもを近よらせてはならぬ。冷蔵庫の扉をあけて中にはいって窒息する事故がおきる。

建築現場の砂の山であそんでいて生きうめになる事故もある。

近所に用水池、子どもの腰より深い川や池、柵のない崖《がけ》、踏切のあるところでは、子どもをひとりで外に出さぬようにせねばならぬ。しかし、実際には、農村などでは子どもの外出を禁じることは不可能だ。それらのすべてに柵をすることもできない。魚をすくいに子どもが友人同士つれだっていくとき、これを禁止することは、容易ではない。戸外の事故にたいして、いまの幼児はまったく無防備である。事故がこわくて子どもを家のなかに軟禁しているのが、日本の大部分の家庭の現状である。子どもが、危険でなく自由にあそべるところ(児童公園、幼稚園、保育園)がもっと必要だ。

幼稚園へ通うことも百パーセント安全とはいえない。遠いところの子どもをあつめるため、せまい町の中の道をぐるぐるまわって、子どもをひろっていく通園バスは、車体もよく整備され、運転する人も熟練した人でなければならぬ。バスの停留所に待っていて、ダンプカーが突っ込んでくることもある。遠い園に通うのは、安全とはいえない。近所の園に通うにしても、道路の交通ははげしい。幼稚園児のために、いくつかの通園道路をきめて、車の往来を時間をきめて制限するようにしたい。

家庭のなかの事故では、やけどがおおい。子ども自身がやかんにつまずくというようなこともあるが、トースターやアイロンを、母親が子どものそばにおいて、注意しないためのやけどもおおい。

部屋のなかに閉じこめられた子どもが、空箱にのって窓によじのぼってツイラクする事故もある。

4歳をこえると子ども同士あそんでいて、けがをすることがおおくなる。ロボットごっこをして、高いところからとびおりて足をくじく。怪獣退治をやって、積木の手榴弾《しゅりゅうだん》が目にあたる。危険なオモチャをつくらないような規則が、業者の自主的なうごきとしてあっていい。

自分の家では事故をおこさせたことのない母親が、子どもに不慣れなところ(実家、親戚)で、しくじる。

478　春夏秋冬

3月の末から4月のはじめに、子どもはよく寝汗をかくが、これは、掛ぶとんをうすくすればなおる。

家にひろい庭があって、きょうだいで楽しくあそべるとか、近所の子どもがやってきて終日危険なしにボールあそびや三輪車に乗っていられる、というのならよろしい。それができず、子どもを家のなかに閉じこめ、友人も道路があぶないのであそびにこないというのだったら、春の新学期から幼稚園の2年保育にいれたほうがいい。

幼稚園にいきはじめは、子どもの精神の緊張がたかまる。いままで夜におしっこをしくじったことのない子が、「夜尿」をするようになることもめずらしくない。「神経性頻《ひん》尿《にょう》」といって、おしっこがひどく近くなる(〈439おしっこが近くなった〉)。どちらも気にしないでいい。自然になおるにきまっている。

幼稚園によっては、毎月体重をはかる。6月7月は体重がストップするか、または減少する。これは夏やせだ。よほどごはんをたくさん食べる子でなければ、この年齢では、夏やせをするほうが生理的である。食べたくないから食べない、食べないからふとらない。それは当然である。食べたくないものに無理にやろうとしてもむだだ。なるべく、牛乳をのませておぎなう。アイスクリームでもいい。

夏は、幼稚園では休暇がある。余暇の利用は、上手に生きるか、下手に生きるかの、生き方の問題だ。親は、どんなに上手に余暇を生きるかの見本を子どもにしめしてやらねばならない。子どもの鍛練をかねて、一家中でいける、健康で安全な海水浴場がもっとほしい。近所に川や海のあるところでは、母親は、子どもが友人同士つれだって水泳にいかないように厳重な注意が必要である。

水泳が目的ででかけたときよりも、虫取りにでかけた子どもづれが、池や川におちて水死する危険のほうがおおい。子どもだけで虫取りやエビガニとりにいかせてはならない。

日本では赤痢がまだある。夏には、食前の手洗いをさせたい(もちろん、母親自身が調理にかかる前の手洗いをやることのほうが大事だけれど)。

夏の日本脳炎は一部の地域を除いてなくなったといっていいが、それでも夏には子どもが蚊にくわれないよう注意してほしい。

秋の新学期になると、1学期は楽しくいっていた子どもが、幼稚園にいくのがいやだといいだすことがある。これは家庭でのリラックスした生活になれてしまったためである。あまり深刻にかんがえることはない。だんだんにならしていけばよい。秋は鍛練のシーズンだ。夏のおわりから朝おきたとき、乾布摩擦《かんぷまさつ》や冷水摩擦(水をかぶらせるのは無理)をやらせるのもいい。休みの日は、家中で遠足にいくのがいい。

秋には、たんのたまりやすい子は「ぜんそく」のようになることがおおい。これは一種のたちだとかんがえて、あまり大げさにあつかわない(〈481「ぜんそく」〉)。

晩秋には、おしっこの近い子は、「夜尿」をおこしてくるが、子どもに気にさせないようにする。

冬には、おとなの感覚で寒かろうというので、幼児を外気にあてない母親がおおい。

寒くても、なるべく外気にふれさせる。つれて歩くとき、子どもはジャンパーをいやがる。重くて歩きにくいのと、汗をかくので気持がわるいからである。歩く距離をよくかんがえて、汗をかくようなら、むりにジャンパーをきせない。雪国でスキーのできるところでは、スキーをやらせたい。満員のスキー場はさける。

スケートリンクでけいこするときも、混雑するところではあぶない。おとなよりも小学生に衝突されることがおおい。

しもやけのできるたちの子には、早くから予防法として、手のマッサージをけいこさせておく。外から帰ってきたら、あたたかい湯に手をつけさせる。ぬれた手は、よくふいておく。

かわったこと

479　よく熱をだす

祖母の反対をおしきって2年保育の幼稚園にやったところ、子どもが月に1度ずつ高い熱をだして休むということがよくある。母親の面目がつぶれたような格好になるが、子どもが園で楽しそうにあそび、あたらしい友人もできたのだったら、気をおとしてはならない。

いままで家庭だけでそだてていたので、伝染性の病気にかかる機会がなかったのだ。それが、大勢子どものあつまるところへいくようになって、友人とあそぶ副産物として病気をもらうにすぎぬ。そういう病気のあるものは免疫をのこすから、熱をだしながらも丈夫になっていくのだ。熱をだすことをおそれて幼稚園をやめさせてしまったら、来年、1年保育にいったとき、おなじように熱をだす。それは子どもの「成長税」だと思わなければならない。

熱がでるといったところで、水痘《すいとう》やおたふくかぜなら、どうせいちどは、やらなければならないのだから、特別の病気(白血病、腎炎《じんえん》、心臓弁膜症など)をもっているのでなければ、4歳でかかろうが、5歳でかかろうが、たいしたかわりはない。

いちばんおおい子どもの熱は、「へんとうせん炎」とか、「かぜ」とか、「ねびえ」とかいわれるウイルス性の病気だ。これは種類がたいへんおおく予防ワクチンもない。だが、そんな病気は一晩高い熱でびっくりするが、翌日は元気になってしまうのがおおい。あとに故障をのこすものはない。何回熱をだそうが、あとをのこさないものは、心配するにはおよばない(〈436かぜの手当〉)。

たしかに子どもによって、よく熱をだす子とそうでない子とがある。だが、よく熱をだす子がおとなになってよわいかというと、そんなことはない。そういう子は免疫をつくる仕組みの成長がたんにおくれているだけで、まもなく追いつくのにきまっている。幼稚園にいくほうが、からだをきたえるのにもいい。熱をだすからといって、家庭に閉じこめておいては、からだをきたえられない。

かぜのたびに40度ちかい熱をだす子がある。ウイルスにたいする反応がつよいというたちだ。高い熱がでるからよわいということはない。高い熱でからだがよわるということもない。

かぜをひきやすいということを、すぐ、「へんとうせん」が大きいためだとして、手術をすすめる人があるが、扁桃《へんとう》は不要な器官ではないから、むやみにきってはいけない（〈518「へんとうせん肥大」とアデノイド〉）。春夏秋に乾布摩擦でもするほうがいい。

何度も熱をだす子は、いつもおなじ症状だから、母親は熱のあるときの様子、なおっていく気配をよくおぼえていれば、深夜に救急病院にいかずにすむ。

480 下　痢

食べすぎたら下痢をすると一般に思われているが、幼児は下痢をするまえに、吐いてしまうことのほうがおおい。また、消化のわるいものを食べても下痢をすると思われているが、不消化なものは、そのままでてくることがおおい。それだから下痢をしたら、かんたんに、食べすぎとか、かたいものを食べたとかのせいにしてしまわないほうが安全だ。

幼児の下痢の原因として、6月から9月までだとまず細菌をかんがえる。赤痢菌とか、病原性の大腸菌とかが、食物といっしょにまぎれこんだ場合だ。下痢をした子どもに、多少とも熱があるとか、排便のまえに腹痛をうったえたとか、どことなくふだんの元気がないとか、でた便のなかにウミのようなものがみえるとかいう異常があったら、そういう細菌性の下痢を疑って、早く医者にみてもらわないといけない。とくに近所に赤痢の流行があるとか、母親も2〜3日まえから下痢をしているとかいうときは、細菌性の下痢の疑いがこい。夏の下痢は、かってに家庭療法をしない。医者にいけば抗生剤でかんたんになおしてくれる。

冬にはウイルスによる下痢がおおくなった。はじめに多少むかつきがあったり、嘔吐《おうと》のあることがおおい。

便をみて病気をみわけることは、医者でないとできない。ウミや血がまじっていると、赤痢の疑いをもつが、そういうものがまじっていない便をみて、原因をあてることは医者でもできない。細菌検査をするところに頼んで、きめてもらうよりほかはない。

下痢のときは、子どもがまにあわないで、下ばきをよごしたりするが、それを始末するときは、伝染するものとしてあつかう。よごれたものはクレゾール石けん液(10％)につけ、手はクレゾール石けん液(1％)で消毒する。

細菌性の下痢では、医者の指示にしたがう(赤痢またはその疑いのあるときは伝染病院に入院)。

子どもの下痢の手当でいちばん大事なことは、水分を十分に与えることである。吐き気があっておさまらぬときは仕方がないが、のんでくれさえすれば、注射よりものませるほうがよい。子どもに吐き気がなくよくのむのに、点滴で水分を「おぎなう」のは、医学的にも非常識である。ウイルスによる下痢で、はじめ1日は水分がおさまらぬこともある。しかし、4歳をこすと吐き気がそんなにながくつづくことはない。最初はさかずきに1ぱいぐらい与え、おさまるようなら、だんだんふやしていく。水分は、お茶でも、紅茶でも、ジュースでも、氷のかけらでもかまわない。水分がはいっていれば、ほかの栄養は1日や2日はいらなくても、どうということはない。

水分が十分にはいれば、子どもは食欲がでてくる。はじめの日はあたたかい牛乳か、かゆと梅干がよい。翌日からは、うどん、パンなどを与える。かゆには半熟卵か茶わん蒸しをそえる。

赤痢ではないといわれても、夏は便の消毒をおこたってはならない。トイレへいったら、子どもも母親も手を十分に消毒する。とくに台所で調理にかかる前には、母親はもういちど石けんでよく手を洗う。

お菓子は、第1日でも、あめとキャラメルはよろしい。2日目にはビスケットやカステラなど、医者からゆるされるだろう。あまりながく断食をさせないほうが、はやくなおる。

祖母と同居している家庭だと、下痢をした子にはかならずカイロをいれるようにいわれるだろう。4〜5歳の子は、なかなか承知しないのがおおい。いれるとすれば摩擦式のカイロがよい。パンツの上から下腹部に固定する。

子どもによっては、すぐ軟便をだす子がある。ふだんから固い棒のようなのはでない。こういう子は軟便が生理的とかんがえる。熱もなく、元気もよく、食欲もよかったら、軟便が2〜3回でても、注射したり、寝かせたり、断食させたりしない。食事を心もち制限し、あぶらっこいものを与えぬようにする。

481 「ぜんそく」

この年齢になってはじめて「ぜんそく」をおこしてくるのは、むしろ少ない。たいてい、もっと以前から、胸のなかにゼロゼロとたんのたまる子が、4歳になってから夜にひどく苦しがり、救急病院の医者から「ぜんそく」だといわれる。「ぜんそく」の発作を2度3度とおこすようだったら、〈370「小児ぜんそく」〉にかいたところをよくよんでほしい。

ぜんそくの治療は早ければ早いほどいい。医者にもそのことがわかってきて、よくぜんそくをおこして顔なじみになっている親子には、夜に発作がおこったら、すぐに使うように、4歳以上では気管支拡張剤の吸入薬をわたしておく人がおおくなった。死ぬほどの大発作をふせげるので、副作用のあることはわかっていても、使わないわけにいかないだろう。簡単な吸入器の中に入っていて誰にでも使えるが、軽くなったら翌日医者にいかないといけない。1日に3回以上は使わない。

ぜんそくは精神的なものも原因になる。祖父母と同居している子のほうにぜんそくがおおいのは、かばいすぎがいけないことをしめす。孫のぜんそくにはノータッチというのが、同居のルールである。

幼稚園にまだいっていないのだったら、2年保育にぜひやりたい。幼稚園にいくことによって子どもは、自立心がやしなわれる。子どもの自立心をやしなうことをかんがえず、人のうわさにしたがって医者から医者へと転々とするのはよくない。子どもは医者をかえても「ぜんそく」がよくならないので、自分を大病人だと思って、友人と積極的にあそばなくなる。家にこもって本をよんだり、テレビをみたりしていると、ますます「ませた」子になり、親への依存の仕方がひねくれてくる。それは親子関係をゆがめ、子どもは親をばかにするようになる。「ぜんそく」がきっかけで、家庭教育の全体がうまくいかなくなる。

親は子どもをそだてるべきで、「ぜんそく」をそだててはならない。

482　子どもの鼻血

朝、子どもが起きるときシーツに血がついているのでおどろくことがある。よくみると子どもの片方の鼻の入口にかわいた血がついている。鼻血がでたのだ。夜中に子どもが母親を起こさなかったことからも、そんなに苦痛をともなったとは思えない。何か、自然に出てきたという感じである。まれに夜中に、「おかあちゃん、血がでた」といって子どもが起きだすこともあるが、子どもは痛みをうったえない。こういう子どもの鼻血は、よくあることだ。それが、いろいろある出血性の病気(白血病、紫斑病、血友病)や鼻のジフテリアなどであることは、きわめて少ない。子どもに何らの苦痛を与えず、ほかに何の故障もおこさず、くりかえしておこるこの鼻血の原因は、はっきりしない。

鼻の障子の前の部分は、こまかい血管の網が粘膜のすぐ下にあって、わずかの傷やひび割れで出血する。ねていて知らずに鼻をほじくるという説は信じがたい。大気が乾燥して粘膜にひびが入って出血するほうがおおかろう。ごくわずかの傷口だから、耳鼻科へいったころは、なおっていてわからない。ピーナツやチョコレートを食べたあと鼻血がでることもよくある。

3歳ぐらいからあるが、4～5歳にいちばんおおい。小学校の低学年まで、ときどきではあるが、つづく場合もある。何度もくりかえすと、またあれかということで母親もおどろかないが、最初に鼻血がでたときは、何かおそろしい病気ではないかと心配する。

最初のときは小児科医にみてもらってもいい。医者は、子どもをはだかにして、皮膚のどこかに皮下出血がないかどうかしらべる。紫斑病や白血病では、からだ全体が出血しやすくなっているからだ。鼻のなかもよくみるだろう。異物がはいっていて出血することもあるからだ。綿や紙のはいっているときは悪臭がある。

近所に、はしかがはやっていて、子どもに熱やせきがあるときは、はしかの前ぶれだといわれることもあろう。

しかし、そういうほかの症状が全然ないときは、この鼻血は何でもないといわれるだろう。そういわれたら、これは、またやるかもしれぬと思うべきだ。そして子どもの様子をよく記憶しておく。このつぎ鼻血がでたとき、今とおなじだったら、そんなにあわてずにすむからだ。たまたま、第2回の出血のとき母親がおきていたら、子どもをすわらせ小鼻をしっかりつまんで、子どもに安心するようにいう。2〜3分でとまる。とまらねば鼻の入口に綿で栓をすればよい。栓は脱脂綿を子どもの鼻の穴の倍ぐらいの直径にして、しっかりつめる。朝おきたとき、はだかにして皮下出血のないのをたしかめておく。

鼻の粘膜がかわかないように、異常乾燥の注意報のでた夜は、洗面器に水をはってタオルをひたしておくとか、鼻の障子にワセリン(ハンドクリーム)をつけて、粘膜がかわかないようにする程度でいいだろう。

ピーナツやチョコレートを食べると鼻血のでることがわかっていたら、それらを制限する。野菜のきらいな子には、なるべく果実を欠かさないようにする。

鼻血がでだすと1カ月ほど毎日のようにでたり、とびとびに1～2年つづくこともあるが、心配はいらない。貧血の予防にレバー、のり、ちりめんじゃこなどを食べさせる。

483　ひきつけ(熱性けいれん)

かぜで急に高い熱がでると、ひきつけをおこす子どもは、めずらしくない。1歳すぎのころからはじまって、5歳ぐらいまでつづくのがおおい。最初のひきつけではおどろくが、何度もくりかえすと母親もそれほどおどろかなくなる。

動物実験では長い時間ひきつけると脳に損傷をおこすことはあるが、人間の子どもでは、5分や10分ひきつけをおこしても、そのために脳にきずができててんかんになることはない。

熱にともなっておこるひきつけは、小学校にいくころになると自然になおるから心配しないでいい。

市販の解熱薬は使用書にかいてある量をこえてのまさないように注意を要する。

年に2度か3度の熱によるひきつけなら気にしないが、月に2〜3回もひきつけをおこすときは、脳波の検査をしたほうがいい。

この年齢になってはじめて「熱性けいれん」をおこすことはまれである。高熱でひきつける子は、もっと小さいときからひきつけるものだ。それでも、熱がでてひきつけたら脳波をとるという医師もあろう。とくに神経科を専門にしている医師にはその傾向がある。ひきつけてから10日以内は、異常波があってふしぎでない。てんかんの波がでているときでも、すぐに治療をはじめるかどうかは、医師によって意見がちがう。

熱がないのにけいれんをおこした場合は、てんかんをかんがえないといけない。しかし子どもでは1回きりのけいれんで、その後はおこらないというのが50%ぐらいあることがわかってきて、1回のけいれんでは治療をしないことになった。てんかんの薬は2年以上つづけるので、副作用もかんがえねばならないからだ。

2〜3日まえ、高いところから落ちて頭を打ち、そのときは異常のなかった子が、急にひきつけをおこしたときは、交通事故をあつかう救急病院にすぐつれていく。

脳のなかに腫瘍《しゅよう》ができたために、ひきつけをおこすこともないではないが、ひきつけだけが症状というのは、まれである。頭を痛そうにしたり、吐き気をもよおしたり、歩きにくくなったりするような症状も同時にあるのがおおい。

いずれにしろ熱がなくてひきつけたら、かならず医者にみてもらわないといけない。

484　子どもの嘔吐

子どもが突然に嘔吐《おうと》をしたときは、まず子どもの額にさわってみて、熱があるかどうかをみる。熱があって、からだがあついときは、熱をおこした病気が、子どもに嘔吐をおこさせたのである。いちばんおおいのは、「かぜ」とか「へんとうせん炎」とかいわれるウイルスによる病気である(虫垂炎はこの年齢ではまずない)。熱にたいする手当は、〈436かぜの手当〉をよんでほしい。

深夜に高い熱がでて嘔吐したとき、救急車をよぶかどうかだが、吐いたあと、これまで高い熱をだしたときの様子とかわらなかったら、そのままにして経過をみていていいだろう。のどがかわくようなら冷蔵庫の氷を口にふくませる。頭は氷枕で冷やす。

だがつづけて嘔吐があり、吐いたあと、うとうとしてしまうとか、ひきつけをおこすとか、ふだんの高熱のときの様子とちがったら、救急車をよんだほうがいい。

突然に嘔吐した子の額にさわったところ、ぜんぜん熱がないとき、嘔吐したあとの子どもの様子をよくみる。吐いたあと、せいせいしたような顔をして、元気にあそびだしたのだと、食べすぎて胸につかえていたとかんがえたい。夕食にすき焼をして、いやというほど食べたあとに、そういうことがある。

だが、吐いたあと、子どもが元気がなく、うつらうつらし、あくびもするというのだと自家中毒があやしい。自家中毒は、子どもの疲労現象だから、4歳になってからおこるというのはむしろ少ない。2～3歳ごろから、ときどき、ひどくはしゃいだ日の翌日におこす「前科」がある（〈*444*自家中毒〉）。

熱のない嘔吐で、その前に子どもが頭をつよく打撲したのだと、それと関係づけてかんがえたほうがいい。嘔吐がつづくか、頭が痛いとかいうなら、脳外科の救急病院へいく。

熱のない嘔吐で、子どもがどこかひどく痛がるときは、腸がつかえていることもある。ヘルニアのある子だと、「かんとん」していないか、もものつけ根のところをみる（〈*139*そけいヘルニア〉）。

腹痛の程度のひどいときは、腸重積《ちょうじゅうせき》をかんがえねばならぬ。腸重積は、赤ちゃんにおおい病気で、幼児にはまれだが、腹痛のひどいときは、早く医者にみてもらう。かならず、「腸重積ではないでしょうか」といって、みてもらわないといけない（〈*181*腸重積〉。

嘔吐にはちがいないが、せきのために食べたものを吐くことがある。これはふだんから胸にゼロゼロたんのたまる子におおい。熱もなく、吐いたあと元気なら心配はない。

485 うつぶせになってねる

幼児では、まっすぐ上を向いてねているというのは、いないといっていい。たいていは横向きになっているか、うつぶせになってねている。横向きになっているときは、母親はそんなに心配しないが、うつぶせになっているのをみると、気にする。夏に、ひどく寝汗をかいて、シーツをぬらし、そのなかでうつぶせになっている子をみると、どこか病気ではないだろうかと思いはじめる。

育児雑誌には、「へんとうせん」が肥大しているためだとか、寄生虫がいるためだとかかいてあるが、「へんとうせん」が大きくなくても、寄生虫がいなくても、子どもはうつぶせにねる。そのほうが気持がいいからだ。母親が夜中におきて気がつくたびに上を向かせても、2～3分すると、ねがえりをしてうつぶせになってしまう。うつぶせになる子が、からだがよわいということはない。そのままにしておいて、さしつかえない。小学校の3～4年生になると、いままでうつぶせにねていた子も、まっすぐ上を向いてねられるようになる。

急に高い熱がでる　〈435急に高い熱がでる〉参照

腹が痛い　〈437子どもの腹痛〉参照

寝汗　〈438寝汗〉参照

おしっこが近くなった　〈439おしっこが近くなった〉参照

おしっこのとき痛がる　〈440おしっこのとき痛がる〉参照

自慰　〈442自慰〉参照

どもり　〈443どもり〉参照

自家中毒　〈444自家中毒〉参照

夜におしりをかゆがる　〈448夜におしりをかゆがる〉参照

じんましん　〈451じんましん〉参照

子どもの微熱　〈513子どもの微熱〉参照

集団保育

486　いきいきした子どもに

4歳から5歳になる子どもは、人間としての自立がいっそうしっかりしてくる。自分のかんがえにしたがって行動することもおおくなる。人間は自分が自由になるほど、他人からこうしろとおしつけられるのをきらう。

幼稚園や保育園では、4～5歳になるとボスがでてくる。友だちを何かでひきつける行動力のある人間が、子どもながらボスになる。このボスにいじめられるおとなしい被害者と、先生以上にボスにひきつけられる信者がそのまわりにできる。こんなボスの発生は、集団保育では、教育上じゃまになる。子どもは先生のいうことに、形式的にしたがっているが、実質的には、ボスによって生活が支配されるからだ。

ひと組が40人をこしているようなところでは、先生のクラス掌握が十分でないと、よくボスが発生する。ボスはクラスのなかだけでなく、園の門をでてから、街路や、または被害者の家庭にまでおしかけて、その威力を発揮する。ボスが衣食たりているときは、被害は精神的だけだが、衣食たりないボスは、しばしば、物質的なせびりをやる。被害者は、いろいろの貢ぎ物を献上しなければならなくなる。保育園のように遠方からきている子がおおく、保育時間のながいところでは、それほどではないが、地域の幼稚園では、ボスが放課後の支配者になる。

ひと組の人数が30人もあるクラスでは、教師は子どものひとりひとりを、しっかり掌握していなければならぬ。自由あそびになって、子どもがいくつかのグループにわかれたとき、ほかの子の自由を侵害するボスが発生しないように、調節しなければならぬ。困難は、ボスのほうが教師より楽しいあそびを創造する場合があることだ。子どもの創造性を生かすことで、教師はボスに先をこされてはならぬ。

園での子どもの積極性をなくしてしまうものに、「食事の作法」がある。食事のおわったあと、みんながすむまで、食べてしまった子も席をたってはいけないという作法を強制すると、食べるのがおそい子は、みんなから注目されるので、ますますのどへ通らない。こういう子は、おべんとうがゆううつになる。保育園の給食については、〈453自分のことを自分でする子に〉をみてほしい。

子どもは、疲労しすぎても、またエネルギーの発散がたりなくても、きげんがわるくなる。保育園では午睡をさせたい。幼稚園も保育園も雨天のための屋内運動場(小中学校にはある)をそなえたい。せまい園で廊下を走ってはいけない、花壇に近づいてはいけないと禁止ばかりやり、先生のお話を、おひざに手をおいて静かにきくしつけばかりしていると、子どもは、いきいきしたところを失ってしまう。

487　自分のことを自分でする子に

この年齢で、人間としての自立がさらにすすむ。自分の意志で行動することがおおくなる。この自発性をはげまして、園の共同生活に協力するようにもっていく。自発性をはげますためには、子どもが楽しいからやるという雰囲気をつくらねばならぬ。みんなと同じようにやらないと、先生にしかられるからやる、先生がこわいので共同してやるというのでは、強制である。

号令をかけて右へならえさせるような調子で、子どもにセルフサービスをさせるのはよくない。子どもが、ひとりでボタンがかけられるようになったこと、食事をこぼさずに食べられるようになったこと、まわりをよごさずにひとりで排泄できるようになったこと、自分で鼻をかめるようになったことを、教師のよろこびとして子どもにつたえねばならぬ。大好きな先生がよろこんでくれるということは、子どもにとっても大きなよろこびだ。自分でボタンがかけられる、衣服を着られるということは、子どもに自信をもたせる。この自信が、ボタンをかけられない仲間のボタンをかけてやる気をおこさせる。子どもの自立は、園の共同生活をさらに楽しくする。園が楽しいことが、子どもの自発性をさらにはげまして、協力にむかわせる。

協力をおしえるために、4歳をこした子には、食事の当番をつくって、手を洗わせたうえ、皿やスプーンをくばらせたり、課業の当番をこしらえて教材をくばらせたりする。

食事の手伝いをさせるとき、どんなにしっかりした子どもでも、熱いやかんや、汁のはいった容器をはこばせてはいけない。

自分のためでなく仲間のためにすることが、園を楽しくするということを、子どもに印象づけないといけない。子どもが協力したことを教師がどんなによろこぶかを、子どもにわからせる。ほめることだ。

488　子どもの創造性をのばそう

4～5歳の子どもが創造性を十分に発揮できるのは、自由なあそびのなかにおいてである。自由なあそびは、いろいろな形でおこなわれる。園庭のなかでの遊具をつかうあそび、既成の遊具でない即興的な遊具(古いタイヤ、ダンボールの箱、丸太、その他の廃物)によるあそび、「ごっこあそび」、組立てあそび、共同制作(絵、粘土、砂あそび)、水あそび、園外でのあそび、等々。

この自由あそびの内容をゆたかにし、表現を多様化する準備に、課業による「教育」が必要である。だが、幼児の教育を自然や社会の「認識」と、絵や組立てや粘土などによる「造形」と、音楽、踊りなどによる「情操」の教育というように、かんたんにわりきることは、危険である。

認識させると称して、子どもに、ものの名まえだけを記憶させるのではこまる。「認識」も「造形」も「情操」も、めいめいの子どものもっている個性的なものを表現するのに役に立つものでなければならない。教育によって、子どもは、それぞれが独創的になるのでなければならない。「規格品」にそろえるのは教育でなく管理だ。

幼児期に、よみかきと勘定とを早くおぼえさせることは、あまり意味がない。幼児期に必要なのは、創造のよろこびを知っている人間に仕上げることだ。

認識ということがよくいわれるが、おとなの認識を手本としておしえるのではなく、それぞれの子どもの感度でうけとれる形で、子どもにこの世界をとりこまさせねばならぬ。

自然や社会は、小学校でおしえられるような形でだけおしえるのではなく、絵や童話や歌を通じても、おしえられねばならぬ。それらは、子どもの感度をそだてながら、子どもの内面にとりこまれ、子どものあそびの内容をゆたかにする。いい感度をもった子どもは、あそびのなかで、従来の約束をのりこえて、新鮮な表現をする。

教育の成果をテストによって知ろうとするのは、ただ暗記の程度をしらべる意味しかない。教育が子どものあそびを創造的にしたかどうかが、教育の成功不成功をきめるものである。

教育の内容と方向を決定するのは、子どもの園での生活である。発達段階のちがう子どもをひと組にした混合保育では、生活が一致しにくいので教育の内容と方向もきめにくい。

子どもの園での生活の中心が自由あそびということになると、課業は朝の体操をふくめて、1日にせいぜい20分か30分やればよい。

子どもの「ごっこあそび」で背景になるのは、身辺の事物と自然である。そういうものに、子どもたちをじかにふれさせておくことが、課業として必要である。それらの知識は童話によってさらに印象づけられる。あそびのなかで、ことばを正確に話し、おたがいの意志の通じあうことで、あそびは、楽しくなる。正確なことばを子どもに知らせるものは、童話である。童話は、立派な日本語でかかれたものを、正確に、おとな自身感情をこめて、子どもにかたらねばならぬ。紙芝居は童話の別のかたり方として利用されてよい。あそびのなかで、物の数をかぞえることが必要になる。物をわけあったり、遊具の使用の回数をかぞえたりするために、4〜5歳の子にも、5以内の数が要る。右と左との区別もできなければならぬ。

絵は、4〜5歳の子どもでは、まだなぐり書きをする子がおおい。なぐり書きによって子どもは自分のエネルギーの放出を楽しんでいるのだ。それを妨げることはない。むしろなぐり書きがしやすいように、よくうつり、しかも折れないクレヨンやマジックと十分に大きい画用紙とを与える。あの色をつかえ、この色もつかえと指示しないほうがいい。なぐり書きの時代から、子どもは、何か話をしながら、心のなかにあるものをかく時代にはいっていく。これは絵がたんなるエネルギーの放出でなく内面の表現に移っていったことをしめす。このときに、対象の相違を表現するために、子どもはちがった色をつかう。教師は子どもに形をおしえるべきではない。むしろ絵をかいている子どもに話しかけて、子どもの内面の世界をひきだすことが必要だ。子どもが、おなじ絵ばかりかくようになったら、子どもの内面に停滞があるか、表現をおさえるような圧迫があるかだ。絵を指導することよりも、子どもの友人関係をよくみたり、運動のあそびで冒険をさせて、子どもの内面の世界をひろげていく。粘土細工でも、子どもに、ととのった形をつくらせることを強制すべきではない。土をこねる楽しみを十分に味わわせることが大事だ。作品は、つねに子どもの内面を教師にかたるものとして評価すべきだ。作品における停滞は、子どもの全生活に活気を与えることで突破するようにする。

絵、粘土などの子どもの作品は、時間を追っていくつか並べてみることで、子どもの内面生活の成長がわかる。作品は教育の足場だから、評価の仕事がすむまで、教師は手もとにおいておかねばならぬ。

歌やリズムの課業でも、上手な歌うたいにしようとしないで、子どものエネルギーを歌で発散させることをかんがえる。同時にすぐれた音楽を子どもにきかせて、子どもの感度をみがくことが必要だ。すぐれた音楽とは、クラシックを意味するのではない。教師の好みが十分に生かされるべきだ。教育は教育者の個性的ないとなみだからだ。

だがその個性的な教育が、テレビのお子さま番組の類型的なもので、なんとみじめにかき消されることか。

489　人間的なつながりを

4歳から5歳にかけて知的な発達にともなって、子どもの内面の世界はゆたかになる。これを親しい人につたえたいという欲求が、子どものなかに生まれる。子どもが教師や仲間を親しいと思えば思うだけ、子どもの発表意欲はたかまる。子どもに話のけいこをさせるには、親しい仲間をつくってやらねばならない。

演説ではなく、述懐として、自分の内面の細部まで話させるようにする。子どもは、話をすることで自分の内面をこまかく反省する。数人の小さなグループをつくって、おたがいに話させ、おたがいにきかせるのがいい。教師は、話のいとぐちをつくり、また、ひきだし役になる。「先生の名まえがいえる」「友人の名まえがいえる」「返事がはっきりできる」などということが、4歳児の「言語指導」としてよくあげられるが、ことばを生活からきりはなしておしえられると思ってはならない。教師と子ども、子どもと子どもとが、みんなが信頼できる仲間として組織されている生活のなかで、名まえをよびあったり、はっきり返事したりすることが、必要になってくるのだ。

30人をこす大きな集団では、ひとりひとりの子どもの内面をひきだすような対話グループをつくることはむずかしい。どの子にも話をさせるには、数人のグループでなければならぬ(〈455人間的なつながりを〉)。

30人もの集団で、手をあげた子どもにだけ発表させていては、演説の上手な子どもを養成するだけだ。大勢の前でものをいうのが恥ずかしい子どもは、ますます、自分のからのなかに閉じこもってしまう。ことばをおしえるのは、お話の時間だけではない。あそびのときも、運動のときも、心おきなく話しあえる仲間をつくってやることが、子どもに話をさせることになる。

教師は、ひとりひとりの子どもの内面をよく知っていなければならぬ。それには、ひとりひとりの子どもを、集団のなかではっきりと識別していないといけない。子どもが、どんな絵をかき、どんな粘土細工をつくるか、それが、最近どういう傾向をもってきたかを、記憶していなければならぬ。絵や粘土細工などの作品は、時として、ことばよりも雄弁に子どもの内面をかたるからである。

490　楽しい仲間をつくろう

4歳になると、よい、わるいの区別がつくようになるという人がいる。道徳心というものが、臼歯《きゅうし》みたいに自然に生じてくるかのようだ。しかし、実際は、それほどかんたんではない。4歳をこすと、記憶の能力がたかまってくるから、教師がこれをしてはいけないというルールを子どもに話してきかせると、おぼえていられる子は、そのルールをまもる。だが記憶だけにたよっては道徳は維持できない。また戒律をまもらせることは暴力でもできる。しかし恐怖は道徳の出発点ではない。道徳は、それをおこなう人間が、自由意志でえらぶところからはじまる。自分でえらぶから責任が生じる。責任のない道徳はない。

4〜5歳の子どもに道徳心をめばえさせるためには、まず子どもが、自分は自由だと感じなければならぬ。みずからすすんで、ルールをまもるということで、はじめてそのおこないは善となる。子どもにすすんでルールをまもらせるには、ルールをまもることが生活を楽しくするということを経験させねばならぬ。

運動にしても、制作にしても、「ごっこあそび」にしても、歌にしても、リズムバンドにしても、1人でやるより、大勢の仲間と力をあわせてやったほうが楽しいことを、毎日経験させる。大勢であそんだり、制作したりするのには、ルールがいるということが、だんだんわかるようにする。そうなれば、楽しくあそぶために、おもしろいものをつくるために、おたがいにルールをまもろうという気持がそだってくる。園が楽しい創造の場を用意することが道徳教育の第一歩だ。

創造活動の種類と、子どもの能力の発達の段階によって、子どものグループの大きさは制約される。小さい集団でしか教師と友人につながれない4〜5歳の子にも、たえずより大きい集団としてのまとまりをつくっていくことに、教師は努力せねばならぬ。組を集団としてまとめていくために、行事を、そのきっかけとして生活のなかにとりいれていく。

運動会とか、お祭りとか、遠足とかいうものは、日常の生活にアクセントをつける。そこで、子どもたちは緊張し、日常では出せなかったエネルギーを発揮する。それが組全体をわきたたせ、組の楽しさを子どもに印象づける。

幼稚園でも、保育園でも、この年齢では、よくけんかがおこる。もちろん、攻撃的な性格というものがある。そういう子が、いつもけんかの中心人物になっているということもたしかにある。

しかし、おおくのけんかは、おとなたちが衣食たらずして礼節を知らぬのとおなじに、園の設備がまずしくて、いざこざをおこさせるためにおこる。オモチャがたりないのでとりあいになる。すし詰めの混合保育のために、大きい子が小さい子のもっているものをとりあげる。水道の蛇口《じゃぐち》が少ないために、はやく手をきれいにしたいという気持がぶつかりあう。こういうけんかは、環境さえよくすれば、おこらないですむ。また、あるけんかは、組が大きすぎて、子ども同士がおたがいに、相手をよく知らないためにおこる。かわるがわる、小グループにわけて、子ども同士を仲間として組織できないところに、けんかがおおい。

ひと組30人を1人の教師がみていては、けんかを予防できない。25人を2人の教師でみて、自由あそびとグループ指導とを同時におこなっていくやり方を、4歳児にもとりいれたい。それが、ただちに実現できない現実では、それぞれの場に応じた仲裁術を、教師が案出していくより仕方がない。教師の人間的な魅力が、この場合も決定的である。ある園で成功したけんか仲裁術が他の園で成功しないのは、教師の人間の持ち味の相違による。

ルールをまもることにかんして責任感をそだてていくために、当番をもうけるのはいい。しかし、4歳から5歳の子には、当番の仕事は、どこまでも楽しいものとして、すすんでやらせねばならぬ。教師の人間としての魅力が、子どもをひきつけるとき、子どもは教師の手伝いをするのを、よろこびとするものだ。当番を罰として課してはいけない。

491　つよい子どもにきたえよう

以前まだ道路が安全なあそび場所であったころ、4〜5歳の子どもは、1日のうち3〜4時間は戸外であそんだ。いま幼稚園や保育園にいっている子どもは、1日に3〜4時間、戸外の空気にふれているだろうか。園庭がせまいので、せいぜい1時間か2時間しか庭であそべない子がおおい。子どもの運動機能が以前にくらべておとっているのは、からだをきたえる場所がなくなったためである。幼稚園や保育園の運動場をもっとひろくすることが、子どもをつよくするための第一歩である。烈風や雨天の日のための屋内運動場も必要だ。

せまい空間で、みんなに運動をさせるためには、体操をとりいれねばならぬ。毎日、朝に10分ぐらいの体操をさせることは、4歳をこせば可能だ。自分のならぶ場所も、この年齢だと、いちいちいわないでもわかる。庭が自由につかえるところでは、「ごっこあそび」や組立てあそびは、庭でやるようにする。

気温が18〜20度以上のときは、つねに窓をあける。夏の水あそび、冬の雪あそびは、ぜひやらせたい。春秋は砂あそびを十分にやらせる。なわとび、大きなボールころがし、ブランコ、すべり台、平均台、ロクボクなどでのあそびも欠かせない。そういう興味本位のあそびのほかに、ある標準をめざしての機能訓練も、この年齢になれば小グループにわけておこなえる。

つぎに、4〜5歳の子の標準をあげる。25《メートル》走は男の子も女の子も7〜8秒。跳躍は、立ち幅跳びで、男の子は70〜90《センチ》、女の子は60〜80《センチ》。ソフトボール投げは、男の子は3〜5《メートル》、女の子は2〜4《メートル》。

戸外で運動させるときは、子どもに衣服を脱がせて、鳥肌のたたない程度の軽装にして、なるべく肌を大気にさらす。

492　事故をふせごう

4歳をすぎた子どもは、仲間同士で協力することがおおくなる。教師もまた、子どもの協力をそだてるために、子ども同士が、かってに自由にあそぶことを奨励する。だが、1人の教師が30人以上の子どもをうけもたねばならぬところでは、自由あそびのなかで、子ども同士がかってにあそびだすと事故をおこす危険がある。

ブランコは、子どもだけであそばせないようにしたい。ブランコから落ちることもあるし、ほかでボールあそびしていた子どもが、ボールをひろいにかけてきて、ブランコにぶつかって、額にけがをする。ブランコの近くでボールあそびをさせてはならない。すべり台で子どもが自由あそびをしているときは、目をはなせない。すべり台の両わきの手すりが低くできているときは、そこから側面に落ちることがある。

運動場にそなえつけてある遊具で事故をおこすのは、大きい子と小さい子とが、いりまじってあそんでいるときにおおい。小さい子だけですべり台をすべっているときは、運動能力がおなじくらいだから、順番を待って平和にやっていられるが、大きい子が割りこんでくると順番を無視して、追突をおこす。シーソーで小さい子が仲よくやっているところに大きい子がやってきて、ひどくゆすって小さい子を落とすこともある。保母さんは十分に気をつけないといけない。

運動場には、かならず2人以上の保母さんがいないといけない。事故がおこったとき、被告のほかに証人がいないと無実の罪をきせられる。

集団としてのまとまりを意識させるために園外保育は必要だが、最近の交通事情では、ひと組30人をひとつの集団にまとめて1人の教師がひきつれていくことは困難である。自動車道路を横断するときは、渡りきったグループ、渡る途中のグループ、渡る前のグループのそれぞれを指揮するおとなの責任者が必要だ。退園の子どもを誘導するときもおなじ注意がいる。

集団として園外保育をする前には、園庭で何度も予行演習をやるべきだ。できれば交通信号の模型をそなえておいて、ひとりひとりの子どもに信号にしたがって、進んだりとまったりすることを身につけさせたい。日ごろ運動場で跳躍をさせたり、平均台を渡らせたりすることが反射的な身のこなしをきたえ、とっさのときの役に立つ。保育園で退園の時刻におおい事故の予防は、〈458事故をおこさないように〉をみてほしい。

寺院を保育園にしている場合は、庭園の池には、とくに注意し、うめてしまうか、高い柵をするかする。

プールに入れるときは2人ひと組にする。水のそとでも、水の中でも、相手がいなくなったら、大声で「めぐみちゃん、いなーい」と教師をよばせる。園のプールには丈夫な金網の柵をする。

幼稚園でも保育園でも、教師はいつも保育室をよくみまわって、柱にでている釘がないか、とげのたちそうな椅子はないか、庭に水をまく水道管の蛇口が露出していないかを注意しておく。

保育園も幼稚園も町のなかでは、たてこんだ住宅のなかにあるのがおおい。地震や火事になったときに、どうして避難するかの訓練もしておかねばならぬ。2階で保育するときは、庭にすべりおりるすべり台をそなえる。

493　園児に伝染病がでたとき

園のなかに伝染病がでたときは、ほかの子にひろげないようにせねばならぬ。それには、園の消毒ということも大事だが、現在きている健康そうな子どものなかに、保菌者がいないかということもかんがえねばならぬ。

赤痢の患者がでた場合には、園のトイレは徹底的に消毒する。子どものいた保育室も消毒する。つぎに、全員の検便をして保菌者がいないかをしらべる。全員にできないときは、その子のいた組の子と、教師と、給食に関係した人全部とについて検査する。そこで菌がみつからなければ、患者は園の外で感染したのだろう。

はしかの子がでたら、2日以内にまわりの、まだ、はしかの予防ワクチンをしていない子には、すぐ予防ワクチンを接種してもらうようにすすめる。

入園のとき、はしかの予防ワクチンがしてあることを条件にしておくのがいい。

水痘《すいとう》のウイルスは患者の皮膚の疹《しん》からうつる。園に水痘がでたら潜伏期の14日からあと、毎朝全員の頭髪の中や、背や腹に小さい疹ができていないか、よくしらべる。1～2個でもさわれば感染するから隔離する。ワクチンができているのだから、保育園児には優先的に接種したい。

おたふくかぜは予防ワクチンが有効だから、入園前にうけさせる。

水痘は、胸、腹の部分に小さい水ぶくれが、2つか3つでてくるのが、最初の症状であることがおおい。はだかにしないとわからない。顔や頭髪の中に水ぶくれがでてくるのは、2日目か3日目である。視診で症状をみつけしだい休ませる。

風疹《ふうしん》(三日ばしか)は、はしかの軽いような病気だ。疹もはしかに似ている。が、2～3日でなおってしまう。子どもには、ちっともこわくない病気だが、胎児にはおそろしい病気だ。妊娠直後から18週ぐらいの胎児に風疹のウイルスがはいりこむと、いろいろの奇形をつくる。幼稚園や保育園で風疹が発生したら、妊娠18週以内の免疫のない母親は、園に近づかないようにしたい。たまたま子どもが風疹をやったときに、まだ妊娠に気づかなかった母親が、子どもの風疹がなおったあとに、月経がとまって妊娠とわかったときは、血液の風疹抗体を2週間隔で2度しらべる。抗体価が4倍以上上昇したら新しく感染したとして、中絶をすすめられるだろう。

百日ぜきは、最近ずっとへってしまった。予防ワクチンのおかげである。それでも何かの事情でワクチンをしなかった子どもが、百日ぜきにかかることがある。百日ぜきは、せきのでるときこそ苦しいが、あいだは、まったく健康な子とかわらない。熱もないし、元気もいい。しかもいちど百日ぜきにかかると、治療をしていても、半月か1カ月は、せきがでる。はたらいている母親だと、百日ぜきの子どもが、せきのでるあいだ、仕事を休むことができない。百日ぜきの子どもは、完全になおらないうちに園にやってくる。園のほうでも、事情をきくと断りきれない。ほかの子が、みんな予防ワクチンをやっていると、たとえうつっても軽くすんでしまうので、あまり問題はない。園にくる前に、かならず百日ぜきのワクチンをやってくるように、規則できめておくのがいちばんいい。

494 伝染病がなおったらいつ登園させるか

法律で隔離がさだめられている伝染病は、まわりにうつる危険がなくなるまで伝染病院にいれられる。したがって、伝染病院から退院する子どもは、人に病気をうつす危険はなくなっている。赤痢、しょうこう熱などの病気で休んでいた園児は、体力さえ十分に回復していれば、病院からかえってき次第、登園してもかまわない。

はしかは、熱がさがってしまって、せきがでなくなればうつらない。ふつう発病してから1週間たたないと、そういう状態にならない。はしかは疹《しん》のあとに、褐色のあとが半月ぐらいのこる。はしかがなおってでてきた子どもの顔や胸に、こういう褐色のあとがみられるが、それだけの理由で休ませるのは当をえない。

水痘も、疹のあとにかさぶたができ、かさぶたのとれたところに白っぽいあとがのこる。これは、はしかよりもはるかに長くのこり、3週間ぐらいは、水痘をやった直後であることがわかる。疹のたくさんでた子どもだと、なおっても顔にかさぶたをつけて、やってくる。だが、水痘は疹がでてから1週間たてば、人にうつらない。疹が水ぶくれの状態にあるものは、うつるとかんがえていい。

おたふくかぜでは、耳の下やあごの下のはれたところがひいてしまったら、登園してさしつかえない。

風疹(三日ばしか)では、疹がでてから1週間たてば、うつらない。

いちばんこまるのは百日ぜきである。百日ぜきがうつるのは、せきといっしょにとびだす、こまかいつばやたんの飛沫《ひまつ》を、ほかの子が吸いこむからである。いちど百日ぜきにかかると、1カ月ぐらい気道に百日ぜき菌がみつかる。百日ぜきになった子を1カ月休園させることは、幼稚園ではできるが、保育園ではできない。昼間のせきが少なくなると、母親は、どうぞたのみますといって、子どもをおいていってしまう。百日ぜきは、ある程度治療をすると、夜と明け方しか、せきがでないようになるから、園ではそれほど菌をばらまかぬ。しかし、それは予言することはできない。1カ月以内はせきがでれば、うつると思わねばならぬ。

乳児保育をしている保育園では、百日ぜきの幼児を乳児室に絶対にいれてはならない。乳児のなかには、まだ予防注射のすんでいない子もいるからだ。

予防接種のすんでいない園児は、うつっても発病しないように、予防としてエリスロマイシンを2週間のませる。発病しても軽くすむ。

495　園児に結核がでたとき

この子は小児結核だから、はげしい運動をさせないようにという診断書を母親がもってくることがある。ほかの子に結核がうつらないだろうかという心配をするのは、大勢の子どもをあずかる教師として当然である。だが、さいわいなことに、幼児にいちばんおおい肺門リンパ節結核では、菌がでないか、でても他人にうつるほどたくさんはでない。だから、幼児の結核では、まわりへの伝染をあまりかんがえる必要はない。

かんがえねばならぬことは、もっとほかにある。まず、医者にたいして非礼ではあるが、その子がはたして結核かどうかということである。子どもの結核は誤診がおおい。

もともと子どもの結核は、同居しているおとなの結核をもらっておこる。おとなの結核は、現在、たいへん少なくなってしまった。バスやデパートでうつる街頭感染はなくなって、うつるとすれば同居しているおとなからにかぎる。

その子がたしかに結核であったら、いったい誰から結核をもらったかということがいちばん重要だ。子どもの結核は、家族に結核があって、その人からもらうか、または、園の教師か、病院の待合室の結核患者からもらうかである。もし、その子の家族に誰も結核がいないというのだったら、園の教師や職員に結核の人がいないか、反省してみなければならぬ。園の勤務者のレントゲン検査が2〜3カ月以内にすんでいて、誰も病人がいなかったのならいい。しかし、レントゲン検査が6カ月以上前のことだったら、もういちど検査したほうがいい。少なくとももうけもちの教師だけは、ぜひ検査をうける。そうすることで、万一園の誰かが結核だったとき、それ以上の子どもの犠牲者がでるのをふせげる。

最近は、子どもに結核の薬をのませる。よくきくので、通園しながらなおせるのがおおくなった。薬をきちんとのませることに、教師も協力してほしい。

昨年ツベルクリン反応をやって、陰性だったのでBCGをした子どもが、今年、結核になるということは、まず、ありえない。昨年BCGをして、今年ツベルクリン反応が陽性になった子どもを、陽性転化として運動を禁止したりしないようにする。

5歳から6歳まで

この年の子ども

496　5歳から6歳まで

この年齢の子どもの大部分は幼稚園か保育園にかよっている。どの母親の心にも、来年はいよいよ学校へいかなければならないという緊張がある。たしかに、幼稚園や保育園の最後の年は、学校にあがる準備にちがいない。けれども、字をおしえたり、数をかぞえられるようにすることが、学校へいく準備ではない。保育園は字をおしえてくれないから、5歳をこしたら字をおしえる幼稚園にかわらせるというのは、正しいかんがえではない。学校にいけるようにするというのは、字や数をおしえることではない。もっと根本的なことがある。

第1に、からだをきたえておかなければならない(〈532つよい子どもにきたえよう〉)。

第2に、学校の勉強は、ときにはいやなこともあるけれども、あることを学習する目的にむかって、集中できるようにしておかなければならない。仲間といっしょにつくる想像の世界も、子どもの創意をうながすのには必要だ。だが、もうそれだけでは、たりない。ある目的をきめて、課題をやりとげる実際的な能力をやしなわなければならない。それには、夢の世界でなしに、現実の世界をはっきりと見る目を、そだてなければならない。

第3には、学校ではクラスとして勉強し、クラスとして鍛練するのだから、集団行動ができなければならない。集団行動というのは、大勢のあとにくっついて、みなとおなじことができるということではない。友だちと協力することができなければならない。大勢の友だちにむかって、自分の意見をはっきりいえるようにならなければならない。

集団行動のなかで5歳をすぎた子どもには、集団にたいする責任ということをそだてねばならない。遊具をつかってやる運動にしても、5歳をすぎた子どもは、協力してやるゲームをよろこぶようになる。ドッジボールやサッカーやリレー競技をやらせている園もある。競技をやるなかで、子どもは自分の責任というものを感じはじめる。集団のなかでの自分の役割と集団行動の目的とがわかってきてはじめて感じることである。集団への責任を感じさせるのは、ゲームばかりではない。5歳になると、いろいろなことで当番をやらせるようになる。運動場に遊具をはこんだり、粘土あそびの粘土をくばったり、食事のまえに椅子をかたづけたりさせる。そこで子どもたちは集団の目的と、それを果すための自分の役割をまなぶ。

また当番をきめたり、当番のやり方を批評したりするために、みんなでホームルームのような時間をもつことになる。そこで自分のかんがえをのべることで、子どもに、自分と集団の目的との関係を意識させる。自分の利益をどこまで犠牲にするか、一度犠牲にしても、より大きい利益となってかえってくるのではないか、ということをかんがえさせる。そこで、集団ですることの目的をみんなで話しあってきめる習慣がうまれる。話しあいのなかで自分がのべた意見がとおると、それをやりとげるのに自分の責任を感じる。子どもたちが話しあってきめたことを、責任をもってやるなかで、先生のいいつけでやる協力とちがう協力がうまれてくる。

幼稚園や保育園の最終の年度では、みんなできめた集団行動がだんだんおおくなっていく。学校とちがって、あるきまった学科をおしえなければならないということがないから、幼稚園や保育園では、自由な立場で、集団行動を教育できる。幼稚園や保育園の教育が、今の小学校や中学校の教育にくらべてすぐれているのは、人間関係の教育を優先させられるという点にある。

だがすべての幼稚園と保育園で、子どもに創造的な活動をさせながら楽しい集団をつくっているとはいえない。みんなを机の前にすわらせておいて、「社会」「自然」「言語」

「音楽リズム」「絵画制作」などを、それぞれ、ばらばらにして、おしえている園がある。名門の小学校を受験させようと思っている母親には、そういう園が、いい園のように思われている。けれども5歳から6歳という大事なときに、そういう「教育」ばかりやっていると、子どもは仲間と協力することを知らない人間にそだってしまう。仲間にたいして、はっきり自分の意見をのべられない人間になってしまう。仲間と共同の目的の仕事で責任を感じない人間ができてしまう。

家庭では母親から独立できず、園にいけばほかの子に右へならえして、みんなのするとおりしているという子どもは自立性のない子だ。そういう子は小学校にいって、少しでもいやなことがあると(きらいな給食、いじわるをする友だち、なじめない先生、おぼえられない学科)、集団から身をひくよりほかの方法を知らない。集団にむかって自分のいい分をはっきりさせるのに、それ以外の手段がないからだ。

少しぐらい早く文字や数字をおぼえさせるより、ひとりだちしてクラスのなかで生きていける子どもにすることのほうが、はるかに大事だ。しかし、本人が本をよむことが好きで、すすんで字をたずねてくるのなら、こばむ必要はない。本の好きな子は5歳をこすと、いつのまにか字をおぼえて、さかんによみはじめる。それは、いいわるいというより、ふせぎえないといったものである(〈*471*本の好きな子〉)。

数字の好きな子も、時計の文字をおぼえたり、テレビのチャンネルの数字をおぼえたりすることからはじまり、自動車のナンバープレートの数字をうつしたり、バスの運転系統の数字をうつしたりする。やがておとなから、たし算やひき算の出題をせがむようになる。子どもが楽しんでやるのなら、やらせていい。

だが「天才」をつくろうという野心があってはならぬ。はたして早期教育が意味があるのか、どういう教育の方式が数学者にするのにいいのか、まだきまっていない。小学校の教科書をどんどんと先までやってしまうのは感心しない。教室で新鮮な感覚で授業をうけられなくなるからである。たしかにわかっていることは、現在の日本の数学者たちは、そういう早期教育をうけたために数学者になったのではないことだ。親が、子どもを学者にしようと思って早く字をおしえたり、計算をさせたりすることは、親のエゴイズムであって、子どもの正常な発達をさまたげる。

音楽教育についてもおなじことがいえる。音楽の才能のある子とない子とでは、たしかにこの年齢でも差がある。オルガン教室へいったり、歌のけいこにかよったりするのは、子どもに興味があれば、もちろんさしつかえない。だが、タレントにしようなどと思うのは、子どもに重荷をせおわすことになる。

はさみをつかいたがる子には、はさみをもたせる。あまりよく切れるのは危険だ。子ども用に先がまるくなっていて、刃のといでないものをえらぶ。母親が裁断用につかうはさみをつかわせてはいけない。

ぬり絵は創造性をなくし、きまった輪郭のなかに機械的に色をぬる反復作業だと非難されるが、それによって一定の時間集中ができ、色の選択や、彩色のリズム感を楽しめるのなら、やらせてもいい。

生活習慣もこの年齢で、ほぼ自立した人間になるようにもっていかねばならない。だが、親が日常生活でしていないことを、子どもにだけ要求すべきではない。朝の洗面、歯みがき、食前の手洗い、幼稚園から帰ったときの手洗い、うがい、衣服の着脱、爪切り、鼻をかむこと、入浴など、ひとりでできるようにしなければならない。

日常の行動で、ほかの人の人間としての尊厳をきずつけないようなデリカシーも身につけさせる。両親への朝晩のあいさつ、おとなにものを頼むときの口のきき方、おとなに何かしてもらったときの礼の仕方、来客への応対も、この年齢であれば、もうおしえてもよい。あやまちをしたときにあやまる習慣も、この年齢からつけておく。それには、親があやまちをして子どもの何かをきずつけたときに、あやまるという手本をしめしておく必要がある。

幼稚園から帰ってくるのが、おべんとうのある日は、1時か1時半になる。そのあと、夕食までの時間は、できるだけ近所の友人と、あぶなくないところであそばせたい。

睡眠の型は、ほとんどすべての子どもが幼稚園か保育園にいっているから、朝8時をすぎて寝ていられない。夜、9時か10時に寝て、朝は7時か7時半に目がさめるという型がおおい。ひるねは、夏季をのぞいて、ほとんどの子がしなくなる。夜のねつきにはいろいろの型がある(〈499夜のねつき〉)から、自分の子の型を心得ていてほしい。

食事は、この年齢も母親が期待するほどごはんを食べない。朝きまった時間に家をでなければならないので、気のいそぐせいもあって朝食をゆっくり食べない。全然食べずにいく子もめずらしくない。そのかわり昼食のべんとうは、きれいに食べてくる。朝食べないので夕食はどうにか食べる。副食の好ききらいは依然としてあるが、べんとうにいれていくと、割に食べる。栄養に支障をきたすような偏食は、まずないといっていい。野菜のきらいな子でも、果物は食べるし、肉や魚を食べない子も、ソーセージなら食べるといったぐあいである(〈465子どもの偏食〉)。

牛乳は1日200～400ミリリットルはのんでいる子がおおい。牛乳をどれだけのむかは、その子のふとり方による。ふとった子が1日600～800ミリリットルをのむのは感心しない。

コーヒーの味のわかる子は、コーヒーをほしがるが、1日1ぱいぐらいならかまわない。できるだけミルクコーヒーの形で与える。

よく水や茶をのむ子と、あまりのまない子との差もはっきりしてくる。よくのむ子は、ごはんを食べるときも、そばにコップをおいておくし、あいだにも何度も水をのむ。よく汗をかき、おしっこにもよくいく。その子にはそれが正常だ。

間食は、幼稚園から帰ってきたとき1度食べ、宵っぱりをする子は夕食から就寝までにもういちどというのがふつうだ。午後いつも近所の友人とあそぶのなら、友人の母親と協定して、かわるがわるにおやつをだすのがいい。協定は、おやつの値段も大事だが、質もかんがえねばならぬ。夏季は細菌の危険のあるものは、敬遠する（ゼリー、生菓子、くずもちなど）。もっとも、おやつをかんがえる余裕のない家庭があって、子どもに金をもたせて自由に買わせることにしていると、その周囲の子どもは、みんなまきこまれて、「お母さん100円ちょうだい」ということになってしまう。

自分で買うというのも、子どもの自立をしめすもので、それ自身わるいことではない。金をもたせて買わせるときは、食べものを買わないこと、買ったらかならず親にみせることを条件にする。だが、メンコは買っちゃいけない、ビー玉はいけないというようなことをいうと、子どもは仲間と楽しくあそぶ手段をなくしてしまう。親にかくれて買うということになりかねない。

このごろは駄菓子屋がなくなって、子どもがえらんで買えるあそび道具がない。子どもは菓子メーカーがお菓子につける景品につられて、食べたいと思わぬお菓子を買う。それが砂糖をおおくふくみ、1箱の量もたくさんあるので、歯をいためる。おろかな高度成長だ。

排泄は完全に自立する。だが男の子ではまだ「夜尿」のやまない子がたくさんいる。病的とはかんがえない（〈511夜尿症〉）。

来年から学校にあがるというので、母親は緊張しすぎる傾向がある。いまのような甘えっ子で学校にいけるだろうかとか、幼稚園で友だちとよくあそべないが、学校で友だちについていけるだろうかとか、いろいろ心配する。だが、子どもは学校にいくまでにもっと成長し、さらに学校にはいることで、成長のスピードがはやくなることを、勘定にいれておかないといけない。「そんなことでは1年生になれませんよ」などといって、子どもをしからないほうがよい。子どもは学校にいくことを母親ほど深刻にかんがえていない。それなのに、母親がことごとに学校を引き合いにだしてしかると、子どもは、学校というところは、ひどくむずかしいところだと思ってしまう。敏感な子だと3月になってから、夜尿をおこしたり、おしっこの回数がおおくなったりする。

この年齢でいちばんおおい病気は、夜に急に高い熱をだしてくるかぜと「へんとうせん炎」だ。たいてい1日か2日で熱はさがる。2〜3カ月に1度やるのがふつうだ。

この年から1年保育の保育園にはいった子は、水痘《すいとう》、風疹《ふうしん》（三日ばしか）、おたふくかぜのどれかにかかると思うべきだ。

5〜6歳になって、はじめてかかりうる病気といえば、虫垂炎だろう。これは小学校にはいってからおおい病気で、この年齢ではそうざらにあるものではない。子どもが元気がなく、胸がむかむかし、多少熱があるときは、いちどは虫垂炎をかんがえてみるべきだ。子どもは、けっしてへその右下のほうが痛いなどといわない。問いただして腹が痛いということがわかる程度だ。虫垂炎などというものがあるので、幼稚園にいっている子の$\frac{1}{3}$ぐらいにある朝の腹痛も、全部が全部、神経症だときめられぬことになる。1000人に1人ぐらい、幼稚園の子の腹痛に虫垂炎がある。だが、朝の腹痛は、腹痛常習者におおいし（〈*437*子どもの腹痛〉）、虫垂炎は、めったに腹痛などいったことのない子におおい。

また、この年から幼稚園にあがった子どもは、園の生活になれようと緊張しすぎると、入園1カ月ぐらいのとき頻尿《ひんにょう》をおこす。1時間のうちに、5回も6回もおしっこにいきたくなる（〈*439*おしっこが近くなった〉）。

自家中毒（〈*444*自家中毒〉）もこの年齢では、かなりよくやる。この年が峠と思えばよい。遠出をしたあと、疲れたからといって食事をさせないでねかせるとよくおこる。

赤ちゃんのときから、よくたんがたまって胸のなかでゼロゼロいう子どもが、この年齢になって「ぜんそく」の「発作」をおこすことがある。親たちが「発作」に驚愕《きょうがく》して、子どものまえで不安の色をみせると、「発作」は大がかりになる。こんなものなおるにきまっているという態度を忘れてはならない〈514「ぜんそく」〉。

チックといって目をぱちぱちしたり、口を変にまげたりする、おかしなくせが男の子にはみられることがある〈516チック〉。

自慰もこの年齢ではめずらしくない。だんぜん女の子におおい〈442自慰〉。

男の子では、急に血尿をだし、何度もおしっこにたち、排尿のあとにペニスに痛みをうったえる病気がある。1週間ほどで自然になおってしまうもので、くりかえしてやることがない〈440おしっこのとき痛がる〉。

おなじ血尿ではじまる病気に腎炎《じんえん》があるが、それもこの年齢あたりからみられる。

顔がむくんで尿量のへってしまうネフローゼも、ときどきある病気だ。

よくミミズにおしっこをかけるとペニスがはれるというが、この年齢の男の子では、ときどきペニスの先のほうがちょうちんみたいにはれてしまうことがある。きたない手でいじって、かるい炎症をおこしたものである。数日でなおる〈440おしっこのとき痛がる〉。

女の子では「おりもの」のようなものをみることがよくある。パンツがクリーム色によごれるので気がつく。母親はすぐ性病とつなげておどろくが、無害なものである。シャワーで局所を1日3～4回洗って、きれいなパンツにはきかえさせておけば、数日でなおるのがおおい。

よく夜中になって、脚が痛いという子がある。ひざが痛いといったり、脚全体が痛いといったりする。関節リウマチではないかと心配する母親がおおいが、検査してリウマチであるというのは、まずない。疲労とか、知らぬまにやった捻挫《ねんざ》とかいうのがおおい（〈*515* 脚がだるい〉）。ごくまれにペルテス病というのがある。

幼稚園の定期の健康診断で、いろいろ注意をもらってくるだろうが、精密な検査をすれば心配したものでないことがわかるほうがおおい。「へんとうせん肥大」と注意されても、生理的なものであったり（〈*518*「へんとうせん肥大」とアデノイド〉）、ロホウ性結膜炎といわれても、生理的な結膜ロホウ（〈*519*「ロホウ性結膜炎」〉）だったりするようなことだ。

定期の健康診断でよく「お子さんの尿にタンパクがでています。医師にみてもらってください」という注意をうける。尿にテスト紙をひたすだけでわかるかんたんな検査は一度陽性でも、間をおいてもう一度しらべると陰性になることがある。また朝おきたあとにでる尿には「起立性タンパク尿」がよくある。

去年BCGのしてある子どもが、今年ツベルクリン反応陽性で小児結核だといわれたときは、予防だといってBCGをしてくれたところへねじこみたいくらいだが、たいていは誤診だ(〈152 BCG〉)。

これまで三輪車にのっていたのが、二輪車にのれるようになる子もでてくる。三輪車とちがって遠くまで行けるので、事故もおおい。歩道からでて自動車の通るアスファルトの道を走ってはならぬ、とやかましくいうことだ。大げさなようだが、子ども用のヘルメットをかぶせないといけない。いちばんおおい頭のけがが、ふせげる。

5〜6歳の子どもで、夜中に急に熱がでて、のどが痛いというときは、からだをよくみてほしい。首から胸、腹にこまかい赤いぶつぶつがいっぱいでていたら、しょうこう熱を疑う。

そだてかた

497　子どもの食事

5歳から6歳のころは、母親が期待するほど食事をとらない。朝は、幼稚園に間に合うぎりぎりのところまでねているので、食事をゆっくりとっているひまがない。昼はおべんとうだから、いれただけのものは食べてくる。だが夕食になると、ごはん1ぱいがやっとだ。もう少しごはんをたくさん食べてくれればいいがと、どこの母親もおなじ思いでいる。

けれども、この年ごろの子どもで、母親の期待するだけ食べたら、ふとりすぎになる。ふとりすぎになってしまった子どもの食事の見本をあげてみよう。

朝　　トースト2〜3きれ　牛乳200《ミリリットル》　ゆで卵1個

昼の弁当　卵　魚　ほうれん草　ごはん2はい分　果実

おやつ　チョコレート　まんじゅうまたは味つけパン、ときにインスタントラー

メン

夜　ごはん2はい　肉または魚(おとなと同じ量)　野菜　ジュース

この子は、幼稚園にいっているが、体重は小学校2年生ぐらいある。身長はそれほど高くないので、誰がみても肥満が目につく。

この子と対照的な小食の子の食事を紹介しよう。

朝　カステラ1きれ　または不食

昼の弁当　一口おにぎり5個(ごはん140《グラム》)　バターサンドイッチ20《グラム》　ゆで卵の黄身1個またはウインナソーセージ2本　みかんまたはいちご

おやつ　スナック45《グラム》またはシュークリームの中身だけ

夜　お茶漬1ぱい(90《グラム》)　いちごまたはみかん70《グラム》

この子は5歳5カ月で体重15《キログラム》である。病気はしたことがない。ふつうの子は、このふたりのあいだを食べている。

朝はトースト1きれと牛乳200《ミリリットル》、あるいは牛乳だけというのがおおい。小食で通してきている子には、朝なにも食べないで幼稚園にいく子もめずらしくない。昼のおべんとうは、ごはんを茶わん1ぱい分か、1ぱい半を食べるというのがふつうだ。このごろは、ごはんにくらべて副食がおおくなっている。魚か卵か肉を、おとなの副食とほとんどおなじ分量にいれている。夕食のごはんも1ぱいやっとというのが、ふつうだ。副食はどうにか食べている。

この程度の食事でも、1年かかって1.5キログラムから2キログラムのあいだ増加するには十分なのだ。ごはんは1日合計して1ぱい半ぐらいしか食べないでも、魚だの肉だのを、おとなの副食の量ほど食べていれば、十分にそだつ。魚もきらい、肉も食べないという子には、牛乳を400〜600ミリリットルのませればよい。牛乳は1日400ミリリットルのんでいる子がおおい。このごろの子どもの身長がのびてきたことと関係があると思う。

テレビの広告につられて、総合ビタミンを常用させる母親がふえたけれども、ふつうの子に総合ビタミンでおぎなわねばならぬようなビタミン不足があるとはかんがえられない。野菜がきらいで食べない子には、果実を十分に与えておけばよい。

食前に手を洗うとか、食後に口を洗うとかいうことは、親が実行している家庭では、それほど困難なしに子どもも習慣になる。親が無作法な食べ方をしないようにせねばならぬ。

箸《はし》は上手に使えないが、スプーンにかえてやらない。みるたびに注意するよりも、箸でないとつまめない食品を与えたほうがいい。

食事は、子どもにとって生きる楽しみのひとつである。楽しく食べさせることを常にかんがえる。食卓にむかうとき、いつも父親が「道徳教育」をやり、母親が、もっとたくさん食べないといけないというのだと、子どもは食卓についたとたん食欲がなくなる。子どもにテレビをみながら食事をするくせをつけたくない。きょうは母親が自分のためになにをつくってくれたかに関心がなくなる。母親も食事にまつわる過去の楽しい思い出をはなす機会をうしなう。

498　子どものおやつ

おやつは、子どもにとって楽しみである。幼稚園にいくようになった子どもは、家へ帰ってきて、母親のだしてくれたおやつを食べながら、これで家へ帰ってきたという気持になる。おやつは、どの子にも与えたい。

もっとも、おやつは一定のカロリーをもっているから、その子どもの食事の仕方とにらみあわせて与えたい。カロリーをとりすぎて肥満児になることをふせぎたいからだ。ごはんをよく食べ、ふとりぎみの子どもには、おやつはなるべくカロリーの少ないものを与える。果実、ヨーグルトなどがいい。

ごはんをあまり食べない子には、糖質をおぎなう意味で、ビスケット、おかき、カステラ、パンなどを与える。塩分のおおいものは敬遠したい。子どものときにおぼえた味つけは一生つきまとう。

魚や肉のきらいな子には、牛乳を与える。サンドイッチにして、チーズやソーセージなどをはさんでやるのもいい。

赤ちゃんを外気にあてないで、離乳食づくりに熱中するのは、賢明な母親と思わないが、幼稚園から帰ってくる子どものために、甘味と塩分をおさえた自家製のおやつをこしらえて待っている母親は賢明だといいたい。子どもは、家庭にしかない楽しみがあることを感じるからだ。

共ばたらきの家庭では、子どもがひとりでいるときのさびしさをまぎらわすために、間食をどっさり戸棚にいれておいてやるところがおおい。これも肥満の傾向のある子には、カロリーの与えすぎにならぬよう注意がいる。

おやつのあとに口をすすいで、歯ブラシをつかうことが習慣化していない子は、今からでもおそくないから習慣づける。はじめにいやな経験を与えてしまうと、子どもは二度とやらない。母親が歯をみがくところをみせて、そのまねをさせるのがいい。子どもの口に歯ブラシを親がつっこんではだめだ。

499　夜のねつき

子どものねつきには、いろいろの型がある。ふとんにはいると数分でねついてしまう子もあれば、30分か1時間、ねむるまえの「準備期」のいる子もある。かんたんにねつく子どもでは問題はないが、「準備期」のいる子では、さまざまな問題がおこりうる。ふとんにはいるとき、いつも絵本をもってはいって、ねむくなるまでぱらぱらとページをくっているというのは、まだ、あつかいやすい子どもだ。

「準備期」にひどくきげんがわるくなり、おこったり泣いたりして、最後に泣きねいりする子がたくさんいる。これは、親のほうで達観していれば、問題はない。意識のやや もうろうとしてきた酔っぱらいのごとくあつかっていればいいからだ。親のほうで、この泣きねいり型を理解しないで、子どもがきままをいっていると思い、毎晩のこととはいえ、字もよめ、数の勘定もできるくせにけしからんと腹をたてると、「準備期」は、きわめてはでな闘争期になってしまう。もともと、からだの内部からでてきたことだから、理性的に説得できるものではない。それを説得しようとすると、衝突はますますはげしくなり、30分ですむものが1時間になってしまう。

ふとんにはいってからねつくまで1時間ぐらいかかる子どものなかには、ねむれないといって泣きだす子がある。はじめ、ねむれないといって泣き、時がたつにしたがって、あしたの朝おきられなくて幼稚園におくれるといって泣きはじめる。おおくの母親は、子どもが「不眠症」になったと心配する。だが、これは不眠症ではない。「準備期」をひとさわぎしないとねむれない型にすぎない。こういう子を、早くふとんにいれたら、それだけ早くねむれるだろうと思うのはまちがいだ。ねる時刻が10時すぎてもかまわない。子どもがある程度つかれるまでおこしておいたほうがよい。いちばんいいのは、母親が何か本をよんでやることだ。睡眠剤をのませるのはよくない。子どもに、自分の状態が何か病気のように思わせるからだ。正常なものを病気と思わせるのは、よろしくない。それに、よくきく睡眠剤には副作用がある。その薬がないとねむれなくなったり、いままでの量ではきかなくなったりする。また、しばらくつかってやめるとき、だんだんに量をへらさず急にやめると、不安の症状がおこることもある。

夜のねつきの型とおなじに朝のねおきの型がある。目がさめてから意識が正常の状態になるまで、20分ぐらい、ぐずぐずいったりおこったりする型の子がおおい。これも、毎朝のことだから、はっきり目がさめるまで寛大にあつかったほうが、毎朝すったもんだするより家庭平和のうえによろしい。

500　自分のことは自分でさせる

幼稚園にいくようになると、子どもは、身のまわりのことは、たいてい自分でできるようになる。よほど小さいボタンでなければ、ひとりではめたりはずしたりできる。入浴のときも、どうにかひとりでからだを洗う。食事や排泄について、母親の手をわずらわすことはなくなる。そういう基礎的な習慣をおぼえることは、子どもに独立した人間であるという気持をやしなうのに必要な条件ではあるが、それだけでは十分ではない。社会のなかの独立した一員であるという自覚がないと、独立した人間としてふるまえない。

幼稚園では、自分で衣服の着脱もし、オモチャもかたづけることのできる子どもが、家庭に帰ってきたら、母親に衣服を脱がせてもらいたがったり、オモチャも自分でかたづけない。このことについて母親は、あまり神経質になることはない。幼稚園でできることが、家庭でできないことはないといって、しかるにはおよばない。

幼稚園では、子どもは独立した社会の一員であるが、家庭に帰ってきたら、独立した人間であるより、家庭という共同体の一員であると子どもに思わせるほうがよい。

人間が家庭において感じる気やすさは、家庭という共同体にぞくしているという依存の感じである。

家庭へ帰っても、独立した人間として、幼稚園にいるときと同じにまわりに気をくばっていることは、子どもに苦痛なのである。家庭に帰ったら、共同体のなかで、自分にわけ与えられている子どもの座におさまって、リラックスしたいのである。

年齢がもっとすすめば、自然にできるようになる基礎習慣を、家庭で幼稚園と同じにやらせようとして、子どもに厳重になりすぎないほうがいい。子どもには、家庭のあたたかさのほうが大事である。

しかし、子どもに全然自立した行動をゆるさないような家庭環境もこまる。おじいちゃん、おばあちゃんが同居し、子どもに何も自分でさせないようにしている家庭がある。こういう家庭でそだった子どもには、幼稚園でも自立した行動のできないのがいる。

共同体のなかでの庇護《ひご》が度をこすと、子どもは、ひとりだちができない人間になってしまう。しかし家族共同体へのよりかかりも程度によってゆるされる。おおくの父親が、社会では立派に独立した人間としてふるまいながら、家庭に帰ってくると身のまわりのことが全くできないのを、母親はいちばんよく知っているはずだ。家庭のなかでリラックスして英気をやしなうから、社会のなかで独立して生きていける、ということもあるのだ。

人間のたくみな生き方は、社会人と家庭人との均衡のとれたつかいわけにあるともいえる。子どもが、外である程度の独立人として行動できるなら、子どもに家庭でリラックスすることをゆるしてもいい。めいめいの家庭で、公認のリラックスの度はちがうから、「うちの子はこうしつけている」などという記事をよんで直輸入しても無益だ。専業主婦のいる家庭のやり方を共ばたらき家庭にもってきたら、母親は年中無休になってしまう。

501　おちつきのない子

おちつかない子というのがある。男の子におおい。静かにあそぶことができない。うつり気で、すぐ別のあそびをはじめる。がまんして待つことができない。ところが何か好きなことだと、いつまでたってもやめない。かわった所へいったり、客がきたりすると、ふだんやらないことをはじめる。新幹線にのると大きい声で歌をうたう。通路をかける。

幼稚園の参観日で母親は、ほかの子とひどくちがうのを発見する(実は参観日の教室はかわった所といえる)。ほかの子は先生のお話をじっとしてきいているのに、自分の子はわき見をしたり、席をたったり、足をぶらぶらさせたり、目をぱちぱちしたり、耳をかいたりして、少しもじっとしていない。あとで先生との懇談で、お宅のお子さんは注意散漫ですとか、集団行動ができませんとかいわれると、がく然とする。

どこか病気があるのかもしれないと思って、医者にいくと、ある医者は「微細脳損傷」などというかもしれない。また児童相談所で「多動性行動異常」といわれることもあろう。超低体重児(生まれた時1.5《キログラム》以下)で脳出血のためにきずができた場合は、多動性異常行動が見られることもある。だが正常産で毎日楽しく通園し友人とよく遊び、家庭も平和だという子に、おちつかないというだけで「多動性行動児」のレッテルをはることには賛成しない。

幼稚園から小学校の低学年までは、よく注意散漫といわれる子がいるが、それは、活動家の別名と思えばよい。もし、幼稚園の自由あそびの時間にそっとのぞいてみたら、また別の感じをうけるにちがいない。その子は、もっとも活発で、もっとも創造的で、しばしの停滞もない。友人もその子とあそびたがり、その子のグループがいちばんいきいきしている。そういう活動家を、じっとすわらせて「一斉保育」をやりだすと、その子は、じっとしていられなくなるのだ。からだのなかにあふれるエネルギーを、「一斉保育」は完全にくみつくしてくれないので、貧乏ゆすりだのわき見だので発散せざるをえないのだ。両手をひざにおいて先生のお話をきくことだけを教育と思うのが偏見なのだ。

集団行動のできることを、子どもの発達の指標のように思って、教室で集団の統一行動ばかりやらせる先生にあたると、元気のいい子は異常児にされる。ことに子どもがぶきっちょで、服をうまくぬげなかったり、はさみが使えなかったりすると、いっそうにらまれることになる。

この年齢では、自由保育のほうが教育の本すじだ。設備と人手がないから「一斉保育」をしているにすぎない。おちつきのない子で、知能もふつうで教室以外の生活で万事うまくやっているという子は、けっして病人ではない。その子の能力にふさわしい課題が与えられれば、十分に注意力を集中できる。おとなでもそういう人はたくさんいる。学者をあつめた集会で聴衆の席におかれると、多才有能の人ほど、貧乏ゆすりをしたり、パイプをいじりまわしたりしている。それはエネルギーのある人の宿命みたいなものだ。

おちつきのない子に、おちつかそうと思って静座をさせたりするのは、かわいそうだ。まして精神安定剤をのませたりするのは、天分を殺すようなものだ。

502　ききわけのない子

親が、はやる心をおさえて、やさしい声で条理をつくして説得するのに、子どもがどうしてもいうことをきかない場合がある。子どもには子どもなりの理屈のとおっている場合もある。11月になって寒いから長いズボンをはいていきなさいというのに、子どもが半ズボンでないといやだといって泣いているとき、子どもは理由のない反抗をしているようにみえる。しかし、半ズボンだと、かんたんにおしっこができるが、長ズボンだと、ひと苦労しなければならぬ。ファスナーがはずしにくかったり、とめるのに時間がかかったりするのは、いそがしい幼稚園生活ではこまるというのは、子どもとしての理屈である。

また、子どもの生理にもとづいていることは、親のいうとおりにならない。夜ねる前に水分をとるから夜中におしっこをするのだと思って、母親が夕食のとき、子どもにお茶をのむなというと、子どもがどうしてもきかない。母親にすればききわけのない子にちがいないが、これは子どもの自由意志ではどうにもならないことだ。ほかの子よりたくさん水をのまずにはいられないような代謝の型を、その子はもっているのだ。これはあらそっても仕方がない。子どもがもう少し成長すれば、おしっこをこらえられるようになって、夜尿はなくなる。

そういう子どものいい分に、根拠のある場合もあるが、親のいうことをきかぬ子のなかには、たしかに真性のわからずやというのがある。隣の坊やがもっているのとおなじロボットを買ってほしいという。2〜3日まえ自動車を買ったばかりだから、お年玉まで待ちなさいといっても、どうしても承知しない。畳の上にひっくりかえって泣く。もちろん、母親があますぎて、ごねればきっと買ってくれると、子どものほうで見くびって示威運動をすることもある。しかし、子どもにけっしてあまくない母親にたいしても、そうやってごねる子がある。4〜5人子どもをそだてていると、そういう子がひとりぐらいいるものだ。母親は、どの子もおなじそだて方をしているのだから、わからずやは、子どもの性分だと思って、とりあわない。しかし、子どもをひとりしかもたない母親だと、これは自分のそだて方がわるかったのだろうと、思い悩む。

真性のわからずやにたいしては、とりあわないというのが、いちばんいい。そういうわからずやの子も、中学にいくくらいになると、かなりわかるようになり、高校をでるころには、ふつうの人間になる。わからずやの子は、知恵づきが遅れているというのではない。自己主張が強いということだ。そういう人間は個性的なのだから、後日、他の方面の能力がのびてきて、その人間の強い情動反応を抑制できるようになると、人物としておもしろい人間になる。

真性わからずやの子がいると、ささいなことで紛争状態になり、家庭平和の障害になる。子どもの要求があまりたいしたことでなく、経済的な失費に十分たえられるところでは、何気なくその要求をみたして、はげしい戦闘状態をつくらないことも必要だ。

要求のどの程度までをみたしてやり、どこで拒否するかは、その場その場で、母親が決定することである。子どもをいちばんよく知っているのは母親である。母親の母親としての能力は、それを即興的に芸術家のように、決定していくところにある。子どもに哀願するような態度は、けっしてとってはならない。

503　「虚弱児」と「学習障害児」

半世紀ほどまえ「虚弱児」というコトバがはやった。ひよわに見える子、やせた子、顔色のわるい子、よくかぜをひく子、扁桃《へんとう》の大きい子、くびのわきにぐりぐりのふれる子、朝礼のとき倒れる子などが、「虚弱児」とよばれた。腺病質の子ともいわれた。「虚弱児」をやかましくいったのは、こういう子がおとなになったら結核になるだろうと思い込み、子どものうちにきたえておけば、おとなになって結核にならずにすむと考えたからだ。「虚弱児」を海浜学校や山のキャンプにつれていって、結核予防だと、宣伝した。「強壮剤」のメーカーや教育委員会や新聞が先頭にたった。医者にも同調するものがあらわれた。それは学問として証明されたことでなく、思いつきにすぎなかった。日本の結核を学問として研究しはじめた若い世代の医学者は、日本の結核は青年期になってはじめて結核に感染しておこるのが大部分であることをみつけた。

結核を予防するには、感染をふせぐのが第一だから、結核患者を隔離する療養所をもっと建て、感染しても発病しないように人工免疫をつくるBCGを接種しようということになった。そういうとき「虚弱児」に重点をおく考えは、予防のじゃまになった。

当時、「虚弱児」は結核と関係のないことを示すため、私は市の役人にさからって「虚弱児」で結核に感染していないものは、健康児と同じであり、やせていてもどこにも病気はなく、顔色がわるくても検血すれば貧血でないことなどをしらべあげた。

学問としてたしかめられていないことを、企業や学校の先生たちが、思いつきから宣伝して、世に害毒を流した先例がもうひとつある。毎年の「健康優良児」の表彰だった。身長と体重の特に大きい赤ん坊に「表彰盾」をおくるのだった。ミルクのメーカーが先に立って大学の先生や新聞社が加わった。これはミルク・メーカーにはよかったろうが、生まれつき小食で小さい赤ん坊の親をなげかせ、「優良児」が学校にいくころ肥満で苦労することになった。

およそ何か新しいことを子どもと親にすすめるには、それを実行した子と、しなかった子とを、おとなになるまで追跡しないといけない。

このごろ幼稚園の先生のあいだにひろまっている「学習障害児」にも危惧を感じる。

小児科医は、そういう特別の精神異常があると思わないが、アメリカ精神医学会編「精神障害の診断と統計マニュアル」(ＤＳＭ)には、学習障害というのがでている。

学校教育にうまくついていけない子をいい、読み方の障害、算数の障害、作文の障害などに分類している。そして、この分類は学校教育がうまくいかぬ子に便宜上にだけつけたものだとことわっている。

私が危惧をもつのは、ある母親からの手紙からだ。

「5歳になる男の子が、半年前転居のため、別の幼稚園にかわったところ、その園は学校教育を早くはじめ、運動能力にも五段階の階級をつけるのです。うちの子は運動が苦手で最下級をつけられ、工作も不器用で人におくれます。そのためよくできる子からバカ、グズ、ノロマなどいわれ、時に大声で泣いたり、パニックをおこすようです。先生から、お子さんは普通の子とちがった所が多く、学習障害児でないかと思います、いま園で学習障害児の研究会をしていますからと、参加をすすめられました」。

幼稚園の早期学校教育がいじめをおこしているのをそのままにしておいて子どもを障害児ときめつけることが、はやりはしないか心配だ。

504　「男らしさ、女らしさ」

日本のむかしの教育は、満6歳になると、男の子と女の子とを、きびしく区別した。男の子は将来、一家の主人になるもの、女の子は主人につかえる従順な妻になるものときめられた。そういう生活法は、現在はそのまま適用しない。男も女も、平等に人間として生きる権利をもっているというのが、いまの生活法だ。むかしの人が、「男女7歳にして席を同じうせず」ということをいったのは、子どもが6歳になったら、将来の生き方をおしえねばならぬとしたからだ。私たちもまた、6歳の子どもには、将来、男も女も平等に人間として生きるのだということをおしえねばならぬ。そのためには、男も女も、人間としては平等であることを、この年齢からたたきこまねばならぬ。女も男とおなじように、絵もかけるし、歌もうたえるし、お話も理解できるし、ボール投げだって、なわとびだってできることを知らさねばならぬ。現在の保育園や幼稚園の集団教育で、男の子と女の子とを区別しないのは、そのためである。

現在の日本の社会が、憲法では男女同権といっておきながら、実際では男性がいばっている。女性にその能力にふさわしい地位を与えるために、つぎの世代は憲法を実行してもらいたい。それには、いまの男女平等教育を、幼児期だけでなく、もっと大きい年齢まで徹底させたい。だが、日本人の家庭の生活では、男性と女性とは、以前にくらべてかわりはしたが、まだ男性と女性とは、分業廃止にいたっていない。生理的な役割がちがうのだから、この分業は当分つづくだろう。

母親が専業主婦という分業をうけもっている家庭では、父親はよほど気をつけていないと、男のほうが女よりえらいというかんがえを子どもにうえつけてしまう。自分がはたらいて妻を食わしてやっているという気持だと、母親の人格を尊重しなくなる。父親と母親とは平等の人格をもちながら、家庭経営という事業に参加しているのだ。むかしの軍隊みたいに、上官が兵隊に命令するような態度だと、それをみてそだつ子どもは、学校で男女同権をならっても、たてまえだけのことだと思う人間になる。

家庭のなかで、男性と女性とが、どんなちがった生き方をするのが、家庭をリラックスする場とするのにいちばんいいか。それは、いまの父親と母親とが日々解決しつつあることだ。家庭を楽しくするために、父親は男の子に、男とは何であるかをおしえている。母親は、女とは何であるかを、女の子におしえている。自分の家庭のいとなみからはなれて、「男らしさ」や「女らしさ」をおしえようとしてもだめだ。

言動、起居、服装の「男らしさ」「女らしさ」の教育こそ、ほんとうの意味の性教育である。親は、その責任からのがれられない。性教育の教室は家庭である。

505　おけいごと

幼児におけいごとをさせるのがはやっている。日本舞踊やバレーのけいこ、音楽教室、絵画教室、英会話などに通っている子がたくさんある。近所の子どもが、おけいごとに通っていて、あなたのところもいきませんか、とさそわれる機会がおおくなった。そういうとき、どうすればいいか。

おけいこごとをあまり深刻にかんがえないほうがいい。子どもがおどりが好きだから、バレーをならわせて、日本一のバレリーナにしようなどとかんがえないことだ。子どもにとって、おけいこごとは、あそびの一種だ。英会話などといっても、それは発表会の劇で、「かちかち山」のウサギのせりふをまるおぼえして、しゃべっているのとちっともかわらない。演技を楽しんでいるのだ。英語に熟達させて外交官夫人にしようなどと思って、英会話の塾にやると失望するにきまっている。

子どもはきっと途中であきてやめるという。そのときいつでも、やめさせてやる覚悟があれば、おけいこごとにやるがいい。画家にむいているか、音楽家にむいているかなどということは、5歳の子どもではわからない。だが、どんな芸術でもいい。子どもに天分があるかないか、さぐりをいれてみるのは、いいことだ。

子どもの能力がどこにあるかわからず、子どもも、どこでもいいからいきたいというのなら、親の得意な方面をやらせるのがいい。母親が5年も6年も、ピアノをやっていたというのだったらピアノをやらせる。それは、インチキな教授法を簡単にみぬけるからだ。しかし、昔とったきねづかで、家に帰った子どもに、厳重なけいこをさせるのは、かんがえねばならない。教師と弟子という厳格な関係は、親子のあいだでは、もしそれが保たれるとすると、本来あるべき親子関係をつきくずすからである。

けいことは、あそびであり、あそびは浪費をともなうものであることを、はじめから承知していないといけない。自分の流派のなかで上の位置につきたい先生は、やたらに流派のもよおす発表会に子どもを「出演」させるし、楽器メーカーにつながる音楽教室では、ピアノを買わせたがる。そういうおとなの計算されたいとなみに、子どもをまきこまれないようにしたい。

おけいこごとをはじめるときは、よく事情を知った人から予備知識をえた上で、きめたほうがいい。

506　小学校のえらび方

「名門」小学校というのがある。その小学校から「名門」中学にはいるものがおおく、その「名門」中学からさらに「名門」高校につながり、その「名門」高校をでると、有名大学の入学試験がうかりやすい。そういう「名門」の小学校に越境して入学させたり、または、はげしい選抜試験をうけて入学させたりするのが、教育熱心の親といわれる。

だが、そういう「名門」小学校にむりをして子どもをいれることが、それほど賢明とは思えない。設備のととのった、学費のやすい大学の数がかぎられているのだから、競争があり、受験勉強が必要なことは、やむをえない。だが受験勉強というのは、入学試験本位のものだ。それは人間をつくることを目的とした教育とはべつのものだ。受験勉強が、上の学校にいくためには必要悪であるにしても、この悪を最小限にとどめたい。

いまの日本の教育は、受験勉強のために、人間をつくるという本筋がゆがめられている。学校の「格差」が、試験の合格率できめられている。学校の先生も「よい」学校になりたいために、受験勉強に力をいれる。教育委員会も、それをみてみないふりをしている。人間の値打ちを、その出身校できめるなどというのは、まちがっている。

学校は人間をつくるところだ。知識をさずけるよりも、立派な人間をつくることのほうが大事だ。どんなにものをよく知っていても、親きょうだい、友人と、平和に楽しく生きていくすべを知らぬ人間とは、いっしょに住みにくい。自分だけ出世すれば、ほかの人はどうなってもいいという人間ばかりでは、世の中は楽しくない。

「名門」校といわれる、受験勉強ばかりやっている学校に子どもをいれると、子どもは、ほかの人をけおとすことばかりかんがえる人間になってしまう。小学校から大学まで、そういう学校で生活すると、ほかの人の苦しみや悲しみにたいして無感覚な人間になってしまうおそれがある。

越境入学をしたり、幼稚園のときから「塾」にかよったりしてはいる「名門」校があるということが、まちがっている。子どもはその住んでいる地域の小学校にいくのが当然であり、それがいちばんいい。学校で楽しい仲間をつくり、その仲間と、放課後や夏休みにあそべるのは、地域の学校にいるからだ。遠いところからかきあつめられた「名門」校の子どもは、放課後も夏休みも、自分の近所の子どもとあそばない。実際は地域ののけものなのだが、本人は特権意識をもっている。それは、何ほどか人間をスポイルする。

地域の学校にいっていれば、学校のうまくいっていないところは、地域の住民の意見でよくしていける。学校をよくするには、地域をよくしていかなければならない。自分たちの住んでいるところは、自分たちの力でよくするというのが、地方自治の精神だ。地域の人の力で学校がよくなっていくのをみれば、子どもは地域への愛をふかめる。「名門」校へいった人間が、おおくは有名大学を志し、自分の住んでいるところから離れて、よその土地で出世しようとするのと大きなちがいだ。自分の住んでいる地域を愛し、そこに住みつづけるつもりの人は、地域の小学校に子どもをいれるべきだ。

507　入学の準備

母親としていちばん大事なことは、緊張をほぐすことだ。子どもの入学をねらっていろいろの業者が、製品の売りこみをねらう。テレビ、ラジオ、新聞、雑誌などをつかって、「人生のかどで」の覚悟はいいかと、緊張をあおる。

だが母親には生まれた日から、6年間、この子をそだてて、今日まで立派にしあげてきた実績があるのを忘れてはならない。マイペースでうまくやってきたのだ。いまさら子どもを知らない他人からとやかくいわれることはない。

就学前の健診で初対面の医者から、いろいろ「注意」されるかもしれない。体重がたりないといわれても、生まれつきの小食の子は50パーセンタイルのところにはいらないのは当然だ。離乳食以来どんなにもっと食べさせようと苦労してきたことか。初対面の人にわかるはずがない。だから「もっと栄養をかんがえないといけません」などというのだ。

「鼻炎をなおしておきなさい」といわれても、幼稚園の時代に半年以上も耳鼻科にかよったが、鼻のグスグスいうのがなおらなかったことを知っている母親は、それが4月までになおるとは思わない。それでいいのだ。子どもは元気でかけまわっている。鼻が少しグスグスいったところで、教育ができないということはないはずだ。

入学前に母親が右往左往するのは、湿疹《しっしん》や夜尿をなおしておこうと思って、いままで1度かかってなおらずに足が遠くなった病院へ、またかよいはじめる場合だ。

すべて、いろいろの故障を注意されても、それが幼稚園のときからあり、楽しい毎日をさまたげているものでなかったら、心配することはない。おおくの故障は、元気な子どもでは、成長とともに自然になおっていく。子どもは、その成長をもとめて、入学するのだ。

「へんとうせん肥大」といわれても、いままで元気なら切ってはいけない。ただヘルニアはなおしておいたほうがいい。

子どもに新鮮な気持で学校にいかせるために、学用品は、たとえ上の子のものがつかえるにしても、新品をそろえてやりたい。

ランドセルは6年まで使えるようにと、丈夫なものばかりさがすと、小柄の子には重すぎるものになる。途中で買いかえるつもりでえらぶ。子どもの歓心を買おうと、テレビ番組のヒーローだの、キャラクターもののついているのがおおいが、早晩流行おくれのレッテルになるから、敬遠する。机は角のとがったものはいけない。

障害のある子は、地域の学校とちがう特別の学校にいくことをすすめられるかもしれない。西欧では障害のある子を地域の学校にいれているところもある。そういうところは、学級の生徒の数も20人前後で、先生の目がよくいきとどき、障害に応じた指導教師がきて、週のうち何時間か特別の教育(点字、手話、言語指導)をしている。普通学級にいれればいいというものでない。障害の程度、学校の受け入れ態勢などをよくかんがえ、それまでの普通学級でそだった障害児のあとあとの様子もしらべて親が決定する。

508　左ききと字のけいこ

左ききか右ききかは、その子の生まれつきできまっている。人間は自分の得意なところをのばして、不得意なところをおぎなっていけば、十分に人生を楽しむことができる。人間には右ききのほうがおおいから、右きき本位の作法ができあがっている。箸《はし》は右手でもち、茶わんは左手でもつというのは、右ききに都合のいい食事の作法だ。だが、左ききだって基本的人権はもっている。右きき本位の作法を強制されて、不便な思いをすることはない。

なるほど、けいこすれば、左ききの人だって右手で箸がもてるし、右手にペンをもって字をかくようにもなれる。だが、そのために左ききの人は、赤ちゃんの時代から学校にいくまで、どれほど文句をいわれねばならなかったことか。すべての左ききの人は、いままで右ききのいうことをきいて、なおしてきた。

しかし、どうしても右手で字のかけない左ききの人もいた。その人たちは、ずいぶん恥ずかしい思いをしながら、左手で右の字をかいている。西洋の人は、左ききを矯正しない。大統領も、映画女優も左手にペンをもって字をかいている。

日本でとくに、右手がきをさせたのは、習字をするとき、左手でかくと字のはね方や筆のおき方がかわってきて、規則にあわないからだ。だが、いまは日常生活で筆で字をかく人は、ほとんどない。ボールペンでかいた字では、筆法の相違がはっきりしない。それなら左ききの人は、かきいい左手で字をかけばいい。ところが残念なことに、字のかき方は右ききの人間がきめたままで、左ききの人のためのかき方は、まったく開発されていない。ものわかりのいい学校の先生が、左ききの子に左手で字をかかそうとしても、筆法は右手用しか知らないわけだ。右手用の筆法とはちがった左手用の筆法が、画のおおい漢字では必要だと思う。

左きき用の筆法がきまっていて、左手でかいていいということになると、左ききの子の学童期は、いっぺんに明るくなるだろう。彼らをたえず憂うつにした矯正がなくなってしまうからだ。幼児の左ききは、矯正しないでいいという心理学者や教育学者が、字については、矯正論者であるのはおかしい。これは日本の教育学の怠慢だ。一刻もはやく左ききのための筆法が開発されねばならない。

幼稚園では字をおしえないことになっているので、幼稚園の先生は、左ききの子の字のけいこの問題から解放されている。しかし家庭の母親は、字をおぼえた子どもが、自分の名を左手でかきはじめたら、左ききの子の字のけいこの問題に直面する。左手でかいた字と、右手でかいた字と、どちらがうまくかけているか、どちらが早くかけるかできめればいい。そして左手のほうがうまくかけるのなら、それでおし通すべきだと思う。

学校へあがって、先生が、うちの学校は左手でかかせませんといったとき、うちの子は左手でかかせることにしていますといって、左ききの基本的人権を守るべきだ。その自信がないというのなら、子どもにかわいそうだが(ほんとうにかわいそうだ)、右手で字をかかせるけいこをしはじめねばならぬだろう。ほんとうをいえば、教職員組合こそ習字の正課からの除外を要求して、左ききの子の人権を守る運動の先頭に立つべきだ。組合のできなかったことを、やがて家電メーカーが実現するだろう。ワープロの普及が字をかくことを不要にしてしまうだろうから。

むし歯とその予防　〈388むし歯とその予防〉参照

子どもの偏食　〈465子どもの偏食〉参照

知能テスト　〈472知能テスト〉参照

環境

509　子どもが事故にあったら

4歳の子にくらべると体力がつよくなるだけ、おなじ事故でもけがの程度がひどくなる。ベッドの上でトランポリンあそびをしても、5歳の子は高くとべる。ベッドから外にとびだして、テーブルの角に顔をぶつけると大きなけがになる。

幼稚園でよくブランコから落ちてけがをするが、ふりながら前にとびおりるような芸当ができるからである。ブランコから落ちた子におおいのは、骨折である。脚の骨折、腕の骨折は、子どもが痛がって脚や腕をうごかさないから、そこにけががあることがわかる。なるべく早くレントゲン写真をとって、損傷の程度をしらべないといけない。くじいただけか、骨にきずができたかは、外からわからないことがおおい。骨つぎ屋さんで、これは脱臼《だっきゅう》ですがはめておきましたといわれて、そのままにしておいてはいけない。骨折したのを長くそのままにしておくと、骨が変にくっついて、手術でつぎなおしをしなければならなくなる。外側のきずといっしょになった複雑骨折でなければ、早く手当すれば手術せずにすむ。地面についたとき手のひらをついて、手がうごかないときも、腕の骨の折れていることがある。とにかく、ブランコをふっていて落ちたときは、かなりの力がくわわっているのだから、外科にいってレントゲン写真をとってもらうのが、安全である。

ブランコをふっていて落ちて頭を打ったとき、屋根や木から頭を先にして落ちたとき、しばらくでも失神していたのだったら、脳外科のある救急病院にはこんだほうがよい。病院へついたとき、まったく元気になっていても、24時間たつまでは、用心したほうがいい。失神した時間が10分間以上もつづいたのだったら、病院ではCT（コンピューター断層撮影）をとるだろう。

落ちて頭を打ったが、ぜんぜん気を失わず、5〜6分泣いただけというのなら、たいてい大丈夫だ。幼稚園のなかでのけがにかぎらず、道路で自動車やオートバイにぶつかった場合、頭を打ったかどうかわからぬときは、頭を打ったものとかんがえて、みてもらうべきだ。

耳の穴から透明な液がでていたら、近所の開業医でなしに、救急車で脳外科の病院にはこばないといけない。頭の底部の骨がこわれて脳脊髄液《のうせきずいえき》がもれてきたからだ。

自動車やオートバイが、子どもの腹にぶつかると、内臓(肝臓、脾臓《ひぞう》、腎臓《じんぞう》)にきずがついて出血することがある。内臓の出血は外からわからない。打撲のあと、子どもがふつうに歩いたり、ものをいったりしていても、腹痛のあるときは、よほど注意しないといけない。はじめてみる医者には、子どもの顔色が、ふだんとどれだけちがうかわからない。ふだんの顔色を知っている母親からみて、顔の色がわるかったら、医者に、ふだんよりあおい顔をしていると告げねばならぬ。内臓の出血があると貧血してくるからである。また、ふだんよりも腹がふくれていたら、そのことを母親は医者に告げねばならぬ。内臓が破裂して腹のなかに血がたまると、腹がふくれるからである。

事故のあと、どうもないといわれて病院から帰ってきても、その晩は入浴せず、頭を冷して静かにねていないといけない。おしっこはかならず透明なびんにとってみる。腎臓にきずができたときは、おしっこが血で赤くなる。それをみたらすぐ病院に連絡しなければいけない。

内臓のきずにくらべたら、3針か4針ぐらい縫わねばならぬ外側のきずは、あとこそつくが、たいしたことはない。ただ、自動車やオートバイでけがをしたときは、土がはいるから、破傷風にならないともかぎらない。そういう用心に、ふだんから破傷風のワクチンをしておかねばならぬ。

子どもがかなづちで石をたたいていて、石の粉が目にはいったときは、眼科でよくみてもらわないといけない。目にささるのは石のかけらより、鉄の破片がおおい。鉄片はレントゲン写真にうつるのでわかる。これは強い磁石をはたらかせて、ぬきとることができる。

510　春夏秋冬

子どもによっては、自然界にたいしてつよい興味をもつ。町のなかでそだっている子どもは、花だの木だのをぜんぜん知らない。春になって、花がひらくようになったら、子どもを自然にふれさせる機会をなるべくつくりたい。アパートに住んでいる家庭では、子どもに種をまかせて、鉢やプランターに花をさかせるようにさせるのもいい。

夏には、できるだけ水泳をさせたい。近くに川や海のあるところでは、父親が子どもに水泳をおしえるのがいい。プールで泳がせるときは、あがってから水道で十分にからだを洗い、目もきれいな水で洗う。アデノウイルスの一種でおこるプール結膜炎の予防である。泳ぎのけいこをするときは、子どもに水の中へ頭をつけさせねばならぬ。子どもは耳の入口の水をとろうとして指を耳の穴にいれる。爪をよく切っておかないと、爪できずつけて外耳炎をおこす。耳をひっぱると痛いというのでわかる。

夏休みには、家中でどこかへ旅行すると、子どもに楽しい思い出をのこす。

秋になると、たんのたまりやすい子は、よくせきをし、ゼロゼロとのどの奥に音をだしてくるが、子どもが元気であれば、病人あつかいにしない。来年は学校へいかねばならぬ。それには、庇護《ひご》するより、きたえたほうがよい。運動会もできるだけ参加させる。毎年休んでいた子が、今年は参加したとなると、おおいに自信をもつ。

いままで字のよめなかった子も、正月の休みに幼稚園からもらったカルタで、平がながよめるようになる。親もいっしょになってカルタを楽しむようにしたい。混雑しないスキー場があれば、つれていくのもいい。

入学前年の秋に、学校へいくための予備の健康診断をうける(〈507入学の準備〉)。このときはじめてみる医者と、いままで5～6年そばについてみている母親とでは、見方がちがう。医者はかわった所をみつけるのが仕事だが、母親はかわったところ(たとえば鼻の分泌がおおい)があっても、生活にはさしつかえないし、治療もきかないのを知っている。

幼稚園にいきたがらない子　〈474幼稚園にいきたがらない子〉参照

幼稚園で友だちがない　〈475幼稚園で友だちがない〉参照

夏休み　〈476夏休み〉参照

かわったこと

511 夜尿症

もうすぐ学校だというのに、子どもがまだ夜におもらしをしてしまうと、母親はいらいらする。しかし、夜尿症には母親がいらいらするのがいちばんいけない。母親が気をおちつけて、ゆっくり待ちましょうという気持になれば、夜尿症は半分以上なおったといっていい。

夜尿症というものが、もし病気のうちにはいるのなら、それは子どものおしっこが近いのを、くよくよする母親の神経症といえる。たしかに、母親こそ最大の被害者である。夜に何度も子どもをおこさねばならぬ。とくに寒い晩ほど何度もおこさねばならぬ。パジャマとシーツの洗濯を毎日しなければならぬ。ふとんを日に干すのもたいへんな労力だ(ベッドパッドをふとんの上に敷いておけば丸洗いもできる)。ほかの母親よりも仕事がおおい上に、自分のところの子だけが、おもらしをするという劣等感にさいなまれる。

この母親の気持が、子どもにたいする母親の態度に反映しないわけはない。よほどさとった人でないかぎり、朝にぬれておきてきた子どもに、「またやったのね」とか、「もう学校だというのに、おねしょしちゃだめじゃないの」とか、「お母さんの身にもなってよ」とか、ぐちをいいたくなる。さすがにこのごろは、おしりをたたく母親はへったけれども、なくなったわけではない。

子どもにしてみれば、まったく無実の罪だ。好きこのんで、水冷式冷却法をやっているわけではない。目がさめたら、そういう結果になっているだけのことだ。あすもまた、おぼえのない罪でしかられないだろうかという不安が、子どものおしっこを近くする。

夜におしっこをしくじるのは、男の子に断然おおい。男のほうが眠りがふかいのだ。女は育児のため赤ちゃんの泣き声や動きで、すぐ目がさめるようにできている。哺乳類は、成獣になると自衛上、夜にすぐおきられるようになるものだ。

おねしょをする子は、けっして知能のおくれた子ではない。むしろ敏感で、たえず精神の緊張している子だ。赤ちゃんのときから、日中もおしっこの回数のおおい子である。赤ちゃんのとき、ほかの赤ちゃんよりおむつをたくさん必要とした子だ。夜のおしっこも、母親が何度もおきて、ねている子を便所につれていってさせれば、どうにかぬらさずにすむこともできる。しかし、11時、2時、5時と毎晩3回おきられる母親はめったにいない。それだけおきても、そのすきをぬっておもらしをやられると、母親もかぶとをぬいでしまう。また、たびたびおこして子どもを睡眠不足にすると、あいだの眠りがふかくなって、かえってしくじる。

おしっこの回数がおおいということは、病気ではない。人間には、おしっこによくいく人とそうでない人とがあって、どちらも生理的だ。おしっこのあいだのあく子は、3〜4歳になると、夜におもらしをせずにすむ。あるいは、母親が1〜2回おきて、おしっこをさせれば、ぬらさずにすむようになる。おしっこの近い子は、ぬらさずにすむようになる年齢がもっと先のほうだ。小学校の低学年で「乾燥」する子もあれば、5年生ぐらいになって、はじめて「乾燥」する子もある。どちらも、その子の持ち前として生理的である。この「乾燥」をおくらせるのが、母親のいらいらだ。5歳になれば、子どもは朝ぬれていることが恥ずかしいのだ。その屈辱感から、母親につげないで、パジャマをまるめておいたりするのだ。

夜尿症をなおそうと思えば、子どもを不安と屈辱とから解放せねばならない。夜尿をとくべつの病気のようにとりあつかわないことだ。パジャマやシーツがぬれていても、汗でぬれたのとおなじにあつかう。汗をとがめないように、おもらしをとがめない。朝、パジャマやシーツがぬれていても、母親は、いたって無表情に処置する。日常の生活のなかで夜尿のことをいっさい話題にしない。人生にはもっと大事なことがたくさんあって、汗だとか尿だとかは問題にならないという顔をしている。夕刻以後の水分を制限したほうが、夜のおしっこは少なくなるが、それも「そんなにお茶をのむとおしっこがでますよ」などといわない。理由をつけず、何となしに水分を制限する。夜の副食をつくるにも、なるべく水分のおおいものはさける。いちどおこして便所にいかせればしくじらないのなら、それをつづける。

夜尿症を学校にいくまでになおしてみせるなどという、悲壮な決心をしないほうがいい。医者から医者へ巡礼のようにまわることも、感心しない。前の医者でなおらないときくと、後の医者は、さらにつよい薬をのませ、さらに厳格な戒律をだすだろう。子どもの全人生は夜尿症のために存在するかのようになるのは、まずい。子どもが緊張するからである。

子どもが信頼している医者が、これはなおるといって、子どもに確信をふきこむと、それでなおることもあるが、これは、もう「卒業」の時期にきていたのを、不安がじゃましていた場合だろう。医者が不安をとりのぞいたのだ。おへその下にヨーチンで丸をかいてやったら、それでなおった例などを経験すると、そう思わざるをえない。

精神安定剤をのんだらなおったとか、漢方薬でとまったとか、お灸《きゅう》をすえたらなおったとか、シーツがぬれるとブザーが鳴る仕掛けをしておいて、鳴ったらそばにねている親がおこして便所にいかせるブザー法でよくなったとかいうのは、そういう「卒業」まぢかの子だ。女の子のほうにおおい。「卒業」の時期がきていないと、薬もまじないも、永続的な効果はない。1カ月も「治療」をしてもらって効果がなかったら、「治療」は打ち切ったほうがいい。

もっと大きくなれば夜尿は自然になおるのだから、学校へいくまでになおらなくても、ちっとも気にすることはない。母親は肉体的には骨が折れるが、パジャマとシーツの洗濯をつづけ、親がねるころに1度おこしておしっこをさせることをつづければよい。

冬は寒いために、いままで「卒業」していた子どもも逆もどりする。ふとんの中をあたたかくしてやらねばならぬ。

悲劇がおこるのは、嫁しゅうとめの対立の場に夜尿がなったときだ。夜におこしてきちんとさせないからこういうことになったといわれると、嫁は自分の誠実をしめすために、いままでの待機主義をなげうって「夜尿外来」に通いはじめる。3時にはじまる外来に1時からいって待ち、薬をもらうのが5時になるといった通院の苦労が無効とわかったとき、しゅうとめはやっと気がおさまる。その間の孫の苦労はたいへんなものだ。

夜尿は、同一の家系にその前歴をもった人がおおい。これは子どもにとって利用価値がある。お父さんも4年生まで、おねしょをしていたとか、叔父さんもそうだったとかいう話は、子どもにある安心感を与える。お父さんなり叔父さんなりが、現在立派な男性として活動しているほど、その効果は大きい。

いままで夜にしくじったことのない子が、急に毎晩おしっこをもらすようなら、尿に糖がでていないか検査してもらわねばならぬ。子どもの糖尿病は急にはじまってくる。これまでとちがってひどく水をたくさんのむ。女の子だと陰部に湿疹ができてかゆがる。この年齢にはじまった糖尿病は重症である。すぐに治療をはじめないといけない。尿崩症という脳の一部の故障からおこる病気でも、のどをかわかし、尿量がふえて、いままでしなかった夜尿をはじめるが、めったにない病気だから、かんがえないでいい。

512　乗りものに酔う子

幼稚園の遠足でバスにのったり、船にのったりすると、気持がわるくなる子がある。タクシーにかぎらず、電車にのっても酔う子がある。そういう子は、たいてい感覚のするどい子である。なまぐさいものや、ねぎのにおいなどにたいして、ひどく敏感である。乗りものに酔うのも、車が揺れるのと、乗りもののなかの塗料やガソリンのにおいとがいっしょになるからである。精神的なものもおおいに関係する。ほかの子が酔っているのをみたりすると、たちまち、感染したように自分も酔ってしまう。

乗りものに酔うのは、子どもの内耳にある前庭の神経が、振動にたいして過敏なためと思われる。乗りものにのる30分まえに、市販の酔いどめをのんでおくと、いくらかましだ。暗示的にもきく。食事は全然とらないのはいけない。乗車1時間前に少し食べさせる。

ふだんから振動になれさせる訓練も必要だし、また有効である。ブランコにのせてからだを揺するけいこもいい。

タクシーは酔うが、バスならかなりのれるとか、自動車は酔うが、列車ならそんなに酔わないというのだったら、酔いの少ない乗物に何度ものせて訓練する。もう酔わないだろうかという不安が、酔いをよぶことがおおいから、家族旅行をして、車中みんなで楽しい話をして、酔いの不安を忘れさせるのがいい。酔わずにいけたときは、子どもをほめ、自信をもたせる。幼児期にどうしてもなおらなかった車酔いが、小学校5～6年になるとなおってしまう例がおおい。いろんな「治療」が無効であっても、楽観していないといけない。

酔う子をどうしてものせねばならぬときは、乗りものの重心部に、進む方向を頭にして横向きにねかせる。

513 子どもの微熱

幼稚園にいっている子どもの約1/3ぐらいは、午後に5分以上体温計をわきにはさませて熱をはかると、37度以上の微熱がでている。クラスの全員を毎日はかって、1カ月ぐらいの統計をとると、そういう結果がでる。これは結核とは関係がない。ツベルクリン反応の陰性の子も陽性の子も、おなじように微熱をだしているからである。レントゲンの検査をしても、微熱の子に結核があるという結果にならない。おそらく、ウイルスの感染のあったあととか、むし歯とかがそのひとつの原因であろう。だが、まったく健康な子にも微熱があることもたしかだ。そういう微熱のある子を、ふつうに幼稚園に通わせていても、何の故障もおこらない。だが、健康な子にも微熱があるということは、母親は知らない。だから、たまたま微熱を発見するとおどろいてしまう。

ふだん、どの母親も元気で幼稚園にいっている子の体温ははからないものだ。かぜをひいて高い熱がでて休んだりすると、きょうは熱がさがったろうか、さがったら幼稚園にやりましょうというので、熱をはかりはじめる。そうすると、この微熱を発見する。「先生、この子は微熱をだすようになりました」といって医者のところへいく。その熱はかぜをひく以前からあったのかもしれない。医者が、微熱は結核と無関係だと思っている人だといいが、微熱は結核らしいと思ってしまわれると、それだけで自動的に結核にされてしまうおそれがある。

子どもが「肺門リンパ節結核」と「診断」されるのは、微熱が出発点であることがいちばんおおい。前年にBCGをして、ツベルクリン反応が陽性になった子どもがとくに誤診されやすい。

微熱は結核と関係はないと思っている医者なら、母親の心配をわらいながら、去年BCGをしたなら結核は大丈夫ですといってくれるだろう。それでも心配ならといってレントゲン写真をとって、何も病変のないことをたしかめるだろう。念のために、血沈(赤血球沈降速度)もしらべてくれるだろう。これも正常ということだったら、母親は医者のことばを信じて、子どもを幼稚園にだすべきだ。そしてもう体温をはからぬことだ。

微熱があるのに病気でないはずがないと、医者から医者にわたりあるけば、どこかで「自律神経失調」だとか「溶連菌感染」だとかといってくれる医者にめぐりあうことはたしかだ。微熱恐怖症の祖父や祖母がいると、そうなることがおおい。

514　「ぜんそく」

5歳をこえてはじめて「ぜんそく」をおこしてきたという場合は、〈370「小児ぜんそく」〉をよくよんでほしい。薬だけでなおそうとしては、うまくいかない。赤ちゃんのときから、胸のなかにゼロゼロとたんのたまりやすい子で、3歳、4歳と、だんだん夜の「発作」がひどくなってきた場合には、子どもの生活の大転換をしないと、学校へうまくいけなくなってしまう。3〜4歳のころからの「ぜんそく」がなおらないという子どもは、たいてい、よくものわかった、いわゆる「知能指数」のたかい子である。自分は「ぜんそく」という大病にとりつかれたと思っている。親にたいしてはいばるが、他人には弱気である。

いちばんいけないのは、子どもが主役になってしまって、子どもの判断で、規律のない生活になることだ。ちょっとせきがでるからといって幼稚園を休み、今日はだるいからといっていつまでもねている。生活の規律を家族全体でまもっていて、それに子どもも参加しなければならないという気風が家庭にないといけない。5歳ぐらいのときから、そういう規律のある生活をつくりあげておかないと、学校へあがってから学校ぎらいになる。少しぐらいせきがあっても、子どもが歩いていける程度なら、幼稚園や保育園を休ませないようにする。また園の先生も、そういう子がおくれてきても、よくきたといってほめてやってほしい。園に少しつづけていけば、園が楽しくなり、少しのせきでは休まなくなる。

ぜんそくは体質による病気だが、精神がきっかけになっておこる例もおおい。スパルタ式の厳格なしつけをする母親だが、子どもの病気のときは打ってかわって、やさしく献身的に看病する。ところが母親が昼間、ひどい体罰をくわえた日は、夜になってぜんそくをおこす例があった。母親にやさしくしてほしいという願いが、ぜんそくをひきおこしたのだ。

子どもの顔をみるなり、はい、これをのみなさい、注射をします、というだけの医者を、こういう子はもう信じなくなっている。治療が成功するためには、病人と医者とが、人間的につながっていないといけないことを、ぜんそくの場合ほどはっきりおしえるものはない。ある意味では、たんのたまる子どもをぜんそくに追いやっているのは、子どもの人間を救おうとしないで、せきだけを「治療」しようとしている多忙の医者だともいえる。気管支をひろげる交感神経刺激剤(たとえばベネトリン)は予防的に吸入するのは危険をともなう。発作のときだけつかうのが安全である。

たんのたまりやすい子は走ったあと、すぐ気管がゼロゼロをおこす。それがこわくて運動をさせないと体力がつかないから、すこしの運動でも息がきれる。この悪循環をたちきらねばならない。つめたいかわいた空気がしげきになるのだから、温水プールでおよぐのがいちばんいい。プール通いでぜんそくがなおった例はおおい。経営者が選手養成に熱心な所よりも、病気をうつさない注意(結膜炎、みずいぼの子の遊泳禁止、うがいとシャワーの設備)をしている所に通わせたい。

515　脚がだるい

子どもが夕方になって、脚がだるいとか、痛いとかいうことがある。夜ふとんにはいってから、脚が痛いという子もある。どこが痛いか、はっきりいえないこともあるが、片方または両方のひざのあたりが痛いということもある。熱をはかっても平熱だし、翌朝になるとけろっとして幼稚園にいく。関節が痛いときくと母親は、さては関節リウマチかと心配して医者につれていくが、血液の検査の結果、かわったところがないといわれる。骨のくずれる病気でもあるのではないだろうかと、整形外科で、股関節《こかんせつ》やひざの関節のレントゲン写真をとってもらうが、どこにも異常がない。それでも、子どもの夜の脚の痛みは、あいかわらずつづく。母親は毎晩のように、子どもの脚をさすってやらなければならない。

この「病気」は「成長痛」などともいわれるが、原因はよくわからない。遠足などのあと、とくにひどいこともあるから、おそらく疲労と関係があるのだろう。脚がだるいと「かっけ」にされやすいが、このごろのふつうの家庭の食事でビタミンB_1の不足がおこることは、まずありえない。B_1の注射を1週間もやってききめがなければ、「かっけ」ではないと思うべきだ。

扁平足《へんぺいそく》が原因にされることもあるが、これも、外からみて土ふまずのところが、ぺったんこになっているだけでは、病的とはいえない。爪立ちさせてみて、土ふまずのくぼみがでてくれば大丈夫だ。扁平足の兵隊が銃をかついで行軍するとき、よく脱落したので、軍隊に関係したことのある人物は、扁平足に過敏だが、平和な時代には気にすることはない。

いろいろ治療して、どうしてもだるいのがとれなくても、いつのまにか忘れてしまうというのが、一般の経過である。女の子にもあるが、男の子におおい。血のまわりがよくなるように、足からひざのほうにむかってさすってやったり、足の裏をおさえてやったりすると、だるいのがまぎれる。骨に変化のないことがレントゲンでたしかめてあれば、自然になおるものである。

516　チック

病気というよりくせである。まばたき、せきばらい、舌うち、口のひんまげ、首まげ、肩すくめ、上体のゆすり、指吸い、手の平なめ、爪かみ、髪ひっぱり、およそ意味のないくりかえしだ。どれかひとつのことがおおいが、組み合わせてもやる。男の子におおく、4歳から10歳ぐらいにみられる。

はじめは、目のふちにできものができたとか、口のわきがただれたとかいう原因があってやりだしたのが、いつまでもつづく。ほかの子がやっているのをみて、やりはじめることもある。自分では意識していない。母親が、かっこうがわるいからやめなさいというと、よけいひどくやりはじめる。

親にしてみると気になることだが、これは知らん顔しているほうが早くなおる。子どもが、何か新しいゲームやプラモデルに熱中すると、チックをやるのを忘れてしまう。思いがけないプレゼントをしてやるのも、ひとつの方法である。半月か1月でなおるのもあれば、半年もつづくのもある。こういう病気があるということを知らない父親が、「なまいきな、せきばらいなんかよせ」としかる。それが、自然になおるのをさまたげる。

子どもに欲求不満があるからとか、母親が口やかましいからとかいう人がいるが、そんなことのない平和な親子にでも、けっこうおこる。成長とともに自然になおるのだから、母親は自分が悪かったのでこうなったと、みずからを責めないことだ。

子どもがチックを意識し、この病気をなおさないといけないのだという気持に追いこむのだったら、薬はのまさないほうがいい。即座にチックのとまるような薬は副作用のほうがこわい。チックをやる以外にその子の生活が正常で、いきいきしているのだったら、心配はいらない。生活のよろこびが、早晩チックを消し去る。チックにこだわって、子どもの楽しい生活を異常にし、活動力をそぐのはいけない。

517　心臓の音がわるい

いままでまったく元気だった子どもが、幼稚園の定期の健康診断だとか、入学前の健康診断で、「心臓の音がわるい」とか、「収縮期に雑音がきこえる」とかいわれることがある。幼稚園によっては、いちどそういうことになると、注意人物にされてしまう。プールにも入れてもらえないし、運動会にも走らせてくれない。幼児期に、心臓病でないのに、聴診器で心臓部に雑音のきこえる子は、たいへんおおい。医者のほうでは、無害の心臓雑音とか、機能的心臓雑音とかいう名をつけている。これが無害である証拠には、子どもがいままでどんなにはげしい運動をしても、心臓の故障をしめさなかったという実績が第一だ。レントゲン写真をとっても、心臓の形に異常はない。心電図をとっても、どこにも異常がみあたらない。

無害の心臓雑音は、15歳以下の子どもの半数にあるという人もあるくらいで、耳のいい医者ほどよくみつける。7歳をこすと、だんだん雑音はきこえなくなり、おとなになるときえてしまうのがおおい。いままで、まったく元気だった子どもに、心臓雑音があるといわれたら、レントゲン検査や心電図をとってしらべてもらうことだ。それで何の異常もなかったら、「機能的雑音」だという診断書をもらって、幼稚園や学校にだしておくのがいい。そうでないと、健康な子どもが病人あつかいにされて、からだの鍛錬の機会を失う。精神的にもはなはだよくない。

幼稚園や小学校の先生は、こういうものがあるということを、知っていないといけない。医者が「異常」といった子は、しらべもしないで、君子あやうきに近よらず式に、プールにもいれない、運動もさせないというのは、教育者として怠慢である。

518　「へんとうせん肥大」とアデノイド

「へんとうせん肥大」というのは、まったくの俗語である。子どもに口をあかせたとき、のどの奥の両側にある扁桃《へんとう》が、とびだして大きくみえるということである。大きくみえるというだけの理由で、正常の器官を切りとってしまうのは暴挙というよりほかはない。人間のほかの器官で、大きいからといって切りとることはない。扁桃は不要の器官でない。そこでリンパ球が抗体をつくっている。

扁桃が大きいのは炎症のためだと思う人は、「へんとうせん肥大」といわないで「へんとうせん炎」という名をつける。しかし実際に切りとった扁桃をしらべてみると、大きいほど細菌は少ないことがわかった。

ある器官が正常か異常かは、形の大小できめるべきではない。それが、日常の生活のなかに故障をもたらさなければ正常に機能しているのだ。たとえ外から見てどんなに大きくても小学校の高学年になれば、自然に小さくなってしまう。扁桃が大きいためにおこっている物理的な症状(発音が鼻声、いびき、よく口をあけている、のみこむときじゃまになる)も自然になくなる。本人が元気で、日常を楽しんでいるのに、母親の心配で手術しないことだ。

子どもが、健康診断をうけて、「へんとうせん肥大」といわれるまで、まったく健康な生活をつづけてきたのだったら、「肥大」といわれても、気にするにはおよばぬ。正常な器官は、きずつけるべきではないからだ。扁桃が大きいと、かぜをひきやすいというのは、たんなる想像にすぎない。扁桃は二次リンパ様器官といって、侵入する異物をとらえ、それに対する免疫をつくるためにリンパ球をそだてる大事な器官だ。一時期大きくてもかならず小さくなる。自然になおるものは自然にまかせるのが賢明である。

世界中どこへいっても、日本ほど扁桃を切りとる国はない。ほかの国でも以前は扁桃を切ったが、近年になって切らなくなった。日本だけなぜ子どもの扁桃を切るかといえば、医療の機構が医学の進歩をゆるさないからだ。学校や幼稚園の健康診断で子どもを大勢ならばせておいて、片っぱしから診察をしていけば、1時間50人のスピードでは、扁桃の大きいのでも病気にしなければ、病気らしい病気はみつからない。

扁桃の大きいのは病気だというまちがった思想があるかぎり、有害無益の手術がおこなわれる。医療が営業であるかぎり手術には支払いがある。学校の定期健診では「へんとうせん肥大」が「発見」される。学校は「へんとうせん肥大」の治療証明を医者からもらってくるようにいう。

いったい学校や幼稚園に、扁桃が大きいから切ってもらえなどという注文をだす権限があるだろうか。それは自己決定権の侵害だ。切れといわれた扁桃を切らないですませた子どもが、おとなになって故障をおこした例を私は知らない。切らないほうがいいといったのに、切ってもらった子どもには、出血死した子がいる。

正常の扁桃は、切りとってはならない。手術は百パーセント安全といえない。全身麻酔の事故と、出血とがあるからだ。事故は手術後24時間以内におおい。だから万一手術となったら、救急の設備のある大病院に入院する。けっして外来でやってはならない。

「へんとうせん肥大」という紙を1枚もらったからといって、切らねばならぬと思わないことだ。切れといわれたら、その子をいままでよく知っている医師に、もういちど相談するのがいい。扁桃が大きいだけで、扁桃の化膿《かのう》もなく、呼吸やのみこむときに故障がなければ、医者は切るなといってくれるだろう。はじめてみる専門医より、その子を小さいときからみている医者のほうが、子どもの健康については専門的だ。学校の先生も、専門医の治療をうけなさいなどというプリントをすらぬことだ。教育者は、医者の紹介業など、しないほうがいい。子どもに利益かどうかをかんがえるべきだ。

のどの奥から鼻腔《びこう》にかけてあるリンパ装置のよく発達しているのを「アデノイド」というが、これも二次リンパ様器官のひとつなのだから、原則として切らないほうがいい。よく「アデノイド」のために、耳とのどを連絡する管がふさがって、一時的に難聴をおこすことがあるが、2〜3カ月のうちに自然になおってしまうのがおおい。

519　「ロホウ性結膜炎」

健康診断をうけるまで、まったくふつうだと思っていた子どもが、幼稚園から「あなたのお子さんは、ロホウ性結膜炎です。眼科で治療をうけて下さい」とかいた紙をもらってくると、母親はびっくりする。眼科に子どもをつれていくと、子どもにあかんべをさせて、下まぶたの内側に、小さい、かずのこの粒のようなぶつぶつができているのを、医者がみせてくれる。「これがロホウです」というだろう。

もっとも、眼科の医者のなかには、「これは生理的にだれにでもあるリンパ装置です。お子さんのは、よく発達しているので、目立つのです。べつに病気ではありませんから、治療がすんだことにして、証明をかいてあげましょう」といって、目薬を1滴だけさして放免してくれる人もあるだろう。

しかし、そんな人ばかりではない。「しばらく通って下さい」といって、ロホウをひとつひとつつぶしにかかる人もあるだろう。何しろ幼稚園で、治療がすんだという証明をだしなさいというので、はじめは子どもも覚悟して治療に通う。けれども、いつまで通っても、もうよろしいといってくれない。ほかの子が楽しそうにあそんでいる時に、医者の待合室で順番を待っていなければならないので、子どもは通院をいやがる。いつとはなしに、通うのをやめてしまうというのが、たいていの「ロホウ性結膜炎」の経過である。

「ロホウ性結膜炎」といわれるものも、ほとんどすべてが結膜炎ではない。結膜炎というからには、何か炎症の症状がなければばならぬ。だが、子どもの目には炎症がまったくない。目やにもでなければ、まっかになってもいない。ただロホウがぶつぶつとびだしてみえるだけだ。ロホウというのは、リンパ組織の集合で、誰にもなくてはならぬものだ。たとえ、つぶしたところで必ず再生してくる。医者が容易になおったといってくれないのは、つぎつぎと新しく再生してくるからだ。なおっても、なおらなくても、治療さえすれば点数に計算されて収入になるという、いまの医療制度があるかぎり、「ロホウ性結膜炎」は「治療」されるだろう。

小児科にくる幼児の目をていねいにみれば、4～5人に1人はロホウがよくみえる。年齢とともに目立たなくなり、中学生になるとわからなくなる。

「ロホウ性結膜炎」は、はじめてみる眼科医より、赤ちゃんのときからみていた医者のほうがよく知っている。ずっと以前からロホウがあり、それがあったところで子どもの生活に何の障害もないことがわかっていたら、その医者から、放っておいてさしつかえない、といってもらいたい。

520　近視とメガネ

健康診断で、たまたま子どもが近視であることがみつかると、たいていの親は、まだ小さいからメガネをかけさせないでもいいだろうという気持になる。

実際、幼稚園の生活では、黒板に先生がかいた字をうつしとることがないから、メガネなしでもやっていける。けれども、この年齢のすべての近視の子どもは、メガネなしでやっていいとはいえない。

近視がある程度ひどいと、遠いところのものがみえにくいので、子どもは戸外であそぶことが少なくなり、部屋のなかで本ばかりよむことになる。うちの子は勉強が好きでたのもしいと、母親はよろこぶ。しかし、それはこの年齢の子どもとしては異常である。1日の大半を外気のなかであそぶのが、この年齢の正常な生活である。近視のために、外であそべなくなって、仕方なしに本をよんでいるのだ。

こういう子にはメガネをかけさせる必要がある。近視の子がメガネをかけると、急によくみえるようになるので、戸外でのあそびに興味をもつようになる。部屋のなかに閉じこもって本ばかりよむことをやめる。メガネをかけないでいると、本をよんだりテレビをみたりして、近視の度をつよめる。それによって、ますます戸外であそぶことをしなくなる。

どの程度の近視からメガネをかけさせるかは、実際の生活できめる。横断道路の向い側の信号灯の赤と緑とが判別できるかどうかが、いちばん大切だ。信号灯がよくみえ、よく戸外であそぶ子なら、多少近視があってもメガネなしでやっていける。

メガネをかけることにしたら、戸外ではもちろん、部屋のなかでもかけさせる(そのほうがよくみえるので子どもはすすんでかける)。本をよむときは、メガネをとってもいい。照明を十分明るくしないといけない。ただし寝室の照明は、くらくする。

近視はメガネをかけてもかけないでも、22〜23歳までは、少しずつ度がつよくなる。年に少なくとも1度は、眼科にいって検眼をしてもらわなければならぬ。

仮性近視ということがよくいわれるが、それほどおおいものではない。ふつうの近視は、目の屈折装置は正常だが眼軸が長い(眼球の奥行きが長い)ので、像が網膜の前方に結んでしまう。仮性近視は毛様体筋がけいれんをおこして、レンズの屈折がつよくなっておこるのをいう。虹彩炎《こうさいえん》や外傷で一時的にそういう状態になることはある。仮性近視だと、毛様体筋のけいれんをとく薬を与えると、正常にかえる。

発見されたすべての近視にたいして、仮性近視かもしれぬというので治療をする人もあるが、1カ月も遠方をみる訓練をして正視にもどらなければ、仮性ではなく、ふつうの近視とかんがえるべきだ。

521　「慢性鼻炎」

幼稚園でやる健康診断の日に、鼻をたらしていた子は、「慢性鼻炎（蓄膿症《ちくのうしょう》）ですから、専門医で治療してもらって下さい」という紙をもらってくる。母親はおどろいて、耳鼻科に子どもをつれていく。医者は「毎日鼻を洗いますから通わせて下さい」という。それで毎日、子どもをつれて耳鼻科に通うことになる。洗ってもらったあと1時間か2時間は、鼻の下がきれいだが、また鼻汁がでてくる。それでも、洗っているうちになおるかと思って1カ月ぐらい通うが、ちっともかわらない。そのうち子どもが通うのをいやがるようになってしまって、通院をやめてしまう。通院をやめたからといって、とくに鼻汁がよくでるということもない。子どもは「治療」する前と同じに、毎日元気にくらしている。母親はこれをみて、治療してもしなくても同じだと判断して、ふたたび子どもをつれて医者通いをしない。

すべての「慢性鼻炎」が、こうだとはいわないが、大部分はこういう経過だ。子どものなかには鼻汁の分泌のおおい子がいるのだ。それには、副鼻腔炎《ふくびこうえん》が原因になっているのもあるだろう。しかし、この年齢では副鼻腔の手術はしないのがふつうだ。とすれば、鼻汁のよくでる子は、かんたんに鼻汁のでないようにはできないのだ。本人も気にしていない、生活に支障はない、鼻を洗ったぐらいでは鼻汁の分泌のおおいのはなおらない、それなら病気とかんがえないほうがいい。5歳をすぎた子は、自分で鼻をかむようにしつけられる。

毎日毎日、医者に通って、まだそれでよくならないと、子どもに、「自分は鼻がわるい、それがなおらない」という感じを与える。これは子どもの生活を暗くする。1カ月通って改善されないのだったら、「慢性鼻炎」は治療を打ちきったほうがいい。また、2年も3年も前から、鼻汁の分泌のおおいことがわかっている子なら、むしろ子どもに劣等感をもたさぬために、「治療」をしないほうが賢明であろう。蓄膿症は頭をわるくするというのはうそだ。

鼻汁が少しぐらいたくさんでようが、人間が生きていくのに何の支障もない。汗がおおいたちと同じにかんがえていればいい。

522　包　茎

医者が包茎《ほうけい》というのは、ペニスをおおう包皮を反転させて、亀頭《きとう》を露出させることのできない状態である。きれい好きの母親が、浴室で亀頭を洗うつもりで包皮を反転させようとして、それができないので、気がつく。だが乳児では全然反転できないのが生理的である。2歳ごろから、もうすこし反転できるが、5歳ではまだ亀頭冠と包皮とが癒着していて、おとなのように亀頭を露出できない。思春期になるまでに、自然に反転が可能になる。思春期をこえてまだ癒着ののこっているものを、包茎として治療すればよい。手術もかんたんである。

幼児で包皮の輪のしまり方がつよく、出口がせまくなっていると、排尿のとき尿道口からでた尿が包皮と亀頭のあいだにたまって、おちんちんがちょうちんのようにふくれることがある。2〜3歳のときこういうことがあっても、手術をいそぐことはない。包皮のしまりのつよいのが、4〜5歳になるとだんだんゆるんできて、尿がふつうにでるようになる。だから排尿にさして困難がなかったら、そのままにして成長をまつ。

もっとも、おしっこの出がわるくて、線状になって放出されず、ぽとぽとたれるようにしかでなくて、本人もきばってだそうとするようなら、泌尿科にいったほうがいい。あまりきばると、かくれていた、そけいヘルニアが、またとびだしてくるようなこともあるからである。

包茎は幼児では生理的なものであるから、反転して亀頭を洗おうとしないことだ。かすがたまっていてもどうということはない。自分が包茎を手術した父親は気にして、子どもの包皮を反転したりするが、しないほうがいい。むりに反転すると包皮の輪が亀頭をしめつけ、これに勃起がくわわると、もとにもどらなくなり、亀頭が紫色にはれあがる。この状態を「かんとん」包茎という。すぐに泌尿科にいかないといけない。早ければかんたんになおる。

523 ヘルニア(脱腸)

赤ちゃんのときからあるそけいヘルニアが、なおらないで幼稚園にいくまで、もちこしになっている子がよくある。

手術をすすめられながらも、つい子どもがこわがりはしないかというので、のびのびになっているのだ。なかには3〜4歳になってから、新たにそけいヘルニアをおこしてくる子もある。

女の子はそれほど目立たないが、男の子では、そけい部からもっと下のほうまで腸がでてきて、陰嚢《いんのう》まで大きくふくれることがある。

赤ちゃんの時代をすぎると、「かんとん」をおこすことが少ないので、ヘルニアがあっても平穏無事ではないかと、親は、医者の手術のすすめを多少みくびった気持になる。しかし、ヘルニアは子どもにとって、わずらわしいものだ。走ったりするとき、多少じゃまになる。陰嚢ヘルニアだと、みんなの前ではだかになったとき、ばかにされたりする。気のやさしい子だと、劣等感にくるしむ。

この年齢でヘルニアのある子は、なるべく早く手術をして、なおしてしまったほうがよい。手術に危険はない。ひとりでにはいって、なおってしまうことはまずない。たとえ一時なおったようになっても、力を入れることをすると、またでてくる。ゴムでつくった脱腸帯は、安全ではない。ヘルニアがこの年齢になって脱腸帯でなおることはない。

524　湿疹

幼児のころから湿疹《しっしん》のある子で、幼稚園にいくようになっても、まだすっかりなおりきらないことが、めずらしくない。この時代の湿疹は頭や顔にでないで、ひじやひざの屈曲部に、ざらざらしたかたい皮膚の肥厚の形をとる。学校にあがるので、予備の健康診断をうけて、湿疹をなおしておくようになどといわれると、母親はあわてはじめる。

しかし、幼児からもちこしている湿疹は、もしそれが子どもの日常生活の特別の障害になっていなければ、急にかわった治療をする必要はない。というのは、いままでにいろいろの治療をしたあげく、現在の状態におちついているのだからである。

副腎皮質《ふくじんひしつ》ホルモンのはいった塗り薬だの、タールのはいった塗り薬だの、抗ヒスタミン剤のはいった塗り薬だの、どれも経験ずみにちがいない。そのどれとどれとを組み合せたのがよいとか、ある期間つかったらきかなくなるとかいうことは、母親がいちばんよく知っている。2〜3年湿疹のつづいている場合には、湿疹が季節によって、でたりひいたりすることも経験ずみである。

食品と関係するのもある。よく生卵が原因になる。だが何を食べても食べなくてもかわらない湿疹のほうがおおい。菜食でなおそうとするのは、成長期では危険だ。がいして湿疹がひどくなりかけのときは、入浴しないほうがいい。冬にこたつにはいったり、部屋をあたためすぎたりすると、かゆみがます。

いちばんよくないのは、かくことだ。ようやくなおりかけた湿疹が、ひどくなるのは、子どもがかゆがってかいたあとである。爪をよく切っておくのを忘れて、爪でかいたところに細菌がはいって湿疹の一部が化膿《かのう》したこともあるだろう。かかさないようにするのが、湿疹を悪化させないこつだとわかっていながら、ねている子の手をしばるわけにはいかない。湿疹が残雪のようにのこるひじの関節の内側とか、ひざの関節のうしろのところなどは、ほうたいをして、かかさぬようにできるが、わきの下の湿疹は、どうにもしようがない。そういうことを母親は、もうみんな心得ている。子どもの湿疹の生態は、はじめてみてくれる医者よりも、母親のほうがよく知っている。だから、いま、新たにべつの医者にみてもらっても、それほど急になおるとは思えない。

たしかに副腎皮質ホルモンをのませれば、一時はずっとよくなるにちがいない。しかし、効果は、そうながくつづかない。また、湿疹はぶりかえしてくる。それをおさえようとして、薬の量をふやすと、1カ月ものむと副作用で、顔が満月のようにまんまるになってしまう。それも経験ずみだ。

それに、湿疹のほかに、胸のなかにたんがたまって「ぜんそく性気管支炎」だなどといわれる子は、湿疹がなおると、「ぜんそく」がおこってくる。ある程度湿疹がのこっていることが「ぜんそく」の安全弁みたいになっている。だから、ひじの関節やひざの関節の内側にわずかの湿疹がのこっていても、子どもが、それをあまり気にしていないのなら、少しくさいがタールのはいった塗り薬をすりこむぐらいのことにしておいて、根治しようとしないほうが賢明だろう。

湿疹と平和共存しているうちに、次第に軽くなり、小学校高学年になるとなおってしまうのがおおい。

来年は学校にいくのだから、それまでに湿疹をなおしておこうなどと思わないことだ。湿疹とのつきあいは、すでにながいのだ。ひとりの母親が、かゆがる赤ちゃんに、湿疹をかかせまいとどれだけ苦労したことか。このつぎはなおるだろうと思って使った薬に、何度裏切られたことか。そういう苦労を、1時間に30人もの患者をさばく医者が、初対面で理解してくれるだろうか。時の氏神を、むしろ信じたい。

湿疹のある子がすべて「ぜんそく」になるのではない。湿疹と「ぜんそく」とは独立に遺伝されるが、共存することがおおいというだけだ。

夏の終りに湿疹が急に赤くなり、皮がむけ、しるがしみだし、かさぶたをつくることがある。プールにはいったあとにおおい。これは湿疹に「とびひ」がくわわったのだから、「とびひ」の治療をする。

525　夜におきて歩く

ねついて1時間ほどたったころ、子どもが突然おびえておきてくることがある。こわい夢をみたのである。どうしたのときくと、怪獣に追いかけられたとか、刀で切られたとか、夢の一部をはなす。テレビでみたシーンがおおい。しばらくつづいても、薬をのませない。テレビをみせないでいるとなおる。

これとちがって、熟睡中に急におきて、部屋のなかを歩きまわったり、大声をだしたり、虚空をみつめていたりすることもある。どうしたのときいても返事しない。ゆりおこしてやれば、数分でおさまって、ねてしまう。翌朝になってたずねても、おきたことをおぼえていない。睡眠のいちばん深いところでおこったからである。

これは夜驚症といって、睡眠の障害で、てんかんでも、精神病でもない。英国の精神科医は、親に4〜5晩つづけて、夜驚症のおこる時刻をはからせ、それがおよそきまっていたら、その10分か15分前にゆりおこさせる。5分間おこしておいてから眠らせる。これを1週間つづけると、なおってしまうという。薬をのませる前に、こころみていい方法だ。

何か不安なことがあって、おちつかないのだろう。だが、この年齢の子どものもつ不安は、それほど深刻ではない。生活の楽しさがかならず、不安をぬぐい去ってしまう。

もし最近、子どもをひとりだけ別の部屋にねかせるようになってから、そういうことがおこりだしたのだったら、両親といっしょにねたいのだろう。無意識に扉をあけたりして危険だったら、またもとのように、おなじ部屋でねればいい。翌朝になって、子どもに、「ゆうべおまえはねとぼけたよ」などといわないほうがいい。不安が原因でそうなっているときだと、さらに不安をつけくわえることになる。夜に戸締りを厳重にして、子どもにあけられないようにし、子どもの周囲の刃物やとがったものをとりのぞいて、危険を予防するだけでいい。ねとぼけないようにと、薬をのませるのは、子どもに「病気」だと思わせるから感心しない。昼間、戸外で十分に運動をさせて、からだを疲れさせることで安眠をはかったほうがいい。ねる前におとな向きのこわいテレビ番組をみせてはいけない。

「へんとうせん肥大」だとか、ぎょう虫だとかが原因であることは、ないといってい い。ぎょう虫の駆除には反対しないが、「へんとうせん肥大」の手術は、すすめたくない。

526「不正咬合」

歯のかみあわせがよくないのは、いろいろの原因がある。歯の位置がかわっているとか、歯列弓の形がせまいとか、とがっているとか、上下の歯列がひどく前後するとかである。さらにあごの骨の形がかわっているのだと、歯列だけの問題でない。

上下の歯列がいつもきちっとあっているのは、むしろ例外で、たいていの人は上の歯列の内側に下の歯列が接する。そとからみて、唇が合わないほど、上の歯列が出ばっているとか、ひどい受け口だとか、歯をみがくのがむずかしいほど乱杭歯《らんぐいば》になっているとかでなかったら、あまり気にしないがいい。一族がみんなその程度の「不正咬合《こうごう》」をもっているが、立派に社会人として生きているなら、「不正咬合」は人生にかかわりないということだ。

軽い「不正咬合」はそとからみてわからないが、歯列矯正のための器具は、口をひらくとみえる。それに矯正具をはめると口の中をきれいにしにくいから、むし歯をおこしやすい。とりはずしのできる矯正具だと、子どもがいやがってはめないので、親子の不和の原因になる。ふつう顔の骨の未完成の小さい子には、歯列矯正をしないで、中学生になって、完成が近いが、変更も可能な時期にする。歯列矯正をすすめられたら、「不正咬合」の度合い、それをなおすための負担(経済的もふくめて)をよくかんがえてからにする。厚生省が歯列矯正を健康保険の対象にしていないのも、その必要と効果に懐疑的であるからだろう。矯正の効果の40～50年後の調査結果がでていないのも、小児科医の懐疑の理由だ。歯列矯正をする医師も、子どもの年齢とその生活をよくかんがえて、矯正器具がたえられるものかどうかを、あらかじめ判断してほしい。

急に高い熱がでる　〈435急に高い熱がでる〉参照

腹が痛い　〈437子どもの腹痛〉参照

寝汗　〈438寝汗〉参照

おしっこが近くなった　〈439おしっこが近くなった〉参照

おしっこのとき痛がる　〈440おしっこのとき痛がる〉参照

自慰　〈442自慰〉参照

どもり　〈443どもり〉参照

自家中毒　〈444自家中毒〉参照

ぎょう虫　〈448夜におしりをかゆがる〉参照

じんましん　〈451じんましん〉参照

よく熱をだす　〈479よく熱をだす〉参照

下痢　〈480下痢〉参照

子どもの鼻血　〈482子どもの鼻血〉参照

熱がでてひきつけた　〈483ひきつけ〉参照

うつぶせになってねる　〈485うつぶせになってねる〉参照

集団保育

527　いきいきした子どもに

園の門をくぐった子どもが、常にいきいきとし、教師のよびかけに即座に応じ、仲間のあそびによろこんで参加するようにしておくことが、集団保育の出発点である。その条件については、すでに何度かのべた〈351きげんのいい子どもに、372きげんのいい子どもに、405いきいきした子どもに、452きげんのいい子どもに、486いきいきした子どもに〉から、もういちどよみかえしてほしい。

子どもが5歳をこえると、人間としての自立性がさらにたかまり、社会の一員として、おとなをふくむ人間関係によりふかくふみこんでくる。知的におとなの内面を理解することはできないが、おとなの表情やもののいい方で、おとなの気持を理解する力は、そだってくる。それだけ、教師のことを人間としてふかく理解するようになる。急用がかさなって、教師が十分に顔をつくろってこない朝には、「先生、きょうお化粧してこなかったのね」と子どもはいう。心配ごとがあって、気にかかっていると、「先生、きょう病気なの」とたずねたりする。子どもは教師の顔をよくみているのである。

子どもをいきいきさせようとすれば、教師自身もいきいきとしていなければならない。園にくることが、子どもにとって楽しみであるようにしたいのなら、教師自身が園にくることが楽しみでなければならない。

子どもにとってひろびろとした運動場や、休息の部屋が必要であるように、幼稚園や保育園の教師には、教師同士の平和な、あたたかい人間関係が必要である。教師は仲間のなかで自分を自由な人間と感じていなければならない。ボス支配が子どもを不愉快にするのとおなじに、教師のなかのボス支配は、教師を不愉快にし、活気をなくさせる。教師は子どもにむかうとき、自分のなかに生命の力のたぎるのを感じているのでなければならぬ。そのためには、教師は疲労しきっていてはならない。

いまの保育園の保育は、母親の都合で長時間になっている。朝8時から夕方の5時すぎまで、おなじ元気で教育をしつづけることは、肉体的にほとんど不可能である。保母さんのなかに病気でたおれる人がおおいのは、このむりな仕事の結果である。現在の長時間保育を維持するためには、保母さんの勤務時間をもっと短くして、交替制にし、休養の時間を与えねばならぬ。

保母さんに長い時間、子どもをみてくれと「要求」する母親は、自分の子どもの教師が疲れきっていたら、教育はどうなるかということもかんがえるべきだ。幼稚園も保育園も、子どもたちの教育にかならずしも必要でない事務がおおすぎる。教育者を教育に専念させるためには、事務の仕事をする人をべつにやとうべきだ。

急にやとえなかったら、いろいろの記録がほんとうに子どもの保育に必要なものかどうかの総点検をする。保育者全員が集まって、不必要な習慣をあらためる話をするためには、園に平等の雰囲気が必要だ。

教育者は教育者としての威厳をたもつために、同年齢の女性と見劣りがしないような外観をたもつべきである。現在の、幼児教育にたずさわる教育者の報酬は、あまりに低すぎる。教師たちが待遇で感ずる劣等感は、教師の活気を何ほどか減殺している。幼児教育は、安上りですまそうとすべきものではない。教育者同士が人間として、おたがいに自由でわけへだてがないことが、教師の顔を子どものまえで明るくさせるのとおなじに、教師の愛がすべての子どもにわけへだてなく与えられるのでないと、子どもの顔は明るくならぬ。教師の特定の子どもへの偏愛は、教師が気づくまえに子どもたちが感じる。教師は偏愛にたいして常に自戒していなければならぬ。

528　自分たちのことは自分たちでしよう

自分のことを自分でできる程度は、新しく1年保育ではいってきた子どもと、2年以上まえから園にいる子とでは、かなりのひらきがある。以前から園にいる子だと、衣服の着脱はやれるし、手や足がよごれれば自分で洗いにいくし、自分の持物をロッカーにしまう。身のまわりのことで、あまり教師の手をわずらわさない。

1年保育ではいってきた子には、ひとりで排泄を十分にやれない子もいるし、いわれなければ手を洗わない子がおおい。大家族でいつも衣服の着脱をやってもらっていた子は、ボタンをかけられないこともある。しかし、そういう子も1年のあいだに、以前から園にいる子とおなじに、自分のことは自分でできるようになる。

5～6歳の子どもで大事なことは、そういう自分の身のまわりのことができるようになるだけでなく、自分たちのことを自分たちでやろうという意欲をそだてることである。自分は集団の一員であり、集団のために協力することが、集団を楽しくするのだという意識を、子どものひとりひとりにもたせることである。

4歳からはじめた当番には、さらに複雑な課題が与えられていい。当番は子どもに苦役のような印象を与えてはならぬ。当番であることが、子どもの自尊心をそだてるものであるべきだ。それがないと子どもは責任をかんじない。そのためには、当番のしるしに、花をつけさせるとか、リボンをつけさせるとかの工夫があっていい(責任については、〈399～400ページ〉参照)。

子どもの天分に応じて、いろいろの係りをきめるのも、協力をそだてるひとつの方法である。園庭の一部に花畑をつくらせたり、ウサギをそだてさせたり、金魚を飼わせたりするのもいい。農村で園がひろい敷地をもっているところでは、子どもに、鳥の巣箱をつくるとか、ウサギの家をつくるとかの手伝いをさせるのがいい。労働のよろこびのなかで子どもたちは、協力の成果を目でみることができる。

529　子どもの創造性をのばそう

5歳をこえると子どもの知的な能力は、いちだんとたかまり、教師にたいする協力もすすむ。教師が課業に力をいれると、子どもはよくおぼえて、おしえたことを再生してみせる。教師は、つい教育の成果にまどわされて、学校式の授業に力をいれたくなる。その上、幼稚園も保育園も設備らしい設備としては教室しかないから、授業をするのが、あたりまえのような感じになる。おおくの幼稚園や保育園が、せまいところにたくさんの子どもを収容しているので、子どもに自由あそびをさせるより、一斉保育という名の授業をするほうが園がしずかになる。

こういう外部的な事情のために、現在幼稚園や保育園では、5〜6歳児の保育は、小学校の授業をまねたようなことが、よくおこなわれる。「カリキュラム系統化」と称して、子どもの創造性と地域の生活とを無視した、おとなの計画が一方的におしつけられる。

5〜6歳の時代は、自由あそびが、もっとも楽しい時代だ。子どもの生活の内容がゆたかになり、表現の仕方も上手になり、子ども同士の協力もふかまるので、集団的なあそびが充実してくる。おそらく人生のなかで、この時代ほど、あそびに精魂をかたむけつくせるときはない。

就学年齢を1年引き下げるかんがえもあるようだが、私は、この1年を子どもに創造のよろこびをきざみつけるために、彼らのものとしておきたい。あそびのなかで、授業ではおしえられない人間の美徳を身につけさせるのだ。幼稚園や保育園がせまくて、5〜6歳の子に、その創造性にまかせて自由あそびをさせられないために、授業本位になり、その結果として、就学年齢の1年引き下げ案がおこってきたのだ。

子どもたちの楽しい人生をまもるために、子どもたちが、もっと自由にあそべるように、幼稚園や保育園をひろくし、あそぶための材料をそろえてやりたい。子どもたちは、以前のように道路や空地で、あそべなくなっているのだ。子どもたちから、あそび場をうばってしまったことに、おとなは、もっと罪の意識をもたねばならぬ。

就学の準備と称して、よみかきと勘定とをおしえることに1年をついやすのは惜しい。就学前の最後の年は、知識を義務として詰めこむのではなく、あそびの結果の副産物として自然にわきあがらせたい。知識を知識としておしえることは、この年齢では安易だ。あそびという生活を創造し、そこに知識や技能がおのずと必要になるように指導することと、それを即興詩のようにやることが、教師の仕事である。子どものあそびが創造である以上に、教師のあそびの指導は創造である。創造性のない教師ほど「系統化された」カリキュラムをほしがる。

あそびは、子どもの内面のゆたかさによって、より楽しいものになり、子どもの発表の能力のたかまりによって多彩となる。あそびを楽しく多彩にするために、子どもに、自然を自分の目でみさせ、童話をきかせ、絵をかかせ、粘土細工をさせねばならぬ。それらの技術的な指導のために課業としておしえる必要もでてくる。だが、5〜6歳では、課業はせいぜい1日1回30分以内でおこなう。保育園では子どもの疲労のないときは、1日2回の課業も不可能ではない。

ひと組に2人の教師がついていて、ひと組の人数が25人前後であるときは、課業は、小グループをえらびだして、自由あそびのなかでおこなってもいい。課業から自由あそびに、自由あそびから課業に自然に流れこむほうが、子どもたちの創造性の集中がうまくいく場合がおおい。

自然の観察のなかでとらえてきた昆虫を、砂場のなかに動物園をこしらえてはなしたり、童話を何日か連続してきかせたあと、童話の主人公たちに扮した劇あそびをさせたり、石あつめあそびや、なわとびのなかから、数のかぞえ方がでてきたりするのがいい。

子どもの創造性を十分にのばすためには、5歳の子にはこれまで、という枠をはめてしまうのは感心しない。教師が「よくできる」子に、十分の自戒をもってのぞめるのなら、のびる子はのばしてやりたい。

園庭で高いところにのぼったりするのは、不得手だが、童話が好きで、いつのまにか字がよめるようになり、本をよむことを楽しみにする子には、園の図書室で本をよませたい。絵に能力をしめす子には、ひとりで絵をかかせてやりたい。だが、そういう子を「天才」と思ったり、ほかの子と区別したり、よその組の教師に誇示したりしてはいけない。高いところにのぼれない子を、そっとあつかったように、よく本をよむ子、絵の上手な子は、そういう子がいないかのように、そっとしておいてやらねばならぬ。ほかの子の親に話したりすると、親の「天才競争」がおこって、教育はめちゃめちゃになる。

絵をかいたり、字がよめたりすることだけが天分ではない。園庭ではやく走ったり、綱によじのぼったり、友人をたすけてボールのゲームをうまくやったりするのも天分だ。子どもの創造力がのび、創造の楽しみを子どもがもてれば、どんな天分でもいい。天分に差別待遇をしてはならない。あるひとつのことが下手だからといって、その子をくさしてはいけない。なわとびが下手でも、音楽が好きで、メロディーをよくききわけ、自分でもピアノをひくのが好きという子には、好きなところで自信をもたせればいい。

子どもの天分を無視して、集団体操のような画一的な動作を何カ月もかけて子どもに仕込んで、市長や知事にみせるのは、教育の本筋からはずれている。もともと保育は教育なのだから、役所式に上から命令するのは、教育者の創造性を萎縮させる。

530　正しいことばづかいを

「言語」は正確に発音できるとか、文法としてまちがっていないだけでは、正しいことばではない。ことばは人間と人間との心をつなぐものだ。相手にたいしていだく気持を正確にあらわすのが正しいことばだ。

粗野なことばづかいは、相手の人格をばかにしている。相手の人格を尊重し、相手の人間を信頼するには、それをあらわすことばづかいがある。

5歳をこした子どもは、おたがいの協力がすすんで、みんなが仲間であるという意識がつよくなる。このときに、相手の人格を尊重し、信頼することを、日常の生活でおしえていかなければならない。力がつよいからといって暴力をふるってはならぬ。相手がおとなしいからといって、つけこんではならぬ。ある能力がおとっているからといって、ばかにしてはならぬ。

子どもはつきあいのなかからことばをおぼえる。しかし、ことばをある程度あやつれるようになったら、こんどは、ことばがつきあいを調整する。5歳をすぎて、ことばを ある程度、自由に話せるようになった子どもには、平等であって粗野でないことばづかいをおしえることで、子どもたちのなかに市民的な平等をつくりだすようにしなければならぬ。

それには、教師みずからが、子どもの人格を常に尊重し、それをことばとしてあらわさなければならぬ。ものをうけとったら「ありがとう」といい、まちがって人の足をふんだら「ごめんなさい」ということを、反射的にしないといけない。朝の「おはよう」も、帰るときの「さようなら」も、単なる形式としてでなしに、人間的信頼をしめすものとしていいあわねばならぬ。それには、教師は、ひとりひとりの子どもに、それをいうとき、子どもからいわれるとき、よろこびと信頼とをしめすようにせねばならぬ。

「標準語」のアナウンサーのしゃべるラジオをかけておけば、正しいことばがおぼえられると思うのは、たいへんなまちがいだ。壁にとりつけたマイクのことばは、子どもには単なる音で、人間と人間との関係ではない。子どもに標準語による敬語をいわせるのがことばの教育ではない。標準語の敬語は、日常に地方の方言をつかっているところでは、相手を高いところにまつりあげることばで、仲間としての信頼をしめすことばではない。敬語は、ときには偽善的でさえある。その地方の親しいもの同士の話すことばをまずおぼえさせる。それが、方言でいちばん的確にあらわされているのなら、方言で話すべきだ。方言を特別いやしいもののようにあつかうのは、東京でできた「新参もの」への差別だ。

531　楽しい仲間をつくろう

幼稚園は2年保育がおおくなってきたから、5歳をすぎてはじめて集団生活にはいる子どもは少なくなりつつある。しかし、地域によっては、1年保育の目的で5歳になってから幼稚園にはいってくる子もおおい。

すでに集団生活を1年以上やってきた子どもと、はじめて集団生活にはいってきた子どもとの相違は、自分たちのことは自分たちでする自主性の有無に、あらわれる。組でルール違反をやるものがいると、自主性をもった子どもたちは、仲間全体で、それを制止しようとする。ところが、はじめてはいってきた子どもは、教師にいいつけにいく。組が自主的な集団として組織されているかどうかをいちばんよくみわけられるのは、教師にいいつけにくる子どもの多い少ないである。

よく組織された組では、ルールを教師の命令としてでなしに、みんなの申し合せとしてきめることができる。当番も子どもたちで自主的にきめられるようにもなっていく。だが、子どもの自主性をあまりたかく評価しすぎてはならない。子どもの合議のなかにはかならず教師が参加し、教師の教育の責任にもとづいて、教師の意見をのべることを、遠慮してはならない。とくに子どもたちの多数決で、あるルール違反者に罰を科することはゆるしてはならぬ。それは少数者の権利を無視することをなんとも思わなくさせる。労役を罰として科すると、労働への侮蔑《ぶべつ》がおこってくる。

組の中の積極的な子をえらんで、リーダーという名をつけて教師の助手にするときは、十分に警戒しなければならぬ。組の人数が30人にもおよんで、教師の目が十分にとどかないところでは、しばしば、ボスがリーダーになるからである。たしかに、ボスになる子どもは、ある種の実行力をもっているので、人手のたりない園では、教師の助手の役をしてくれる。だが、それは教師には都合がいいが、ボスの権力をそれだけつよくし、ボスの被害者をくるしめる。楽しい仲間をつくるという目的に反することになる。リーダーに教師の助手をさせるときは、「任期」をきめてどの子にもやらせるようにしたい。

楽しい仲間をつくるために、子どもを創造させながら組織する原則をわすれてはならぬ。天下り式に子どもを組織するのはいけない。楽しい仲間を組織することが、子どもたちに友情を発達させ、義務の観念や責任感をそだてることになる。そういう結果として集団の道徳がでてくる。幼児用の徳目をお題目のようにとなえて、道徳教育をやってはならぬ。道徳の教育がいかにあるべきかについては、〈490楽しい仲間をつくろう〉を参照してほしい。

532　つよい子どもにきたえよう

子どもをなるべく外気のなかであそばせたい。いままでのところをくりかえしてよんでほしい(〈410 457 491 つよい子どもにきたえよう〉)。体操は5歳をこした子どもでは、運動量をもうすこしふやす。5歳児の運動機能は、おおよそつぎのようである。

25メートル走は、男の子も女の子も6〜7秒で走れる。立ち幅とびは、男の子で90〜110センチ、女の子で80〜100センチとべる。ソフトボールは男の子で6〜7メートル、女の子で4〜5メートル投げられる。

5歳をすぎると仲間との協力がすすむから、子どもたちで労働をすることも可能である。農村で園に十分の敷地のあるところでは、花畑をつくったり、鳥の巣箱をつくったりすることで、からだの鍛練をかねられる。

プールのあるところでは、5歳の子はみんな泳げるようにきたえたい。プールあそびをするときは、かならず2人ひと組にする。相手の名をよばせて水に入れる。水からあがったときは、相手と手をつないでならばせる。相手のいない子には大声で教師を呼ばせる。プールのまわりには高い金網の柵をして、教師がついているときだけ柵の門をあける。雪国ではスキーをおしえたい。

日光浴と水浴の皮膚の照射時間は、保母さんが母親に、日光で皮膚炎をおこさないかどうかきいてきめる。

533　事故をおこさぬように

幼稚園では、5歳をすぎて1年保育にはいってくる子がある。そういう子は、集団の生活によくなれていない。〈492事故をふせごう〉のところにかいたことをよみかえして、けがをさせないようにしてほしい。1年以上集団のなかで生活して5歳をこした子どもは、かなり協力ができ、自主的な活動もできる。事故の予防にも、その協力と自主性とをいかしたい。

園外保育につれていく場合も、何から何まで教師の世話にならず、ある程度自主的に集団行動ができるように訓練する。いくつかのグループにわけて、それぞれのグループに「班長」をつくる。

いますぐは望めないにしても、5歳をすぎた子どもには、水泳をおしえたい。たとえはやく泳げなくても、水の上にからだを浮かすことさえできるようになっていれば、水に落ちたらすぐ水死することはなくなる。わが国の幼児に水死がおおいのは、川がおおく、海に面しているという国の地理的条件だけではない。それに対応して、早くから水泳をおしえることが、なされていないためでもある。泳げない子どもに、水辺に近づかぬようおしえるだけでなく、この年齢になった子には、友人が水に落ちたとき、どうするのがいちばんいいかをおしえておく。いたずらにとびこんではいけない、おとなをよびにいくことが第一だ、ということをおぼえさせる。おとなが早くきてくれれば、たすけあげて、人工呼吸をやってすくえる。

道路を歩くときの交通規則をおぼえさせるには、運動場に信号灯の模型をおいたり、白線で横断道路をかいたりして訓練するのが、効果がおおきい。

給食の当番をさせるときには、子どもに熱いものを運搬させてはいけない。

いちばんこわいのは、通園バスの交通事故だ。これは、子どもがどんなに訓練されていても、おとなの手落ちから、子どもが犠牲になる。通園バスの車体検査はとくに厳重でなければならぬ。運転者は、熟練した、多年の経験をもつ人であってもらいたい。運転中に心臓発作をおこしたりしないように、中年以上では定期検診が必要だ。

幼稚園や保育園で、動物を飼っているところがある。動物の生態をみせる教育であるが、危険もある。海産のカメは抗酸菌をもっている。鳥類にはオウム病の病原菌をもっていることがある。動物にさわったあとはよく手を洗わせる。動物に頬ずりしてはいけない。動物が死んだときは、保健所にとどけて、死因をたしかめてもらう。

園児に伝染病がでたとき　〈493 園児に伝染病がでたとき〉参照

伝染病がなおったらいつ登園させるか　〈494 伝染病がなおったらいつ登園させるか〉参照

園児に結核がでたとき　〈495 園児に結核がでたとき〉参照

学校へいく子ども

534　学校へいく子ども

入学したら

幼稚園のころはバスで送り迎えしたり、往復につきそったりしていた母親は、ひとりで学校へ子どもを通わすのは心配だろう。だが途中まで送っていったり、帰りに迎えにいったりはしない。たいていの学校は、大きい生徒と集団で登校させている。問題は帰りだ。より道をしないように厳重にいいきかせておく。柵のしてない貯水池、いつも歩道に不法にとめている車、警報器のない踏切りは、個人の力ではどうにもできないことがおおい。通学させている親たちの共同の申し入れが必要になる。

子どもが途中で忘れものに気がついて、走ってとりにかえるときによく事故がおこる。玄関の扉の内側に、それぞれの曜日にもっていかなければならないものを列記した紙をはりつけておいて、送りだすとき、子どもといっしょにたしかめるのがいい。名札、ハンカチ、ちり紙、ふで入れ、給食袋、ハーモニカ。

給食でもよく問題がおこる。食事は個性的なものだ。たくさん食べられない子、にんじんのきらいな子。そういう子に一律に、同じ量を与えて全部食べさせようとするのは、生理的な正常を無視して異常を強制するものだ。「偏食」とか小食とかは民主主義の社会では悪でない。生理的になじまないことを強制すると、子どもは給食、ひいては学校がきらいになる。小食や「偏食」を「矯正」しようとする思想には、小食や「偏食」の子の親、民主主義を愛する親は一致して、「御無用」といわねばならぬ。小食や「偏食」があっても、民主主義社会では市民として平和に生きていける。むしろ、画一化するほうが危険だ。

学校にいったら、友だちがいないといけない。友だちのない子は、あとでよく学校ぎらいになる。いい友だちとだけあそばせたいと思うのは、友だちの理想像にわざわいされている。子どもが平和に楽しくあそべるのなら、それはいい友だちだ。おたがいに行き来して、3時になったら出す、おやつの種類を協定できる程度に、母親同士も友だちになるのがいい。母親は子どもが、いま、どこで、どの友だちとあそんでいるかを、いつも「掌握」していないといけない。友だちの家にいくときは、4時にはかえることに、親同士きめておく。友だちの家に何人もあそびにいって、4時に解散したあと、ハシゴをしてどこかであそぶのはいけない。別の友だちの家にいくのなら、いちど報告にかえらせる。ハシゴがよくないのは、高学年の大きいカギっ子が、小さい子を危険な場所につれていったり、こづかいで菓子を買い与えて「子分」にしたりするからだ。

学校からかえったら、すぐ洗面所にいって手を洗う習慣をつける。友だちとあそぶまえに宿題をすませてしまうことも、習慣にしてしまう。

学校からかえって、手を洗ったり、宿題をしたり、おやつを食べたり、友だちと安全な場所であそんだりすることを、共ばたらきの家庭ではどうするか。

大都市でつくられている学童保育所が、制度として全国に普及しないといけない。誰かが学童保育をしないと、子どもは「浮浪」しなければならなくなる。

家庭におばあちゃんがいてみてもらうか、近所の心やすい家にたのむかするのがおおい。学校で放課後あずかる方法もあるが、よほど上手にあそばせることのできるエキスパートがいないと、子どもは授業のすんだあとの解放感がない。

教育とか、福祉とかを専門にしている大学の学生が、ボランティア活動としてか、または必須の単位として学童保育をするのがいい。そういう何でも相談できる「兄さん」や「姉さん」がいないと、カギっ子に金をもたせて自由に買わせるやり方が「脱線」し、専業主婦の家の子に「感染」するのをふせげない。

低学年のころ

いつの場合でも、育児の根本になっているのは家庭である。マイペースでそだてなさいと口をすっぱくしていってきたが、肝心の家庭が平和で、家庭としての個性をもっていないと、自分のペースがさだまらない。テレビという巨大な情報源は、大量生産のメーカーとむすびついて、視聴者を洗脳して画一化していることを忘れてはならない。

子どもをテレビにあずけてしまうと、家庭としての教育はできない。母親がどんなにやさしさをおしえようとしても、ロボットや怪獣がものをこわし、人を殺すシーンを楽しそうにみせていては、子どもの心にデリカシーはそだたない。自分の家だけテレビをおかないというのは、よほどの努力がいる。国によっては、子どものことをかんがえて、放映時間を制限しているところもあるのを知るべきだ。

マイペースをみだしてくるものに、受験産業の市場拡張競争がある。塾にきなさい、通信教育をうけなさい、百科事典をそなえなさいという「誘惑」が、学校にはいるなりやってくる。たくさんの母親が百科事典のセットを買ったり、英会話のテープをもとめたりしているが、セールスマンのいったような効果をあげた例を知らない。

パートではたらく母親がおおくなって、育児の空白を塾がよいでうめる家庭がふえた。塾もそれを心得て、子どもに宿題をさせるだけでなく、あそばせもする。だが、あそぶ空間がなく、高学年の子もいっしょというところでは、あそびもかぎられてくる。

学校が校庭を開放して、大学生のボランティアにいっしょにあそばせることもかんがえてほしい。学校の管理ばかり思わず、家にかえっても誰もいない家庭の子のために力をかすのも、教育者の責任だろう。

学校の宿題も1時間以内にできてしまう低学年では、はたらいている母親の家庭のために、かわって子どもをそだてる施設がなくてはならない。学校も家庭も、子どもに友だちをつくらせることに、もっと熱心でないといけない。

子どもの自立をさまたげている母親との密着を知らずしらずにゆるめていくのが、友だちとつくる小社会である。

習字、絵画、ピアノ、剣道、柔道、空手、バレエなどのおけいごとも、塾とおなじに、子どもを「浮浪」からすくってくれる。だが1週間の放課後を全部おけいごとでうめようとすると、経済的な負担もおおきい。子どもの興味もつづくかどうかわからない。そういうところの先生は、この子には才能があるといってくれることがおおいが、それらを職業にする人間に仕上げようと、かんたんにきめないことだ（〈505おけいごと〉）。

母親が専業主婦であるときは、低学年ではあまり問題はおこらない。宿題だって母親に十分おしえられる。放課後に子どもが現在、どこで誰とあそんでいるかを母親が「掌握」していれば、子どもがかわったことをはじめても、家庭にかえった子どものそぶりからすぐわかる。家で買い与えたのでないオモチャをもっているとか、いつも約束した帰宅の時間をすぎてもかえらないとかいうことがあると、その場で理由をきける。上級生に、盛り場へつれていってもらったというのだと、「掌握」の水もれをなおす。

部屋がちらかるからといって、友だちを家によんでこさせないのはいけない。どんな子とあそんでいるかがわからない。家にきてあそんでいる子をみていて、あまり粗野な口のきき方や行動があったら注意する。そういう口のきき方や行動が粗野であるということを、その子は知る機会がなかったのだ。世間では通用しないことをおしえたい。だが世間といってもその子は、テレビにでてくる世間しか知らない。テレビの世間のなんと粗野なことか。

家庭のマイペースがみだされることのひとつに、学校からもらってくる定期検診の通知がある。学校の定期検診が、わが国ほど無反省におこなわれているところはない。1時間で1学級をみるスピードの内科診察では、ほとんど何もみつからない。せいぜい扁《へん》桃《とう》が大きいとか、鼻粘膜の分泌がおおいとか、心臓に雑音がきこえるとかぐらいのことだ(〈517心臓の音がわるい〉、〈518「へんとうせん肥大」とアデノイド〉、〈519「ロホウ性結膜炎」〉)。

何十年と学校の健診でそういう「異常」をみつけて、そういう子がおとなになってどうなったか、その子らは健診によってどれだけプラスがあったかという追跡調査が、わが国にはない。だから、やっても子どもに実益のない検査が、学校行事としてつづけられる。

さらにメーカーが、かんたんに尿のタンパクや血液を発見するテストを売りだしてから、定期検診に採用されることになった。微量のタンパクは、おおくは起立性タンパク尿であるか、無害のもので、腎炎《じんえん》であることはごくまれだ。血液が微量にでていても、同時にタンパクがでていなければ心配はない。

校庭であそんでいて、ころぶかツイラクして顔を地面にぶつけた拍子に前歯がぽろりと抜け落ちることがある。乳歯ならそのままでいいが、永久歯のときは抜けた歯を、すぐもとの穴に埋めて、歯科医にいく。歯の根についている細胞が生きている間なら、そのまま定着する。歯の根がかわいてしまうと細胞が死ぬから着かない。出血していて恐ろしくてできない時は、牛乳の中に歯を入れて保存して歯科にいく。24時間以内なら定着することがおおい。

学校健診で子どものためになるのは、視聴力の検査とむし歯の検査だ。これは眼科や歯科にいって処置すべきだ。

学校の健康診断ではわからないが、母親にはわかっていて、こまっているのが夜尿だ。年々なおってはいくが、低学年では夜尿のなおらないのがふつうだ。性的な成熟でなおるのだから、あせらぬことだ。

＊PTA(父母と先生の会)

子どもを学校にやると、たいていの母親は、いちどはPTAの役員をさせられる。PTAは敗戦のあと連合軍の指示でできたものだが、戦前にも保護者会はあった。「家庭と学校との関係を一層緊密にし、児童青年の訓育について、父母と教員とが聡明な協力をするようにする」(文部省局長通達昭23・11・24)ことは共通する。戦後にかわったのは「民主的教育に対する理解を深め」る役割がくわわったことである。戦後がながくなって、PTAは初心を失っていないか。

民主主義というからには、PTAは父母の発言を先生の発言と平等にとりあげねばならない。校長が上からいわれたことを、父母につたえるだけの会になっていては、あつまる意味がない。以前から地域のしきたりの生きのこっているところでは、校長と地域の「有力者」とが談合して会をうごかし、父母をあやつる形になっている。

校長も「有力者」も男で、役員のおおくは母親であるため、男が女を支配する社会の黙認された風習によりかかって、母親が思ったことがいえないような雰囲気になっている。

だからPTAの役員になることを、おおくの母親は敬遠する。PTAは初心にかえって、この風潮をあらためねばならない。母親が発言するのは、憲法できめられている子どもの教育をうける権利を代理しているのだ。母親の多数の意見と校長の意見とが合わなかったら、それは子どもの権利と行政とが、どこかでくいちがっていることだ。

教育で子どもの権利が先に立たねばならぬことは、治療で患者の権利が先に立たねばならぬのと同じだ。公務員である教師の立場は、あるときデリケートになる。教育の現場をいちばんよく知っている教師は、行政が実情に合わないことをいってきたら、いちばん先に反応せねばならないからだ。

教育は行政の事務でなく、子どもをまともな人間にそだてあげる一種の芸術だ。芸術をつくるのは自由な人間だ。父母は、行政よりも自由な人間としての教師のうしろだてにならねばならぬ。

ＰＴＡがそういう民主主義的な役割をはたすためには、母親がすすんで役員になって、子どものために発言しなければならない。それには、いそがしい母親でも役員になれるように、会のはこびを要領よくしなければならない。開会の時刻、会のはじめに議題にわりあてた時間の明示、それからくる発言時間の制限、終了の時刻の厳守が必要だ。毎回1時間をこさないことにし、開会の時刻を夜にするとか、場合によって休日にもやるとかすれば、母親ばかりでなく父親も役員になれる。ＰＴＡは「自主独立のものであって、他のいかなる機関、団体の支配、統制、干渉をも受けてはならない」ことで出発したのだから、公務員の勤務時間に、しばられることはない。

専業主婦ばかりが役をもたされて、外ではたらいている母親が役につかないのはまちがいだ。外ではたらく母親の子どもには、学校によりおおくたのまねばならぬことがある。専業主婦の母親の子に合わせて学校教育をきめられては、母親がるすの子どもの教育をうける権利はかえりみられない。外ではたらく母親のほうがおおくなった時代では、PTAの役員は共ばたらきの家庭の役員のほうがおおくなくてはならない。

PTAのなかに土地のボスの男性がはばをきかせているところがあるのは、いっぱんの父親が参加できないようになっているからでもある。ボスには明治以来の男尊女卑のかんがえの人が少なくないから、PTAにでられる専業主婦では太刀打ちできない。それがPTAに、子どもの教育に必要でない「しきたり」を温存させる。父親は、子どもの教育を市民の立場からまもろうとすれば、もっとPTAに参加しないといけない。

PTAを教育行政の末端と思っている人もおおい。当然行政の側でしなければならない仕事に、PTAの役員をつかうのはそうだ。PTAは教育予算の不足をおぎなうための労力奉仕の団体ではない。学校の仕事には、子どもの家庭のプライバシーにふれることもある。収入によって学校におさめる費用に等級のあることのわかる生徒の「集金袋」の整理を、PTAの役員にたのんだりするのはよくない。

＊脊柱側湾症

6年生の女の子が、

「お子さんは学校健診の結果、脊柱側湾症《せきちゅうそくわんしょう》とわかりました。整形外科でくわしくしらべてもらってください」

とかいた紙をもらってきて、驚くお母さんは、たくさんある。脊柱がひどくまがって、まっすぐ立っていられなくなるのでなかろうか。手術をしなければならないのだろうか。将来結婚して妊娠がうまくできるのだろうか。コルセットを昼も夜も着けていたら、他のからだの部分の成長に害にならないだろうか。いろいろな心配がおこってくるだろう。

この年齢で学校のレントゲン検査でみつかるのは、特発性脊柱側湾症といって、以前に外傷をうけたとか、骨の病気をやったとか、心臓がわるいとかの特別の原因のないものである。

人間のからだの発育は必ずしも左右きっちり対称的でないから、曲る度合が10°以下のものは、正常といえる。50°以上も曲って、手術を要するようなものは例外的で、成長している間は曲るのが進む可能性もあるが、思春期が終って骨の成長がとまれば、進行しない。整形外科では20°以上曲っていると、それ以上進まぬように装具をつけるが、装具の種類や、装具をつけている時間は医師の判断によっていろいろである。

装具は曲った脊柱をまっすぐにするものでなく、それ以上曲らないようにするためであるから、経過を追ってレントゲンでしらべて、骨の成長が止まってくるのに応じて「全日装用」「在宅装用」「就眠装用」と着用の時間がかえられる。

骨の成長がとまって、装具をはずしても湾曲はのこるが、もともと本人が普通に生活をしていたのだから、湾曲があっても、本人の生活に何の支障もない。

背中からみて、肩の高さが少しちがうとか、肩胛骨《けんこうこつ》の高さが同じでないとかいうことがあっても、人生を生きていくのには、何の関係もない。もちろん妊娠も出産も正常にできる。

ただ思春期でさわぎたい時に「全日装用」を実行するのは、精神的に負担だが、医師も親も本人をはげまして、試練期をのりこえさせなければならない。定期的なレントゲン検査以外に、骨の成長をしらべる方法はないのだから、さぼらないようにしたい。

高学年

＊塾

塾にかよう子がおおくなる。宿題もむずかしくなって母親に教えきれないこともあろう。だがまわりの子どもがみんな行くから、うちの子も行かせないといけないだろうというので、かよわせるのも少なくない。

子どもが算数が不得意だから、なおしてもらおうというような場合は、塾をえらばないといけない。一律にきまったコースをおしつけるところでなく、ひとりひとりの子どもの個性をみて、「個人指導」をしてくれるところがいい。その点では家庭教師がいいということになるが、家庭教師と子どもとの人間関係がうまくいかないといけない。

塾にしても家庭教師にしても、母親が面接して人がらをよくみてからきめるようにしたい。学校で先生としっくりいかなかったのが、塾の先生や家庭教師と気が合ってから、その学科が好きになった例は少なくない。母親におしえる力があって、家で勉強する気になっている子を、むりに塾にやることはない。母親がおしえてもいいし、通信教育でもいい。

だが塾にするか、通信教育にするかをきめるまえに、両親はもっと重大なことをきめねばならない。塾にしても通信教育にしても、いい上級校に子どもを入れたいという「受験体制」の仕組みのひとつだ。「受験体制」というのは、学歴社会といわれているテストの成績のいい子に、いい地位を与える選別の制度だ。官庁や有名企業に採用されようとすると、受験体制のベルトコンベアにのらなければならぬ。入学試験は、このベルトコンベアにのっかるための競争だ。テストがよくできたからといって、その人間が人間としてすぐれているとはかぎらない。誠実、寛容、柔和、思いやり、謙虚、正義感、果断、犠牲心などは、テストではわからない。

だが官庁や大企業は、いままでのテストの成績のよさと、採用後の仕事ぶりとにある程度の「相関」があるとしている。人間としてよさを問わないでも、高度成長はできると信じている。だが、人間としてのよさが、家庭だけでなく社会を、もっと住みいいものにする時代がくると信じるものは、受験体制に子どもをむりにのせることはないと思う。テストでいつも算数の成績がよくない子どもを、総合模擬テストの上位にしようとすると、子どもの性格を無視して勉強を強制しなければならない。そのために家庭の平和がたもてなくなって、子どもが家庭から逃げだすこともある。

いわゆるエリートになることが、人間の幸福であるとかんがえないで、ふつうの人間にも幸福である権利があるとかんがえれば、子どもを受験体制におしこむことはない。親が子どもをむりにエリートにしようと思わないことにきめたら、親自身が自分の生活に自信をもって、まともな市民として日々を生きることだ。まともな市民の幸福を子どもにいつもみせないと、子どもは、自分は出来がわるいから受験体制からはずされたのだという劣等感にさいなまれる。親が心のなかに受験体制をみとめないと決心していれば、宿題の手だすけとして塾にやるにしても、子どもをせっつかずにすむ。

＊登校拒否

登校拒否は文明病である。母親の家庭のなかの仕事が、ガス風呂、掃除機、洗濯機、炊飯器、インスタント食品などがあらわれたためにずっと楽になった。そのあまった時間を母親が育児に集中する。子どもの世話がいきとどく。子どもは何もしないでいいことになる。母親の家庭のなかの仕事がいそがしかったころは、子どもは年齢に応じた家事を分担させられた。その時代にくらべて子どもはなまけものになった。テレビがあらわれて、家のなかの楽しみがふえた。番組をつくる人たちが苦労して子どものごきげんをとる。何かを売りつけようとするメーカーがスポンサーになっているから、たくさんの子どもにみせたがる。かんがえずにぼんやりみているだけで楽しい番組の競争になる。家のそとであそぶ広場がなくなって、子どもは部屋のなかにいることがおおくなったから、ますますテレビをみる。家にいても母親よりテレビに接している。

母親のそばにいる安堵感があるのでテレビが楽しいのだ。学校にいっても、楽しいことがないと、母親といっしょにいたい。母親から離される不安にたえられない。登校拒否は「別離不安神経症」ともいえよう。両親がそとに仕事にいって、家にカギをかけてみんなが出ていく家庭では、登校拒否は少ない。そういう子が学校を休むとすれば、学校以外の場所で友人とあそんでいるときである。登校拒否の子の家庭は、父親が仕事熱心で家庭の団欒《だんらん》をかんがえないので、母親が「育児熱心」にならざるをえないのがおおい。

子どもが学校にいきたくなくなるのは、いってもあそぶ友だちがいないからである。放課後にさそいにいっても、「今日はぼくひとりでファミコンをしたいの」とおいかえされるか、塾にいっていて、るすかだ。魅力のある先生が楽しい授業をするので、学校が楽しいという時代があった。だが、クラスがわきたつような授業ができたのは、子どもたちが楽しい仲間であったからだ。子どもが自由にあそべる空地が家のそばにあったから、放課後に野球やなわとびをやって仲間になったのだ。

仲のいい友だちがみつからないだけでない。いじめる友だちがいる。ボスになる性格をもった子を中心にして集まったグループが、やさしい子をねらっていじめる。いじめられる子の哀訴の姿に優越感をおぼえたり、裕福な家庭の子に金銭を強要して、自分たちの「遊興」に使う。そんないじめグループにつかまった子の立場に立てば、不登校は身をまもる権利である。馬があわない教師から、要注意にされて、ことごとに「注意」される感じやすい子の不登校も拒否する権利である。親は子の人権のために学校に抗議すべきで、不登校を悪とだけしないことだ。

登校拒否のはじまりは、朝おきてこないことだ。頭がいたいとか、腹がいたいとかいうのがきまりだ。学校にいく時間は病人みたいにみえるが、それなら休みなさいといわれて、ひとねいりすると、全く元気でふだんとかわらない。ひとりでテレビをみて笑っている。

2〜3日休んで、1日いっても、また頭がいたい、腹がいたいがはじまる。これは病気ではないと親が察して、学校にいくように、おどしたり、哀願したりしても、朝おきてこない。成績もわるくないから、授業についていけないからとも思えない。

先生が心配してたずねてきてくださっても、あおうとしない。小児科にいって、朝おきられないというと「自律神経失調症」といわれ、薬をだされる。だがそんな薬でなおることはない。児童相談所にいって相談すると、親が過保護だからいけない、なんでも自分でやらせるようにすること、家からテレビをなくすることだといわれる。

登校拒否の子どもをたくさんみている人の共通した意見は、登校拒否には特別の治療法はない、本人が自分から登校する気になるのを待つしかないという母親をがっかりさせるものだ。

学校へいかない子をそのままにしておいていいはずはない、力ずくで引っぱってでも学校にいかせたいと思う親には納得がいかない。親はすっかり平常心を失う。そういう親をおちつかせる本に、私の30年来の友人冨永祐一さん(理論物理学者、中高教師、障害者職能訓練センター所長、九州の「不登校を考える親の会」書記)の『不登校』(筑摩書房、一九七七年刊)がある。

学校の先生にいいたいのは、ひとりひとりの生徒について、きょうはこの子にどんな楽しみを与えたか毎日いえるようであってほしいことだ。登校拒否の子をなまけものとか意気地なしとかきめつけないでほしい。そういう子は鋭い感覚があるのだ。日本の学歴社会が学校の人間関係に及ぼしている圧力を感じているのだ。クラスの友人や先生がいらいらしているのを肌に感じたのだ。教師は子どもを叱りつけたり、わざとなれなれしくしたりする前に、受験競争で自分を見失っていないか反省してもらいたい。

＊性教育

学校でやる性教育のおちいりやすい誤りは、子どもの性的成熟に個人差があるのに、どの子にもあてはまる標準があるかのように教えることだ。女の子の生理が、初潮のあと28日毎に規則ただしくなるのは初潮からすぐのこともあるが、4～5年は不順であることがおおい。女子高校生の半分近くが、不順になやむのは性教育のおかげだ。男の子でも、中高生の1/3ぐらい、乳にしこりができて自然になおることを教えておかねばならぬ。親のほうが適当な教師だ。

「性」は人類の永遠の問題である。かんたんに子どもにおしえられるとかんがえるのは、おとなの思いあがりだ。性の教育を性器の教育でまにあわせようとするのは安易にすぎる。男と女との相違は器官にあるのではなく、その人間にある。男は女に、女は男にいかに対すべきかは、人間と人間との関係としてとらえるべきで、性器の関係としてとらえるべきではない。性器の知識は、人間の結婚とむすびつけて教育すべきだ。

男と女との関係が人間対人間としてとらえられてはじめて、「性」の問題は、その動物性からすくわれる。性という究極的には動物的な宿命を、人間の問題としてとりあげられる。男と女とはいかにあい対すべきかは、生き方にかかわる。家庭での父親と母親とのあい対する生き方、学校での教師の異なった性への対し方が、子どもに性教育をするのだ。

父親が母親に暴君のように対したり、母親が父親を飼育するようにあつかったり、男の教師が女の教師や女生徒にいやしく対したりすることは、子どもに性を何かいやしいもののように思わせるだろう。そういう雰囲気のなかで「性器教育」が「性教育」として通用する。女の子が6年生になって、性教育がはじまるのではない。性教育は、子どもが人見知りをはじめて以来、家庭では日夜おこなわれている。学校でも1年生からはじまっている。

エイズの本土上陸以来、性教育は性器教育一辺倒になった。小学生にエイズ予防をおしえるなら、結婚するまでがまんしろ、結婚したら浮気するなという原則をたたきこむことだ。エイズのウイルスにうつるのは、この原則にはずれたときだけだ。

ゴム製品の使用法だけをエイズの予防教育と思うのは、「不純交遊」と「不倫」とが、風習になっている国のことだ。

もし本で「性」をおしえようとすれば、性を人生の一部としてあつかう文学のほうが、「性教育」の本よりはるかにいい。人生と十分にわたりあう文学は、かならず性をとりあつかう。性は人生の一部ではあるが、重大な一部だからである。だから子どもに「性」をわからせるためには、文学のわかる子にしておくのもひとつの方法である。どんな文学でもいいとはいえぬ。スタンダールの「赤と黒」や、モーパッサンの「女の一生」は、子どもにはむりだ。しかし、漱石の「三四郎」やトルストイの「少年時代」ならわかるだろう。

やせている十代の女の子が、それまであった生理がとまったのを母親に訴えることがある。いまおおいのは「神経性食欲不振症」が原因である。「自分はふとりすぎだ」という思いこみから、食事をへらしたり、いったん食べたのに吐いたり、下剤をのんだりする。テレビにでてくる女優やタレントがやせているのをみなれたり、流行している服がやせていないと着られなかったりすると、どうしてもやせないといけないという強迫感にとらわれる。やかましく「しつけ」をする母親への反感が、中年女性の体型への嫌悪となるのも一因だ。母親は十代の娘の自立を妨げないようつねに反省することだ。男のひとりっ子を「愛」しすぎて、自立の機会をあたえず、結婚生活のできないマザコンにしない用心と同じだ。

子どもに連帯感を

親も教師も、文明が子どもを孤独な人間にしていることに気づかねばならない。放課後、子どもたちが野球をしたり鬼ごっこをしたりする空地は、もうない。おおぜいの子どもが集団になってあそべるところは、校庭しかない。だが4時になると学校は門を閉じる。そとであそべない子は友だちの家にいく。そこでも仲間であそぶことはない。自分のもっていないゲームをみつけて、ひとりであそぶ。たいていの子は、学校からかえると塾にいったり、家庭教師についたりで、時間がない。塾にいっしょにはいくが、テストではライバルだ。相手がすこしでもミスをしてくれるのをのぞむ。こういう世界に生きていては、子ども同士の連帯感が生まれるはずはない。子どもはみんな孤独だ。だが人間はもともと孤独にたえられない。わずかなすきに連帯感をもとめるのが「いじめ」だ。

ささいなことでつくりだした「いけにえ」を、みんなではやしたて、いびるなかで、子どもたちは仲間になる。いじめられる子が孤独なのではない、みんなといっしょにいじめる子が、めいめい孤独なのだ。「いじめ」を道徳の教育でなおすことはできない。教育が孤独な子どもをつくりだしたのだから、教育自身がかわらなければならぬ。

子どもに連帯をもたらすために、楽しい雰囲気でスポーツをさせたり、自由に実験させたりする時間を、授業時間のなかにつくらねばならぬ。テスト本位の時間割を、大はばに改めねばならないだろう。学校の教育が受験準備にまるまるかさなってしまうことをさけねばならぬ。

ひとりでも孤独を感じている子がいたら、早期に発見できるためには、クラスの人数を20人前後にしなければならぬだろう。連帯感でむすばれたクラスをそだてあげることも、教育の大事な仕事だ。

学校が「受験体制」にのっかってしまうと、「成績のわるい」子どもは脱落する。そういう子が孤独からのがれる機会は、「非行」の仲間だけが与えてくれる。おとなの目をのがれて、ゲームセンターにつれていってくれる年長の子は、それまでどの友だちにも感じられなかった連帯を知らせてくれる。子どもは、冒険と新しいよろこびで「非行」にはいっていく。

きちんとした学童保育にいっていない単親家庭の子は、よほど警戒を要する。親がかえってくるまでの間、そういう子は「浮浪」する。同級の子とあそぶことの少ないそういう子は、最初は低学年の子をあつめてガキ大将になるが、いつかは中学生の「浮浪」している子どもたちとであう。そういう中学生はまた、年長の職業的な浮浪の集団とつながる。非行への運命的なコースがひかれている。学校は地域にいる単親家庭にたいして、早期に、まだ「非行」があらわれないうちに、手をうっておかねばならない。単親家庭だから子どもが非行をはたらくというのではない。単親家庭はもちろん、すべての家庭に、子どもの非行の可能性はある。すべての親がＰＴＡにでて討議すべきだ。

学校は子どもにどれだけの学力を養成するかでなく、どれだけの友人と連帯しているかに、いつも気をつけねばならぬ。家庭は学校の「成績」のなかに、友だちとの連帯もあることを忘れてはならない。乳幼児期の親子の精神の安定には、親子が川の字になってねる日本式の育児がよかったが、かつての日本は、子どもの連帯を通して子どもを社会にくみこんだ。子どもの連帯が失われれば、母子密着がいつまでもつづき、男の子の場合は「親思い」が過ぎて、結婚生活をあやうくすることもある。子どもの連帯をなくした自由空間の喪失、テレビ、ファミコン、塾、偏差値は、ＰＴＡの討議の最大のテーマだ。

すでにはじまった「いじめ」や「非行」にいい対策がなくても、はじまるまえなら、衆知をあつめれば、子どもに連帯感をもたせる道もみつかるだろう。それができなければ、私たちは自分がつくりだした文明によってほろびるだろう。

あとがき

この本では、できるかぎり子どもの立場に身をおいて、育児をかんがえようとした。子どもの成長は、ひとつの自然の過程である。自然には自然の摂理がある。風土に密着した民族のながい生活は、たえまのない試行錯誤によって、この自然の摂理に適応していった。日本の風土にふさわしい育児は、こうして民族の風習として形づくられた。

また、いっぽう文明の発達は、人びとの生活を、徐々にあるいはあわただしくかえていく。戦後の日本は、「第二の維新」といわれるほど人びとの生活の様式をかえた。それは、子どもの成長の過程を何ほどか、はやめることになった。

「第二の維新」は、他方、日本人の家庭の人間関係をもかえた。大家族がなくなって、夫と妻との意志でいとなまれる小家族になった。戦前にくらべて妻は自由になった。この自由は、しかし代償をはらわなければならなかった。大家族のなかで、しゅうとめから嫁につたえられた風習としての育児をまなぶ機会を妻は失ってしまった。はじめて母親となった妻は、まったくの未経験者として、子どもの成長にたちむかわねばならぬことになった。これは日本の民族が、かつて経験したことのない事態である。

母親たちが、日本の近代化のなかで、育児に困惑しているのに、育児の助言者たちは適当な助言をあたえたとはいいきれない。彼らも日本の近代化の波のなかに自らを見失おうとしている。

どこの国でもそうだが、育児の助言は、育児のつまずきでおこる病気に登場する医者が主導権をもっている。育児書をかくのは、医者である。ところが、母親たちにものをいう日本の医者には、第一の維新であった明治の刻印が、まだ消えさっていない。

文明は西欧から移入するもの、文明はおかみから人民に啓蒙するものという思想が医者のなかにのこっている。これは、医者を養成する医科大学が、明治の官僚政府にかたくむすびついていたことに由来する。「第二の維新」にもかかわらず、日本の政府がドイツ式の官僚制からぬけきれないのとおなじに、日本の医者は学閥という形で官僚制をのこしている。

戦後の日本の医者を養成する大学は、以前ほど官僚政府から支援をうけられなくなったので、その研究の費用を、薬品メーカーや乳製品の会社にあおがねばならなくなった。これが、医者を何ほどかいやしくした。商品を売るために、子どもの成長の自然の摂理を無視するさまざまの企てに、学問の目をもって批判することをひかえさせた。

明治、大正の育児指導が、おかみの期待する秩序への順応を人びとによびかけるものであったとすれば、いまの育児指導は、薬品メーカーや乳製品会社との「共存共栄」のよびかけである。それは保健所で母親にわたす、メーカー署名の育児パンフレットに端的にあらわれている。

内容はアメリカ風になったが、外国の文明を、母親にむかって、うえから注入するという明治の姿勢は、今日の育児指導のなかにもつづいている。この本は、内容では日本の個性をまもり、姿勢ではうえからのおしつけにたいするささやかな抵抗をしたつもりである。

子どもの立場に身をおこうとするならば、子どもにいちばんちかい母親の立場にちかづかねばならぬ。子どもの自然の成長を尊重するためには、母親におしつけられた不自然を最小にせねばならぬ。不自然とは、不必要な商品をうりつける広告であり、不必要な注射をする「治療」である。

育児を、子どもの立場、母親の立場からかんがえようとすれば、何千年もかかって日本の母親たちがつくりあげた風習としての日本式育児を、学問の目をもって、みなおさねばならぬ。伝統であるがゆえにまもるのではない。日本人として、この風土にしばりつけられ、いまの文化の水準でも脱しえない風習があるかぎり、それに順応してきずかれた日本式育児を無視することはできない。夫婦と子どもとが、別室でねるアメリカ中流の生活に応じた育児は、鉄筋コンクリートになっても、親子が同じ部屋にねなければならない日本の育児とは、ちがっていい。

医者のがわからでなしに、病人のがわから治療をかんがえるという姿勢は、三〇年まえ、大学からはなれて、救貧のための結核予防健康相談所につとめるようになって、私のなかに根をおろしたものだった。そのころ、私の研究に方向をあたえて下さった平井毓太郎《いくたろう》先生が、子どもを注射でくるしめてはならぬと説いてやまれなかったことが、私の信念をさらにかたいものにした。

戦後二〇年の町の小児科医としての、日々の私の生活は、私をさらに母親にちかづけた。以前の世代からきりはなされて、孤立無援で赤ちゃんをそだてねばならぬ母親が、どういう問題に直面するかを、そこでまなんだ。おおくのするどい母親たちが、成長のはやくなった赤ちゃんに、いままでの育児書にないあたらしい栄養法をこころみて成功しているのをみた。彼女らは子どもの自然の成長を尊重したのだった。しかし、すべての母親が、子どもの自然の成長を尊重したのではなかった。ある母親は、子どもの個性を無視して、杓子定規《しゃくしじょうぎ》の育児をおしつけて子どもをくるしめた。その子どものくるしみを少なくしようとして、子どもの立場から育児を批判したのが、『私は赤ちゃん』『私は二歳』（いずれも岩波新書）であった。

昭和三八年あたりから、私のなかに、民族の文化のもっている風土的宿命についての関心がつよくなった。日本の風習としての育児をみなおそうというので、私はすすんで、毎日新聞に「日本式育児法」（のち講談社現代新書として出版）を連載させてもらうことにした。その準備のなかで、日本の江戸時代の育児学をつくった香月牛山《かづきござん》の『小児必用養育草《しょうにひつようそだてぐさ》』をよんだ。また、近畿の各地をまわって民俗としての育児法をたずねてあるいた。この本のなかに、「旧式」なところがふくまれているのは、そういう「旧式」な育児が、丈夫な子どもと安定した情緒の母親をそだてたことを見聞したからである。

岩波新書や新聞への連載が、私の「知名度」をひろくしたために、私のところに、しばしば病院から「脱走」してきた患者が訪問することになった。母親たちから、私は、近代医学にたいする病人のがわからの批判をきかされた。医者のがわからすれば研究への熱意であるが、病人のがわからすれば、病人の人間的な苦悩の無視であった。

国家の援助よりも病人の負担におおく依存している現在の医療の制度が、医者や看護婦の善意にかかわらず、病院の経営を困難にし、病人の入院生活を不自由なものにし、治療を学問的には不完全にしている。それぞれの病気で、入院したほうがいいかどうかは、病人のがわからすると大きな問題になってきている。母親の立場にたつ以上、その問題をさけることはできない。医者にすれば、入院させたほうが万事便利であるが、それは医者の立場である。病気の子どもには、子どもの立場があっていい。病人と医者と看護婦とが手をつないで、この不完全な医療制度をあらためねばならぬ。だが、それが達せられるまでは、私は、子どもの立場にたってかんがえたい。「子どもの病気」は、その点を考慮にいれた。

もちろん、この本は医者の代用になるものでない。病気になったら医者にかかるのが当然だ。残念なことに医者はいそがしすぎて、母親に十分に説明しない。医者にかかる場合の母親をささえたいというのが私の願いである。子どもの立場をまもる母親と、おおくの医者は一致する。だが営業の要求から子どもの立場を無視する人は、この本に抵抗をかんじるかもしれない。医者への批判は医者の信用をおとすという人がある。だが、医者は医者であるがゆえに信頼されるのでない。どの医者を信じ、どの医者を信じないかは、病人のえらぶことである。自由世界で、医者だけが自由競争から免除されるというのはおかしい。げんざいの官僚式の保険制度が、医者に自由を忘れさせ、病人を愚民あつかいさせているところもみおとせない。公正な裁判官が人民の目をおそれないように、公正な医者は子どもを憂える母親をうるさがらぬだろう。裁判が無実の人を罰してはならぬとおなじに、治療は不必要な注射で子どもをくるしめてはならぬ。

この本のいまひとつのかわったところは、集団保育をとりあげたことである。子どもをどうすれば健康にできるかという研究が小児科学にぬけていることをおしえてくれたのは、レニングラードの小児研究所付属の保育園と第七回全ソ小児科学会とであった。

一九五七年にソ連に招かれたのは私には転機であった。健康な子どもの成長を学問としてまなぶには、病気の子どもの診療をつみかさねてもだめだ、健康な子どもの集団成長に直接小児科医が参加して、大量の比較観察をしなければいけないことを、ソ連の医者たちは私におしえた。

それ以来私は、関西保育問題研究会という民間の研究者集団にくわわって、保育園や幼稚園で子どもの保育にあたっている人たちと接した。五年ほどのあいだに、私は集団保育についておおくをまなんだ。その一部は『私の幼児教育論』(岩波新書)で公にした。この本では、保育の実際の問題について、現場の保育者たちが関心をもっていることにふれた。問題の所在をおしえてくれたのは、もちろん保育問題研究会の人たちである。

この本の「集団保育」で、保育は、このようにあってほしいという願いをたくさんかいた。現実の保育園からみれば、それは理想論だといわれるだろう。しかし、私は、現実のまずしい条件に適応して子どもをそだてるよりも、理想にむかって現実をよくしていくことが、子どもにとっていいことだと信じている。子どもの立場から育児をかんがえるとすれば、それ以外にない。三〇人の子どもを一人の保育者がうけもつより一五人を二人でうけもったほうがいいということが、それほど大それた理想であろうか。それは人工衛星をとばすのにくらべて、何とつつましい理想であることか。

保育をやっている人たちが、このつつましい理想を実現するために、彼女たちのはたらいている場所の労働条件をもっとよくするようにしてほしい。日本の憲法は、労働をする人に、団体交渉をする権利を保障している。交渉すべき団体をもたないことが、彼女たちの権利をもちぐされにし、彼女たちの労働条件をいつまでも不十分なものにしている。保育者の労働条件が、とりもなおさず、子どもたちの保育される条件である。集団保育をされる子どもたちが、よい条件でそだてられることは、日本のすべての母親の願いと一致する。

集団保育が、そとではたらく母親だけに必要な時代は去った。幼児は、いままでも、集団のなかで成長したのだ。自動車の氾濫と住宅の密集とが、幼児からあそび場と仲間とをうばったので、幼児たちは家庭に軟禁されることになった。すべての幼児に集団保育の場をあたえて、軟禁の孤独から解放するのはすべての母親の願いである。集団保育の場の労働条件をよくすることに、すべての母親が協力を惜しまないでほしい。

私は、この本が保健所ではたらく人たちによまれることを期待する。甲種合格の兵隊をつくるための「健兵対策」として出発した保健所ではあるが、もう画一的な育児指導から脱却しなければならぬ。子どものそれぞれの天分をのばすためには、子どもの個性を尊重せねばならぬ。子どもの成長には、さまざまのタイプがあっていい。「標準体重」によって優良児と不良児とを区別すべきではない。乳児の指導では、個性に応じて、未経験の母親をはげましてほしい。

この本は育児の対象を小学校にいくまでの子どもにかぎった。学童については一般の成長の見とおしをかかげるにとどめた。もっとも学童におこりうる病気については、「子どもの病気」でとりあげた。学童期からあとのことは、勝田守一さんたちといっしょにかいた『家庭の教育』(岩波書店)や中学生のことをかいた拙著『君たちの天分を生かそう』(筑摩書房)や父親との関係に重点をおいた拙著『おやじ対こども』(岩波新書)をみていただければ幸いである。

なお私事にわたることをゆるされるならば、私に小児科学の手ほどきをし、私を小児科医にして下さった服部峻治郎先生の喜寿をむかえられた本年、この本を公にすることができたのをよろこぶ。

さいごにこの本をしあげるにあたって、装幀について福田繁雄さん、挿絵にかんして岩崎ちひろさん、レイアウトについて多川精一さん、写真について片岡健さん夫妻、川島浩さん、岩波映画の織田浩さん、刈部秀郎さん、荒平俊一さん、小山博孝さんに、一方ならぬお世話になった。また写真の撮影を快諾して下さった北田辺保育園、さくら保育園の皆さんの好意も忘れられない。岩波書店の堀江鈴子さん、寺島三夫さん、田沼祥子さん、竹田久美子さんには、終始お手をわずらわした。ここにお礼申し上げる。

一九六七年九月末日

著　者

新版にさいして

『育児の百科』の初版をだしてから一三年たった。思いがけない多数の方がよんでくださったことを感謝している。

もともと育児は風習である。私たちの生き方がかわれば、育児もかわらないわけにいかぬ。核家族がおおくなって、世代から世代に育児をつたえることがむずかしくなった。『育児の百科』がよまれたのは、育児の伝承の中断をおぎなうためであったろう。育児が生き方にかかわるかぎり、医学と社会とを見とおす、さだまった視点がなくてはならない。数千年の育児の経験のなかから風習になるまで、ふみならされた道を新しい背景のなかで見失わないためにである。その視点を、お母さんたちが、年をとった町の小児科医のなかに期待してくださったことは、私にとってこの上もない光栄である。

この一三年のあいだに『育児の百科』はもうひとつの利用法をもつことになった。医療の制度がまずくて、日本の医者は常識をこえた繁忙のなかで診療をしなくてはならない。治療の内容を病人にわからせるだけの余裕をなくした。そこで『育児の百科』は医者の説明の代理という新しい役をになうことになった。内容を理解して治療をうける病人がふえれば、病人の無知を前提にした医療もすこしはよくなるだろうという願いは、初版のときより、いっそう切実になった。

毎年、重版のたびに気がついたところを部分的に訂正してきたが、紙型がいたんだので、こんどすっかり版をかえねばならなくなった。それで従来のやり方ではできない大がかりの改訂を全篇におこなった。『育児の百科』が結婚のお祝いにおくられることがおおくなったので、「誕生まで」という妊娠中の注意をあらたにくわえた。

新版をつくるにあたって、装幀について福田繁雄さん、写真についてては「ポポー子供の家」と「北須磨保育センター」のみなさん、岩波映画の関戸勇さん、岩尾克治さん、また岩波書店の田沼祥子さん、飯山律子さん、竹田久美子さん、中川まゆみさんにいろいろお世話になった。あらためて感謝の意を表したい。

一九八〇年夏

松田道雄

最新版刊行にあたって

二〇年まえ『育児の百科』を世におくるとき、ふたつの目的をあげておいた。ひとつは子どもの立場に身をおいて育児をかんがえること、もうひとつは核家族になって育児の伝統から切りはなされた母親を支援することであった。

いま版をあらためるにあたって、このふたつの目的がますます鮮明に浮びあがるのを感じる。

高度成長はニュービジネスを生み、育児も新しい市場となった。新製品の洪水は子どもの自然の成長をさまたげている。

なによりも医療の名において育児の領域にふみこんでくるニュービジネスは、歳月の試練をうけていない「新薬」と「検査」とをおしつけている。医療が営利であったり、研究であったりするものは、子どもとその両親との迷惑をかえりみることがない。

ものいわぬ子どもの人権が今日ほど危ういことはない。

母親は育児において以前ほど孤立無援でなくなったかにみえる。コミュニケーション産業の隆盛は情報の過多さえもたらした。だが情報の送り手は、男本位の現状で女としての母親の負担をどれだけかるくしようとしているか。コミュニケーションが商品であるからには、売り手の立場が母親の立場に優先するのは当然である。育児に必要で十分なものは何かが、いまほど問われるときはない。

『最新 育児の百科』は、この時代の要請にこたえようとする。

版をあらたにするにあたって、装幀には福田繁雄さん、グラビアには八潮西保育園、コマクサ幼稚園のみなさん、撮影には関戸勇さん、本文にいれた写真には松村久美さん、岩尾克治さんのお世話をいただいた。集団保育の改訂には、関西保育問題研究会の僚友だった高斎由美子さん、川原佐公さんのお教えをいただいた。また、岩波書店の田沼祥子さん、高林寛子さん、竹田久美子さん、津田すみ子さんに、ことのほかお骨折りをねがった。あわせて心からの謝意を表する。

一九八七年七月

著　者

『定本 育児の百科』を出すにあたって

一九六七年に初版を出してから『育児の百科』は一五〇万をこえる読者を得た。中国、タイ国、韓国にも訳された。著者として厚くお礼を申しあげる。

急速な医学の進歩に内容が古びないように英、米、北欧、和蘭《オランダ》、カナダ、濠洲の小児科雑誌と医学週刊誌二〇を購読してきた。毎日の午前中をかけて読むのが、私の日課になった。新しくわかったことを毎年の改版に際して加筆した。

加筆は医学知識だけでなく、読者が『育児の百科』をみながら育児をしていて、よくわからないと投書してきたのに返事を出すと同時に、「わからない」といわれた箇所をわかるように訂正した。三〇年以上の読者との交信と訂正のおかげで、近年は質問のお手紙をもらうことがほとんどなくなった。この頃いただく母親からのお手紙は、礼状という形のファン・レターである。本の内容について、私は自信をつけさせていただいた。

訂正でいちばんおおいのは、「子どもの病気」である。それも治療にかんする部分だ。そこにかいた病気の原因と自然の経過は小児科医の常識として安定している。医者が多数不特定の患者を診《み》なければならなくなった現在、医者はその常識すら説明する余裕を失った。

以前私は自分が不在になったら「子どもの病気」を切りはなして本文だけを続刊しようと考えていたが、お母さんから「私を育てるときに母が使った『育児の百科』をもらって重宝しています」というお手紙を何通ももらうので、本の生命の長さについて考えた。

『育児の百科』の生命の長さは、この本が私ひとりの作品でなく、お母さんたちとの共同の作品であるからなのだ。私が不在になったからといって絶版にするのは、著者の自分勝手というものだろう。それで医学の進歩でかわりやすい部分(新薬の名、病気の死亡率)だけ外して定本として続刊することにした。

一九九八年春

松田道雄

松田道雄　主要著作目録

《著　作》

『結核』(一九四〇、弘文社)
『人間と医学』(一九四七、中央公論社)
『結核とのたたかいの記録』(一九四八、白東書館)
『体をまもろう』〔目で見る社会科1〕(一九四八、毎日新聞社)
『からだとこころ』(一九四八、大雅堂)
『医学の誤謬』(一九四八、白東書館)
『赤ん坊の科学』(一九四九、創元社)
『結核をなくすために』(一九五〇、岩波書店)
『療養指導――結核と社会』(一九五一、弘文社)
『療養手帖』(一九五一、創元社)
『結核はみんなで治そう』(一九五二、未来社)
『子供と結核――防ぎ方と治し方』(一九五二、大日本雄弁会講談社)

『あられ療法』(一九五三、創元社)
『家族の健康』(一九五三、岩波書店)
『結核について思うこと』(一九五三、創元社)
『最新療養手帖』(一九五五、創元社)
『療養の設計』(一九五五、岩波書店)
『宛名のない見舞状――療養者のために』(一九五六、六月社)
『常識の生態』(一九五六、河出書房)
『育児日記』(一九五七、文藝春秋新社)
『現代史の診断』(一九五七、拓文館)
『社会主義リアリズム』(一九五八、三一書房)
『はじめての子供』(一九五八、中央公論社)
『私は赤ちゃん』(一九六〇、岩波書店)
『私は二歳』(一九六一、岩波書店)
『君たちの天分を生かそう』(一九六二、筑摩書房)
『京の町かどから』(一九六二、朝日新聞社。一九六八、筑摩書房)
『小児科医の眼』(一九六三、文藝春秋新社)
『新しい保育百科』(一九六三、新評論)

『こんなときお母さんはどうしたらよいか』(一九六四、暮しの手帖社)
『日本式育児法』(一九六四、講談社)
『母親のための人生論』(一九六四、岩波書店)
『巨視的しつけ法』(一九六四、筑摩書房。一九七一、『育児百話――巨視的しつけ法』に改題)
『日本知識人の思想』(一九六五、筑摩書房)
『私の幼児教育論』(一九六五、岩波書店)
『往診・宅診・休診――幼児をもつ親のために』(一九六六、立風書房。一九六九『愛児の診断書』に改題)
『おやじ対こども』(一九六六、岩波書店)
『育児の百科』(一九六七、岩波書店)
『あなたの家庭はそれでよいか』(一九六八、日本放送出版協会)
『NHK　育児手帖』(一九六九、日本放送出版協会)
『育児を考える――どういうしつけがいいか』(一九七〇、徳間書店)
『革命と市民的自由』(一九七〇、筑摩書房)
『松田道雄の育児相談』(一九七〇、小学館)
『恋愛なんかやめておけ』(一九七〇、筑摩書房)

『私の読んだ本』(一九七一、岩波書店)
『われらいかに死すべきか』(一九七一、暮しの手帖社)
『お母さんは心配しすぎる――2‐3歳児』(一九七二、中央公論社)
『市民として 家庭時評・家庭』(一九七二、毎日新聞社)
『市民として 家庭時評・社会』(一九七二、毎日新聞社)
『私の保育指針』(一九七二、新評論)
『洛中洛外』(一九七二、中央公論社)
『自由を子どもに』(一九七三、岩波書店)
『私の育児教室』(一九七三、文藝春秋)
『人生ってなんだろ』(一九七三、筑摩書房)
『続人生ってなんだろ』(一九七四、筑摩書房)
『女は損か』(一九七四、学校図書館協議会)
『ロシアの革命』(世界の歴史22)(一九七四、河出書房新社)
『花洛』(一九七五、岩波書店。一九九五『明治大正 京都追憶』と改題)
『人間の威厳について』(一九七五、筑摩書房)
『一年生の人生相談』(一九七六、筑摩書房)
『在野の思想家たち――日本近代思想の一考察』(一九七七、岩波書店)

『私の教育論』(一九七七、筑摩書房)
『医学のともしび』〔科学随筆文庫30〕(一九七八、学生社)
『育児で困ったとき見る本』(一九七九、プレジデント社)
『女と自由と愛』(一九七九、岩波書店)
『松田道雄の本』全一六巻(一九七九―八一、筑摩書房)
『安楽死』(一九八三、岩波書店)
『本の虫――「ハーフ・タイム」53・1―55・12』(一九八三、筑摩書房)
『日常を愛する――「ハーフ・タイム」56・1―58・9』(一九八三、筑摩書房)
『松田道雄の安心育児』(一九八六、小学館)
『松田道雄　子どもの健康相談――いざという時の「安心育児」実例集』(一九八七、小学館)
『町医者の戦後』(一九八八、岩波書店)
『わが生活　わが思想』(一九八八、岩波書店)
『松田道雄の続・安心育児』(一九八九、小学館)
『私は女性にしか期待しない』(一九九〇、岩波書店)
『松田道雄　安心育児の知恵64章』(一九九二、小学館)
『母と子への手紙――乳幼児から思春期までの健康相談』(一九九四、岩波書店)

『安楽に死にたい』(一九九七、岩波書店)
『幸運な医者』(一九九八、岩波書店)

《訳　書》

『哲学の人間学的原理』〔チェルヌィシェフスキー著〕(一九五五、岩波書店)
『レーニン』〔トロツキー著、竹内成明との共訳〕(一九七一、河出書房新社)
『養生訓』〔貝原益軒著〕(一九七三、中央公論社)
『大和俗訓・和俗童子訓』〔貝原益軒著〕(一九七四、中央公論社)
『人間——受胎から老年まで』〔スミス、ビアマン編著、松田道郎との共訳〕(一九七七、岩波書店)

《共編著》

『小児結核レントゲン写真図譜』〔編著〕(一九四九、三一書房)
『新しい育児百科』〔羽仁説子と共編〕(一九五〇、日本評論社。一九五七、改訂版として博文社)
『新しい保育百科』(一九六三、新評論)
『お誕生日まで——ママの日記と育児指導』〔森信子との共著〕(一九六五、小学館)

『幼年期』〔家庭の教育2、勝田守一・山住正己との共著〕（一九六六、岩波書店）
『少年期』〔家庭の教育3、勝田守一・山住正己との共著〕（一九六六、岩波書店）
『青年期』〔家庭の教育4、勝田守一・佐山喜作との共著〕（一九六六、岩波書店）
『君たちを生かす職業』全四巻〔編集〕（一九六九、筑摩書房）
『医学のすすめ』〔川上武と共編〕（一九六九、筑摩書房）
『貝原益軒』〔日本の名著14〕（一九六九、中央公論社）
『共同討議 性』（一九七一、筑摩書房）
『私のアンソロジー』全七巻〔編集・解説〕（一九七一―七二、筑摩書房）
『ロシア革命』〔ドキュメント現代史1〕（一九七二、平凡社）
『現代への視角』〔五木寛之・久野収との共著〕（一九七二、三一書房）
『昭和思想集Ⅰ』〔近代日本思想大系35　編集・解説〕（一九七四、筑摩書房）
『洛々春秋――私たちの京都』〔和田洋一・天野忠との共著〕（一九八二、三一書房）
『赤ちゃんへの贈り物』〔監修〕（一九八九、婦人画報社）

岩波文庫編集部付記——解説に代えて

単行本『育児の百科』は一九六七年一一月に刊行されました。B5変型判、上製箱入り、八〇八ページ。定価一五〇〇円(ちなみに当時の岩波新書の定価は現在の約五分の一の一五〇円)。以来四〇年、一九八〇年九月の「新版」、一九八七年九月の「最新版」、一九九九年三月の「定本版」と三度の大きな改訂を経て、通算発行部数は一六〇万部に及んでいます。

八〇〇ページを超す大部で、決して安価とはいえないこの書物が、なぜこのように読者の圧倒的な信頼と支持(親子二代にわたる愛読者も多い)を得たのか。雑誌『図書』一九八七年九月号に掲載された著者自身の文章「『育児の百科』二十年」に、本書がなぜ、どのようにして生まれ、どのように成長してきたかが記されています。

著者は「民家の表を借りて、薬剤師も看護婦もおかず、母と妹に受付をしてもらっている」町医者でした。

もともとレントゲンとか検査室をもたない町の医者は、診断をあやまらないためには、病気の「歴史」をふかくたずねないといけない。その子どもが生まれてから今日まで、どんな様子でそだってきたか。問題の症状は、いまはじめてのことか、以前にもなかったか。どんなふうに治ったか。問題をおこしたのは親子の日常でないか。日常をどんなに暮しているのか。何時に起き何時に寝るのか。戸外で過ごす時間、食事の種類と量、あたえ方と食べ方。父親の育児への参加。きいている間に小さい子には備付けの玩具箱の玩具で好きなように遊ばせ「元気度」をみた。

それは三分診療になったら絶対にできない一次資料の収集だ。小さい子の病気は月齢と年齢と性によって、それぞれきまっていておとなのように多様でない。たいていの病気は子どもと家庭生活の「歴史」をつかみさえすれば診断がついてしまう。いい小児科医は歴史家でなければならない。

患者の増加と、年齢のせいでそのような治療ができなくなったと感じた著者は、知っていることを残らず伝えたい、という気持がつのり、なんでも書いてある字引きのような育児書をかいてやろうと思いたちます。

本をかくときめたら作業はそうむずかしくなかった。…毎日診察室できいていること、いっていることをかけばよい。そだっていく子どもには、階段を上るように一段ごとに問題がおこるのだから、毎日一段ずつかいていけば字引きのような厚い本でもできる。よんでくれるほうだって、その子の月づきにわけてよめばいいのだから、一度によむ必要はない。そう思って毎日かきためた。

患者がふえて午前九時から午後二時まで、ぶっ通しで三〇人ちかく診たから、その日かこうと思っている月齢の子をいつでもみつけられた。その子の問題と環境とを母親から根ほり葉ほりたずねた。

子どもの病気の診断や治療は簡単だが、育児はたいへんな仕事だということを改めて感じた。診断と治療だけしていてはわからないことだ。育児の重労働はすべて女にしょわされている。…子どもをもった女の負担を少しでもへらしたい気持がつのった。

この本の制作はまた、育児にかかわる多くの女性たちとの共同作業でもありました。

書店が当時の他の出版社とちがって、女子社員をおおくもち、彼女らが結婚しても子どもをもってもやめさせなかったことがよかった。本の制作に参加した彼女たちは文字だけでなく内容についてもたくさんの付箋をつけてくれた。育児書の制作中にこれほど厳密な校正をうけたことはなかった。この社内校正はいまもつづいている。集団保育のところは大阪で月に一回やっている関西保育問題研究会で報告して会員の保母さんたちにきいてもらっていた。

本が出ると、読者からの質問の手紙がきます。

たいていのことはかいてあったのだが、それでもたずねてくるのは、かき方がまずいのだった。その問題はどこそこをみるようにとか、もっと意をつくすとかしておくべきだった。返事もしたが、本文のほうもなおした。…二十年のあいだに読者からの手紙で何百カ所か訂正した。国中に、このごろは海外にも、校正者がいてくれるわけだ。

とりわけ「子どもの病気」篇には改訂すべきもう一つの大きな理由がありました。加速する医学の進歩のスピードです。

皮膚科や眼科や耳鼻科のことは、以前は親しい各科の友人にきくことができたが、友人が現役でなくなってからは、全書的な専門書を集めることで、治療の通り相場をみることにしていた。それがこのごろではまにあわなくなった。月々にでる学会の雑誌に目を通すしかない。新しい情報の大部分はアメリカやイギリスの学会誌にでるので、この二、三年はウイルス学、眼科、耳鼻科、循環器科、伝染病学、小児外科、免疫学などの学会誌も予約している。抄録をみるだけになることがおおいが、毎週十数冊とどけてくる雑誌をさばいていくのには、毎日の午前中をつぶさねばならない。

育児の実用書をだして、その実用性を維持しようと思ったら、新しい情報収集にひとりの人間がかかりっきりに毎日の半分をついやさねばならない。さらに新しいことをいつもかきくわえられるためには、本が年に二度は重版されないといけない。どうしてもださねばならないと思ってだした本ではあるが、二十年たって、たいへんな仕事をしょいこんでしまったと気づいた。このシシュフォスの仕事から解放されようとすれば死ぬしかない。

事実、一九八七年の「最新版」刊行後も、その重版のたびに手をいれてこられました。この「シシュフォスの仕事」から著者が解放されたのは、「定本版」のための最後の改訂作業を終えられた一九九八年のことでした。

「核家族」「少子化」という言葉が生まれてからすでに久しく、育児という初めての体験に直面した不安な若い母親や父親たちへの明確な指針として、『育児の百科』がどれだけ勇気をあたえ続けてきたかしれません。医師であり戦後の代表的思想家松田道雄の文字通りのライフワークである本書が、これからも読み継がれるべき育児書の古典としての生命を持ち続けるものと確信しています。

しかし、医学は文字通り日進月歩の世界です。著者が亡くなられ、生前不断に続けられた改訂のための作業が不可能になってすでに一〇年が経過しています。文庫版刊行にあたって「子どもの病気」篇を割愛したことについて、読者のご了解を得たいと思います。

（二〇〇九年一月）

全巻索引

1. 1つのみだしでは1つのページしかでてこないようにつくった．その項目にかんしていちばん大事なことだけを知ってほしいからである．
2. 月齢，年齢は，こまかく区切った場合(2〜3カ月，3〜4カ月)と，あらく区切った場合(1〜3カ月，4〜6カ月)とある．あとの場合，3カ月をすぎてまだ4カ月にならぬ赤ちゃんは，(1〜3カ月)をみてほしい．
3. 月齢，年齢の特に記入のないみだしは，やや一般的に論じたつもりである．
4. 妊娠とある事がらの関係を知りたいときは，まず妊婦でさがす．なかったら事がらの項で(妊婦)となっているところをみてほしい．例‘風疹(妊婦)’
5. 本文の項目にこだわらず，問題別にみだしをつくった．例‘トマトはいつからやれるか’
6. 問題の内容を主にした索引であるから，みだしのことばが本文にでていない場合もある．例‘捻挫’
7. 上，中は，それぞれ上巻，中巻をさす．

あ

い

う

え

お

か

け

こ

さ

し

す

せ

そ

た

ち

つ

て

と

な

に

ね

の

は

ひ

ほ

ま

み

よ

り

れ

ろ

わ

定本 育児《いくじ》の百科《ひゃっか》（下）〔全3冊〕

2009年2月17日 第1刷発行
2013年2月15日 第7刷発行

著 者 松田道雄《まつだみちお》

発行者 山口昭男

発行所 株式会社 岩波書店
〒101-8002 東京都千代田区一ツ橋2-5-5

案内 03-5210-4000 販売部 03-5210-4111
文庫編集部 03-5210-4051
http://www.iwanami.co.jp/

印刷・精興社 製本・牧製本

ISBN 978-4-00-381113-9 Printed in Japan

読書子に寄す

――岩波文庫発刊に際して――

岩波茂雄

真理は万人によって求められることを自ら欲し、芸術は万人によって愛されることを自ら望む。かつては民を愚昧ならしめるために学芸が最も狭き堂宇に閉鎖されたことがあった。今や知識と美とを特権階級の独占より奪い返すことはつねに進取的なる民衆の切実なる要求である。岩波文庫はこの要求に応じそれに励まされて生まれた。それは生命ある不朽の書を少数者の書斎と研究室とより解放して街頭にくまなく立たしめ民衆に伍せしめるであろう。近時大量生産予約出版の流行を見る。その広告宣伝の狂態はしばらくおくも、後代にのこすと誇称する全集がその編集に万全の用意をなしたるか。千古の典籍の翻訳企図に敬虔の態度を欠かざりしか。さらに分売を許さず読者を繫縛して数十冊を強うるがごとき、はたしてその揚言する学芸解放のゆえんなりや。吾人は天下の名士の声に和してこれを推挙するに躊躇するものである。このときにあたって、岩波書店は自己の責務のいよいよ重大なるを思い、従来の方針の徹底を期するため、すでに十数年以前より志して来た計画を慎重審議この際断然実行することにした。吾人は範をかのレクラム文庫にとり、古今東西にわたって文芸・哲学・社会科学・自然科学等種類のいかんを問わず、いやしくも万人の必読すべき真に古典的価値ある書をきわめて簡易なる形式において逐次刊行し、あらゆる人間に須要なる生活向上の資料、生活批判の原理を提供せんと欲する。この文庫は予約出版の方法を排したるがゆえに、読者は自己の欲する時に自己の欲する書物を各個に自由に選択することができる。携帯に便にして価格の低きを最主とするがゆえに、外観を顧みざるも内容に至っては厳選最も力を尽くし、従来の岩波出版物の特色をますます発揮せしめようとする。この計画たるや世間の一時の投機的なるものと異なり、永遠の事業として吾人は微力を傾倒し、あらゆる犠牲を忍んで今後永久に継続発展せしめ、もって文庫の使命を遺憾なく果たさしめることを期する。芸術を愛し知識を求むる士の自ら進んでこの挙に参加し、希望と忠言とを寄せられることは吾人の熱望するところである。その性質上経済的には最も困難多きこの事業にあえて当たらんとする吾人の志を諒として、その達成のため世の読書子とのうるわしき共同を期待する。

昭和二年七月

《現代日本文学》

怪談 牡丹燈籠	三遊亭円朝
真景累ヶ淵	三遊亭円朝
小説神髄	坪内逍遥
当世書生気質	坪内逍遥
桐一葉・沓手鳥孤城落月	坪内逍遥
アンデルセン 即興詩人 全二冊	森鷗外訳
雁	森鷗外
阿部一族 他二篇	森鷗外
山椒大夫・高瀬舟 他四篇	森鷗外
渋江抽斎	森鷗外
舞姫・うたかたの記 他三篇	森鷗外
浮雲	二葉亭四迷 十川信介校注
其面影	二葉亭四迷
野菊の墓 他四篇	伊藤左千夫
吾輩は猫である	夏目漱石
坊っちゃん	夏目漱石
草枕	夏目漱石
虞美人草	夏目漱石
三四郎	夏目漱石
それから	夏目漱石
門	夏目漱石
彼岸過迄	夏目漱石
行人	夏目漱石
こころ	夏目漱石
硝子戸の中	夏目漱石
道草	夏目漱石
明暗	夏目漱石
思い出す事など 他七篇	夏目漱石
文学評論 全二冊	夏目漱石
夢十夜 他二篇	夏目漱石
漱石文明論集	三好行雄編
倫敦塔・幻影の盾 他五篇	夏目漱石
漱石日記	平岡敏夫編
漱石書簡集	三好行雄編
漱石俳句集	坪内稔典編
漱石・子規往復書簡集	和田茂樹編
文学論 全二冊	夏目漱石
五重塔	幸田露伴
努力論	幸田露伴
幻談・観画談 他三篇	幸田露伴
露伴随筆集 全二冊	寺田透編
一国の首都 他一篇	幸田露伴
飯待つ間 —正岡子規随筆選	阿部昭編
子規句集	高浜虚子選
病牀六尺	正岡子規
子規歌集	土屋文明編
墨汁一滴	正岡子規
仰臥漫録	正岡子規
歌よみに与ふる書	正岡子規
俳諧大要	正岡子規

松蘿玉液　正岡子規
金色夜叉　全二冊　尾崎紅葉
自然と人生　徳冨蘆花
みみずのたはこと　全二冊　徳冨健次郎
謀叛論　他六篇・日記　徳冨健次郎　中野好夫編
北村透谷選集　勝本清一郎校訂
武蔵野　国木田独歩
号外・少年の悲哀　他六篇　国木田独歩
愛弟通信　国木田独歩
蒲団・一兵卒　田山花袋
東京の三十年　田山花袋
時は過ぎゆく　田山花袋
温泉めぐり　田山花袋
黴　徳田秋声
新世帯・足袋の底　他二篇　徳田秋声
藤村詩抄　島崎藤村自選
破戒　島崎藤村

千曲川のスケッチ　島崎藤村
夜明け前　全四冊　島崎藤村
藤村文明論集　十川信介編
藤村随筆集　十川信介編
にごりえ・たけくらべ　樋口一葉
大つごもり・十三夜　他五篇　樋口一葉
明治劇談　ランプの下にて　岡本綺堂
岡本綺堂随筆集　千葉俊二編
高野聖・眉かくしの霊　泉鏡花
夜叉ケ池・天守物語　泉鏡花
草迷宮　泉鏡花
春昼・春昼後刻　泉鏡花
鏡花短篇集　川村二郎編
日本橋　泉鏡花
婦系図　全二冊　泉鏡花
鴛鴦帳　泉鏡花
外科室・海城発電　他五篇　泉鏡花

海神別荘　他二篇　泉鏡花
湯島詣　他一篇　泉鏡花
俳句はかく解しかく味う　高浜虚子
俳諧師・続俳諧師　高浜虚子
虚子五句集　―付 慶弔贈答句抄　全二冊　高浜虚子
俳句への道　高浜虚子
回想　子規・漱石　高浜虚子
有明詩抄　蒲原有明
上田敏全訳詩集　山内義雄　矢野峰人編
カインの末裔・クララの出家　有島武郎
小さき者へ・生れ出ずる悩み　有島武郎　三上秀吉　亀井俊介解説
一房の葡萄　他四篇　有島武郎
寺田寅彦随筆集　全五冊　小宮豊隆編
柿の種　寺田寅彦
与謝野晶子歌集　与謝野晶子自選
新編　作家論　正宗白鳥　高橋英夫編
腕くらべ　永井荷風

つゆのあとさき　永井荷風
濹東綺譚　永井荷風
珊瑚集 ―仏蘭西近代抒情詩選　永井荷風訳
荷風随筆集 全二冊　野口冨士男編
摘録 断腸亭日乗 全二冊　永井荷風・磯田光一編
すみだ川・新橋夜話 他一篇　永井荷風
雨瀟瀟・雪解 他七篇　永井荷風
地獄の花　永井荷風
あめりか物語　永井荷風
江戸芸術論　永井荷風
ふらんす物語　永井荷風
赤光　斎藤茂吉
斎藤茂吉歌集　山口茂吉・柴生田稔・佐藤佐太郎編
斎藤茂吉歌論集　柴生田稔編
鈴木三重吉童話集　勝尾金弥編
小僧の神様 他十篇　志賀直哉
暗夜行路 全二冊　志賀直哉

高村光太郎詩集　高村光太郎
芸術論集 緑色の太陽　高村光太郎
白秋愛唱歌集　藤田圭雄編
北原白秋詩集 全二冊　安藤元雄編
フレップ・トリップ　北原白秋
野上弥生子随筆集　竹西寛子編
友情　武者小路実篤
銀の匙　中勘助
提婆達多　中勘助
中勘助詩集　谷川俊太郎編
若山牧水歌集　伊藤一彦編
新編 みなかみ紀行　若山牧水・池内紀編
新編 百花譜百選　木下杢太郎画・前川誠郎編
新編 啄木歌集　久保田正文編
ISIKAWA TAKUBOKU ROMAZI NIKKI（啄木・ローマ字日記）　桑原武夫編訳
時代閉塞の現状・食うべき詩 他十篇　石川啄木
吉野葛・蘆刈　谷崎潤一郎

谷崎潤一郎随筆集　篠田一士編
道元禅師の話　里見弴
里見弴随筆集　紅野敏郎編
萩原朔太郎詩集　三好達治選
郷愁の詩人 与謝蕪村　萩原朔太郎
猫町 他十七篇　萩原朔太郎・清岡卓行編
恩讐の彼方に・忠直卿行状記 他八篇　菊池寛
半自叙伝・無名作家の日記 他四篇　菊池寛
或る少女の死まで 他二篇　室生犀星
室生犀星詩集　室生犀星自選
犀星王朝小品集　室生犀星
随筆 女ひと　室生犀星
出家とその弟子　倉田百三
愛と認識との出発　倉田百三
新編 同時代の作家たち　広津和郎・紅野敏郎編
羅生門・鼻・芋粥・偸盗　芥川竜之介
地獄変・邪宗門・好色・藪の中 他七篇　芥川竜之介

河童 他二篇　芥川竜之介
歯車 他二篇　芥川竜之介
蜘蛛の糸・杜子春・トロッコ 他十七篇　芥川竜之介
侏儒の言葉・文芸的な、余りに文芸的な　芥川竜之介
芥川竜之介書簡集　石割透編
芥川竜之介俳句集　加藤郁乎編
春夫詩抄　佐藤春夫
小説永井荷風伝 他三篇　佐藤春夫
淫売婦・移動する村落 他五篇　葉山嘉樹
日輪・春は馬車に乗って 他八篇　横光利一
上海　横光利一
宮沢賢治詩集　谷川徹三編
童話集 風の又三郎 他十八篇　宮沢賢治 谷川徹三編
童話集 銀河鉄道の夜 他十四篇　宮沢賢治 谷川徹三編
山椒魚・遙拝隊長 他七篇　井伏鱒二
川釣り　井伏鱒二
井伏鱒二全詩集　井伏鱒二

伊豆の踊子・温泉宿 他四篇　川端康成
雪国　川端康成
詩を読む人のために　三好達治
藝術に関する走り書的覚え書　中野重治
梨の花　中野重治
新編 思い出す人々　内田魯庵 紅野敏郎編
檸檬《レモン》・冬の日 他九篇　梶井基次郎
蟹工船 一九二八・三・一五　小林多喜二
小林多喜二の手紙　荻野富士夫編
防雪林・不在地主　小林多喜二
独房・党生活者　小林多喜二
風立ちぬ・美しい村　堀辰雄
菜穂子 他五篇　堀辰雄
富嶽百景・走れメロス 他八篇　太宰治
ヴィヨンの妻・桜桃 他八篇　太宰治
斜陽 他一篇　太宰治
人間失格・グッド・バイ 他一篇　太宰治

津軽　太宰治
お伽草紙・新釈諸国噺　太宰治
青年の環 全五冊　野間宏
日本唱歌集　堀内敬三 井上武士編
日本童謡集　与田準一編
森鷗外　石川淳
至福千年　石川淳
近代日本人の発想の諸形式 他四篇　伊藤整
変容　伊藤整
鳴海仙吉　伊藤整
小説の認識　伊藤整
中原中也詩集　大岡昇平編
小熊秀雄詩集　岩田宏編
風浪・蛙昇天 —木下順二戯曲選I—　木下順二
元禄忠臣蔵 全二冊　真山青果
旧聞日本橋　長谷川時雨
みそっかす　幸田文

古句を観る　柴田宵曲
小説集 夏の花　原民喜
いちご姫・蝴蝶 他二篇　山田美妙 十川信介校訂
大阪の宿　水上滝太郎
髑髏の皮 他五篇　上司小剣
小出楢重随筆集　芳賀徹編
幕末維新パリ見聞記 ―成島柳北「航西日乗」・栗本鋤雲「暁窓追録」　井田進也校注
石橋忍月評論集　石橋忍月
立原道造・堀辰雄翻訳集 ―林檎みのる頃・窓　
中谷宇吉郎随筆集　樋口敬二編
雪　中谷宇吉郎
中谷宇吉郎紀行集 アラスカの氷河　渡辺興亜編
古泉千樫歌集　土屋文明 橋本徳寿編
冥途・旅順入城式　内田百閒
東京日記 他六篇　内田百閒
ゼーロン・淡雪 他十一篇　牧野信一
草野心平詩集　入沢康夫編

山岳紀行文集 日本アルプス　小島烏水 近藤信行編
耽溺　岩野泡鳴
新編 山と渓谷　田部重治 近藤信行編
日本児童文学名作集 全二冊　桑原三郎 千葉俊二編
山月記・李陵 他九篇　中島敦
眼中の人　小島政二郎
新選 山のパンセ　串田孫一自選
小川未明童話集　桑原三郎編
新美南吉童話集　千葉俊二編
摘録 劉生日記　岸田劉生 酒井忠康編
量子力学と私　朝永振一郎 江沢洋編
科学者の自由な楽園　朝永振一郎 江沢洋編
書物　森銑三 柴田宵曲
新編 明治人物夜話　森銑三 小出昌洋編
新編 おらんだ正月　森銑三 小出昌洋編
自註鹿鳴集　会津八一
窪田空穂随筆集　大岡信編

屋上登攀者　藤木九三
明治文学回想集 全二冊　十川信介編
踊る地平線 全二冊　谷譲次
新編 学問の曲り角　河野与一 原二郎編
欧米の旅 全三冊　野上弥生子
碧梧桐俳句集　栗田靖編
林芙美子随筆集　武藤康史編
日本近代文学評論選 全二冊　千葉俊二 坪内祐三編
食道楽 全二冊　村井弦斎
酒道楽　村井弦斎
文楽の研究 全二冊　三宅周太郎
五足の靴　五人づれ
尾崎放哉句集　池内紀編
ぷえるとりこ日記　有吉佐和子
日本の島々、昔と今。　有吉佐和子
江戸川乱歩短篇集　千葉俊二編
堕落論・日本文化私観 他二十二篇　坂口安吾

桜の森の満開の下・白痴 他十二篇　坂口安吾
風と光と二十の私と・いずこへ 他十六篇　坂口安吾
大地と星輝く天の子 全二冊　小田実
久生十蘭短篇選　川崎賢子編
六白金星・可能性の文学 他十一篇　織田作之助
歌の話・歌の円寂する時 他一篇　折口信夫
死者の書・口ぶえ　折口信夫
釈迢空歌集　富岡多恵子編 折口信夫
折口信夫古典詩歌論集　藤井貞和編
汗血千里の駒 ―坂本龍馬君之伝　林原純生校注 坂崎紫瀾
山川登美子歌集　今野寿美編

《別冊》

増補フランス文学案内　鈴木力衛 渡辺一夫
増補ドイツ文学案内　神品芳夫 手塚富雄
ギリシア・ローマ古典文学案内　斎藤忍随 高津春繁
ことばの贈物 ―岩波文庫の名句365　岩波文庫編集部編
ポケットアンソロジー恋愛について　中村真一郎編
読書のすすめ　岩波文庫編集部編
近代日本思想案内　鹿野政直
読書という体験　岩波文庫編集部編
岩波文庫の80年　岩波文庫編集部編
近代日本文学案内　十川信介
ポケットアンソロジー生の深みを覗く　中村邦生編
ポケットアンソロジーこの愛のゆくえ　中村邦生編
読書のとびら　岩波文庫編集部編

《音楽・美術》

ベートーヴェンの生涯　ロマン・ロラン　片山敏彦訳
音楽と音楽家　シューマン　吉田秀和訳
モーツァルトの手紙　—その生涯のロマン—　全二冊　柴田治三郎編訳
レオナルド・ダ・ヴィンチの手記　全二冊　杉浦明平訳
ゴッホの手紙　全三冊　硲伊之助訳
ビゴー日本素描集　全二冊　清水勲編
視覚的人間　—映画のドラマツルギー—　ベラ・バラージュ　佐々木基一・高村宏訳
改訳 回想のセザンヌ　エミル・ベルナール　有島生馬訳
河鍋暁斎戯画集　山口静一・及川茂編
『パンチ』素描集　—十九世紀のロンドン—　松村昌家編
岡本一平漫画漫文集　清水勲編
ヨーロッパのキリスト教美術　—十二世紀から十八世紀まで—　全二冊　エミール・マール　柳宗玄・荒木成子訳
うるしの話　松田権六
河鍋暁斎　ジョサイア・コンドル　山口静一訳
伽藍が白かったとき　ル・コルビュジエ　生田勉・樋口清訳
デューラー ネーデルラント旅日記　前川誠郎訳
デューラー 自伝と書簡　前川誠郎訳
蛇儀礼　ヴァールブルク　三島憲一訳
セザンヌ　ガスケ　與謝野文子訳
日本の近代美術　土方定一
迷宮としての世界　—マニエリスム美術—　全二冊　グスタフ・ルネ・ホッケ　種村季弘・矢川澄子訳
日本洋画の曙光　平福百穂
建築の七灯　ラスキン　高橋枀川訳

《哲学・教育・宗教》

ソクラテスの弁明・クリトン　プラトン　久保勉訳
ゴルギアス　プラトン　加来彰俊訳
饗宴　プラトン　久保勉訳
テアイテトス　プラトン　田中美知太郎訳
パイドロス　プラトン　藤沢令夫訳
メノン　プラトン　藤沢令夫訳
国家　全二冊　プラトン　藤沢令夫訳
プロタゴラス　—ソフィストたち—　プラトン　藤沢令夫訳
法律　全二冊　プラトン　森進一・池田美恵・加来彰俊訳
パイドン　—魂の不死について—　プラトン　岩田靖夫訳
アナバシス　—敵中横断六〇〇〇キロ—　クセノポン　松平千秋訳
アリストテレス ニコマコス倫理学　全二冊　高田三郎訳
アリストテレス 形而上学　全二冊　出隆訳
アリストテレス 弁論術　戸塚七郎訳
アリストテレース 詩学・ホラーティウス 詩論　松本仁助・岡道男訳
アリストテレース 動物誌　全二冊　島崎三郎訳
生の短さについて 他二篇　セネカ　大西英文訳
怒りについて 他二篇　セネカ　兼利琢也訳
人さまざま　テオプラストス　森進一訳
マルクス・アウレーリウス 自省録　神谷美恵子訳
老年について　キケロー　中務哲郎訳
友情について　キケロー　中務哲郎訳
弁論家について　全二冊　キケロー　大西英文訳
キケロー弁論集　小川正廣・谷栄一郎・山沢孝至訳
方法序説　デカルト　谷川多佳子訳
哲学原理　デカルト　桂寿一訳

- 情念論　デカルト　谷川多佳子訳
- スピノザ 神学・政治論 —聖書の批判と言論の自由 全二冊　畠中尚志訳
- スピノザ エチカ (倫理学) 全二冊　畠中尚志訳
- ライプニッツ 形而上学叙説　河野与一訳
- ノヴム・オルガヌム (新機関)　ベーコン　桂寿一訳
- ニュー・アトランティス　ベーコン　川西進訳
- ハイラスとフィロナスの三つの対話　バークリ　戸田剛文訳
- 君主の統治について —謹んでキプロス王に捧げる　トマス・アクィナス　柴田平三郎訳
- エミール 全三冊　ルソー　今野一雄訳
- 孤独な散歩者の夢想　ルソー　今野一雄訳
- 人間不平等起原論　ルソー　本田喜代治　平岡昇訳
- 社会契約論　ルソー　桑原武夫　前川貞次郎訳
- ディドロ ダランベール編 百科全書 —序論および代表項目　桑原武夫訳編
- 道徳形而上学原論　カント　篠田英雄訳
- 啓蒙とは何か 他四篇　カント　篠田英雄訳
- 純粋理性批判 全三冊　カント　篠田英雄訳
- カント 実践理性批判　波多野精一　宮本和吉　篠田英雄訳

- 判断力批判 全二冊　カント　篠田英雄訳
- 永遠平和のために　カント　宇都宮芳明訳
- プロレゴメナ　カント　篠田英雄訳
- 哲学史序論 —哲学と哲学史　ヘーゲル　武市健人訳
- 歴史哲学講義 全二冊　ヘーゲル　長谷川宏訳
- 自殺について 他四篇　ショウペンハウエル　斎藤信治訳
- 読書について 他二篇　ショウペンハウエル　斎藤忍随訳
- 知性について 他四篇　ショーペンハウエル　細谷貞雄訳
- 不安の概念　キェルケゴール　斎藤信治訳
- 死に至る病　キェルケゴール　斎藤信治訳
- 西洋哲学史 全二冊　シュヴェーグラー　谷川徹三　松村一人訳
- 近代美学史 —近代美学の三期と現代美学の課題　ディルタイ　澤柳大五郎訳
- 眠られぬ夜のために 全二冊　ヒルティ　草間平作　大和邦太郎訳
- 幸福論 全三冊　ヒルティ　草間平作　大和邦太郎訳
- 悲劇の誕生　ニーチェ　秋山英夫訳
- ツァラトゥストラはこう言った 全二冊　ニーチェ　氷上英廣訳
- 道徳の系譜　ニーチェ　木場深定訳

- 善悪の彼岸　ニーチェ　木場深定訳
- この人を見よ　ニーチェ　手塚富雄訳
- プラグマティズム　W・ジェイムズ　桝田啓三郎訳
- 宗教的経験の諸相 全二冊　W・ジェイムズ　桝田啓三郎訳
- 心理学 全二冊　W・ジェームズ　今田寛訳
- 純粋経験の哲学　W・ジェイムズ　伊藤邦武編訳
- デカルト的省察　フッサール　浜渦辰二訳
- 笑い　ベルクソン　林達夫訳
- 思想と動くもの　ベルクソン　河野与一訳
- 時間と自由　ベルクソン　中村文郎訳
- ラッセル 幸福論　安藤貞雄訳
- 存在と時間 全三冊　ハイデガー　桑木務訳
- 哲学の改造　ジョン・デューウィ　清水幾太郎　清水禮子訳
- 学校と社会　デューイ　宮原誠一訳
- 民主主義と教育 全二冊　デューイ　松野安男訳
- 我と汝・対話　マルティン・ブーバー　植田重雄訳
- 音楽家訪問 —ベートーヴェンのヴァイオリンソナタ　アラン　杉本秀太郎訳

アラン 幸福論　神谷幹夫訳
アラン 定義集　神谷幹夫訳
言語 —その本質・発達・起源 全二冊　イェスペルセン　三宅鴻訳
文法の原理 全三冊　イェスペルセン　安藤貞雄訳
天才の心理学　E・クレッチュマー　内村祐之訳
英語発達小史　H・ブラッドリ　寺澤芳雄訳
日本の弓術　オイゲン・ヘリゲル述　柴田治三郎訳
ギリシア哲学者列伝 全三冊　ディオゲネス・ラエルティオス　加来彰俊訳
愛をめぐる対話 他三篇　プルタルコス　柳沼重剛訳
食卓歓談集　プルタルコス　柳沼重剛編訳
夢の世界　ハヴロック・エリス　藤島昌平訳
シンボル形式の哲学 全四冊　カッシーラー　生松敬三　木田元訳
食卓の賢人たち　アテナイオス　柳沼重剛編訳
ギリシア宗教発展の五段階　ギルバァト・マレー　藤田健治訳
ロドリゲス 日本語小文典 全二冊　池上岑夫訳
ソクラテス以前以後　F・M・コーンフォード　山田道夫訳
ハリネズミと狐 —『戦争と平和』の歴史哲学　バーリン　河合秀和訳

日本語の系統　服部四郎
連続性の哲学　パース　伊藤邦武編訳
論理哲学論考　ウィトゲンシュタイン　野矢茂樹訳
自由と社会的抑圧　シモーヌ・ヴェイユ　冨原眞弓訳
根をもつこと 全二冊　シモーヌ・ヴェイユ　冨原眞弓訳
全体性と無限 全二冊　レヴィナス　熊野純彦訳
啓蒙の弁証法 —哲学的断想　M・ホルクハイマー　T・W・アドルノ　徳永恂訳
共同存在の現象学　レーヴィット　熊野純彦訳
種の論理 —田辺元哲学選Ⅰ　藤田正勝編
懺悔道としての哲学 —田辺元哲学選Ⅱ　藤田正勝編
哲学の根本問題　数理の歴史主義展開 —田辺元哲学選Ⅲ　藤田正勝編
死の哲学 —田辺元哲学選Ⅳ　藤田正勝編
隠者の夕暮・シュタンツだより　ペスタロッチー　長田新訳
旧約聖書 創世記　関根正雄訳
旧約聖書 出エジプト記　関根正雄訳
旧約聖書 ヨブ記　関根正雄訳
新約聖書 福音書　塚本虎二訳

キリストにならいて　トマス・ア・ケンピス　大沢章　呉茂一訳
聖アウグスティヌス 告白 全二冊　服部英次郎訳
アウグスティヌス 神の国 全五冊　服部英次郎　藤本雄三訳
アウグスティヌス 省察と箴言　ハルナック編　服部英次郎訳
新訳 キリスト者の自由・聖書への序言　マルティン・ルター　石原謙訳
聖なるもの　オットー　久松英二訳
コーラン 全三冊　井筒俊彦訳
コリャード 懺悔録　大塚光信校注
エックハルト説教集　田島照久編訳
聖フランシスコ・デ・サビエル書翰抄 全二冊　アルーペ神父　井上郁二訳
霊操　イグナチオ・デ・ロヨラ　門脇佳吉訳・解説
聖書物語 全二冊　ヴァン・ルーン　前田晁訳

《歴史・地理》

- 新訂 魏志倭人伝・後漢書倭伝・宋書倭国伝・隋書倭国伝 —中国正史日本伝1 石原道博編訳
- 新訂 旧唐書倭国日本伝・宋史日本伝・元史日本伝 —中国正史日本伝2 石原道博編訳
- ヘロドトス 歴史 全三冊 松平千秋訳
- ガリア戦記 カエサル 近山金次訳
- タキトゥス ゲルマーニア 泉井久之助訳註
- タキトゥス 年代記 —ティベリウス帝からネロ帝へ 全二冊 国原吉之助訳
- ギボン自叙伝 —わが生涯と著作との思い出 村上至孝訳
- 元朝秘史 全二冊 小澤重男訳
- ランケ 世界史概観 —近世史の諸時代 鈴木成高 相原信作訳
- 古代への情熱 —シュリーマン自伝 村田数之亮訳
- 日本幽囚記 全三冊 ゴロヴニン 井上満訳
- 一外交官の見た明治維新 全二冊 アーネスト・サトウ 坂田精一訳
- インディアスの破壊についての簡潔な報告 ラス・カサス 染田秀藤訳
- ラス・カサス インディアス史 全七冊 長南実訳 石原保徳編
- コロンブス航海誌 林屋永吉訳
- コロンブス 全航海の報告 林屋永吉訳

- 偉大なる道 —朱徳の生涯とその時代 全二冊 アグネス・スメドレー 阿部知二訳
- 大森貝塚 —付 関連史料 E・S・モース 近藤義郎 佐原真編訳
- ナポレオン言行録 オクターヴ・オブリ編 大塚幸男訳
- 日本における近代国家の成立 E・H・ノーマン 大窪愿二訳
- 朝鮮・琉球航海記 —一八一六年アマースト使節団とともに ベイジル・ホール 春名徹訳
- インカの反乱 —被征服者の声 ティトゥ・クシ・ユパンギ述 染田秀藤訳
- 北京年中行事記 敦崇編 小野勝年訳註
- 紫禁城の黄昏 R・F・ジョンストン 入江曜子・春名徹訳
- シルクロード 全二冊 ヘディン 福田宏年訳
- 老松堂日本行録 —朝鮮使節の見た中世日本 宋希璟 村井章介校注
- 崇高なる者 —十九世紀パリ民衆生活誌 ドニ・プロ 見富尚人訳
- 海東諸国紀 —朝鮮人の見た中世の日本と琉球 申叔舟 田中健夫訳注
- ヨーロッパ文化と日本文化 ルイス・フロイス 岡田章雄訳注
- ギリシア案内記 全二冊 パウサニアス 馬場恵二訳
- オデュッセウスの世界 M・I・フィンリー 下田立行訳
- 東京に暮す —一九二八〜一九三六 キャサリン・サンソム 大久保美春訳
- 増補 幕末百話 篠田鉱造

- 明治百話 全二冊 篠田鉱造
- 幕末明治 女百話 全二冊 篠田鉱造
- 徳川時代の宗教 R・N・ベラー 池田昭訳
- 革命的群衆 G・ルフェーヴル 二宮宏之訳
- 西洋事物起原 全四冊 ヨハン・ベックマン 特許庁内技術史研究会訳
- 日本滞在日記 —一八〇四—一八〇五 レザーノフ 大島幹雄訳
- 歴史序説 全四冊 イブン＝ハルドゥーン 森本公誠訳
- アレクサンドロス大王東征記 全二冊 アッリアノス 大牟田章訳
- クック 太平洋探検 全六冊 増田義郎訳
- ダンピア 最新世界周航記 全二冊 平野敬一訳
- 高麗史日本伝 —朝鮮正史日本伝2 全二冊 武田幸男編訳
- シエサ・デ・レオン インカ帝国地誌 増田義郎訳
- インカ皇統記 全四冊 インカ・ガルシラーソ・デ・ラ・ベーガ 牛島信明訳
- ローマ建国史 全三冊 リーウィウス 鈴木一州訳
- ヒュースケン日本日記 —1855〜61 青木枝朗訳
- フランス・プロテスタントの反乱 —カミザール戦争の記録 カヴァリエ 二宮フサ訳
- ニコライの日記 —ロシア人宣教師が生きた明治日本 全三冊 中村健之介編訳

岩波文庫の最新刊

佐竹昭広・山田英雄・工藤力男・
大谷雅夫・山崎福之校注

万葉集（一）

日本の詩歌の源。天皇から無名の男女に至る、人々の心を映す二十巻四千五百余首。新日本古典文学大系に基づき全面刷新。本冊には巻一—四を収録。（全五冊）

〔黄五-一〕　定価一一三四円

自選 谷川俊太郎詩集

デビュー以来、半世紀を超えて人々に喜びと感動をあたえてきた谷川俊太郎の二千数百篇におよぶ全詩から、作者自身が厳選した一七三篇を収録。（解説＝山田馨）

〔緑一九二-一〕　定価七三五円

アルヴィ宮本なほ子編

対訳 シェリー詩集
—イギリス詩人選9—

急進的な革命思想とイギリス・ロマン派屈指の純粋な抒情性を持つ詩人シェリー（一七九二—一八二二）。「西風へのオード」「ひばりに」など代表作を原詩とともに味わう一冊。

〔赤二三〇-二〕　定価八八二円

鳥居龍蔵

ある老学徒の手記

鳥居龍蔵（一八七〇—一九五三）は学校には行かず独学自習によって考古学・人類学を学んだ。困難な時代に国際的な業績をあげた稀有な民間学者の自伝。（解説＝田中克彦）

〔青N一二一-一〕　定価一二六〇円

……今月の重版再開……

杉山其日庵／内山美樹子・桜井弘編

浄瑠璃素人講釈（上）（下）

〔緑一七四-一・二〕　定価各七九八円

上田進・横田瑞穂訳編

ゴーリキー短篇集

〔赤六二七-一〕　定価九〇三円

吉田健一

ヨオロッパの世紀末

〔青一九四-二〕　定価七五六円

岩波文庫の最新刊

バルザック／石井晴一訳

艶笑滑稽譚 第三輯

―結婚せし美しきイムペリア 他―

「お読みに為《な》って、お笑い為《な》さっては如何《いかが》?」いつの世も変わらぬ大胆にして滑稽な愛の諸相。文豪が腕によりをかけて綴った、艶笑譚の第三輯。(全三冊)

〔赤五三〇―一四〕 **定価九八七円**

ウンベルト・エーコ 和田忠彦訳

小説の森散策

読者は小説をいかに読むべきか、作者は読者にどう読んでほしいと願っているのか。フィクションとは一体何なのか? ハーヴァード大学ノートン詩学講義の記録。

〔赤七一八―一〕 **定価八八二円**

紅野敏郎・紅野謙介・千葉俊二・宗像和重・山田俊治編

日本近代短篇小説選 明治篇2

何を視、どう伝えるか――新時代の模索をへて、豊饒な相克が結ぶ物語。明治三八―四四年に発表された、漱石・荷風らの一六篇を収録。(注・解説＝宗像和重)(全六冊)

〔緑一九一―二〕 **定価九四五円**

佐竹謙一

スペイン文学案内

手に取りやすい文庫版文学史。「Iスペイン文学の動向」と「II主要な作家と作品」の二部構成とし、スペイン文学ならではの特色と魅力をわかりやすく伝える。

〔別冊二三〕 **定価一〇七一円**

…… 今月の重版再開 ……

上島建吉編

対訳 コウルリッジ詩集

―イギリス詩人選(7)―

定価七九八円 〔赤二二一―三〕

吉田健一

英国の文学

定価七五六円 〔青一九四―一〕

村川堅太郎訳

アリストテレス アテナイ人の国制

定価九四五円 〔青六〇四―七〕

マルクス／伊藤新一・北条元一訳

ルイ・ボナパルトのブリュメール十八日

定価六九三円 〔白一二四―七〕